EBERHARD SCHMIDT-ASSMANN · GÜNTER FROMM

Aufgaben und Organisation der Deutschen Bundesbahn
in verfassungsrechtlicher Sicht

Schriften zum Öffentlichen Recht

Band 499

Aufgaben und Organisation der Deutschen Bundesbahn in verfassungsrechtlicher Sicht

Von

Dr. jur. Eberhard Schmidt-Aßmann
ordentl. Professor an der Universität Heidelberg

und

Dr. jur. Günter Fromm
Rechtsanwalt und stellv. Verbandsdirektor
im Verband öffentlicher Verkehrsbetriebe, Köln

DUNCKER & HUMBLOT / BERLIN

Die Schrift geht auf ein Rechtsgutachten zurück, das die Verfasser dem Bundesminister für Verkehr 1985 erstattet haben. Die wissenschaftliche Verantwortung für den 1. Abschnitt liegt bei Günter Fromm, die der folgenden Abschnitte bei Eberhard Schmidt-Aßmann.

CIP-Kurztitelaufnahme der Deutschen Bibliothek

Schmidt-Aßmann, Eberhard:
Aufgaben und Organisation der Deutschen Bundesbahn in verfassungsrechtlicher Sicht / von Eberhard Schmidt-Aßmann u. Günter Fromm. — Berlin: Duncker und Humblot, 1986.
    (Schriften zum Öffentlichen Recht; Bd. 499)
    ISBN 3-428-05966-2

NE: Fromm, Günter:; GT

Alle Rechte vorbehalten
© 1986 Duncker & Humblot GmbH, Berlin 41
Gedruckt 1986 bei Berliner Buchdruckerei Union GmbH, Berlin 61
Printed in Germany
ISBN 3-428-05966-2

Inhaltsverzeichnis

Einleitung 11

Erster Abschnitt

**Organisation und Aufgaben
der Deutschen Bundesbahn: Bestandsaufnahme** 14

A. Reichsbahn und Bundesbahn in der historischen Entwicklung (Überblick) 14

  I. Die Entwicklung von 1919 bis 1949 14
     1. Grundlagen 14
     2. Das Unternehmen „Deutsche Reichsbahn" 15
     3. Die Errichtung der Deutschen Reichsbahn-Gesellschaft 16
     4. Die Gleichschaltung der Deutschen Reichsbahn nach 1933 18
     5. Die Entwicklung in der unmittelbaren Nachkriegszeit 19

  II. Die Rechtsentwicklung unter dem Grundgesetz 20
     1. Das Bundesbahngesetz von 1951 20
     2. Ansätze zur Stärkung der Bahnautonomie 23
        a) Das Gesetz zur Änderung des Bundesbahngesetzes von 1961 23
        b) Das Gesetz zur Änderung des Bundesbahngesetzes von 1969 24
        c) Das Dritte Gesetz zur Änderung des Bundesbahngesetzes von 1981 24
     3. Bedeutung des Allgemeinen Eisenbahngesetzes 25
     4. Exkurs: Einflüsse des Europarechts 25

B. Bestandsaufnahme der wichtigsten Leistungen und Organisationsformen der Deutschen Bundesbahn 26

  I. Der Schienenverkehr der DB 27
     1. Der Personenverkehr auf der Schiene 27
     2. Der Güterverkehr auf der Schiene 27

3. Annexe Leistungen des Schienenverkehrs 28

4. Bedarfsdeckung 29
   a) Ausbesserungsleistungen 29
   b) Energieversorgung 29

II. Nicht schienengebundene Verkehrsleistungen 30

1. Straßenpersonenverkehr 31
   a) Tätige Organisationen 31
      aa) Unternehmensbereich Bahnbus (UBB) 31
      bb) Vereinigte Bundesverkehrsbetriebe GmbH (VBG) und Regionalverkehrsgesellschaften 31
      cc) Sonstige Beteiligungen im Straßenpersonenverkehr 32
      dd) Beschäftigung von Privatunternehmern im Unternehmensbereich Bahnbus und bei den Regionalverkehrsgesellschaften 32
   b) Verkehrsleistungen 32
      aa) Ältere Entwicklung 33
      bb) Entwicklung seit Inkrafttreten des Grundgesetzes 35
   c) Rechtsgrundlagen 36
      aa) Nach derzeitigem Recht 36
      bb) Historische Entwicklung 39

2. Straßengüterverkehr 41
   a) Derzeitige Rechtsgrundlagen 41
      aa) Güterfernverkehr 41
      bb) Werkverkehr 42
      cc) Allgemeiner Güternahverkehr 42
      dd) Güterliniennahverkehr 43
   b) Historische Entwicklung 43

3. Sonstige Verkehrsleistungen 44
   a) Schiffsdienste 44
   b) Andere Eisenbahnen des öffentlichen Verkehrs 44
   c) Spedition und Kühlverkehr 45
   d) Kombinierter Verkehr 46
   e) Reisebüros 46

4. Exkurs: Verkehrsverbünde 47
   a) Bestand 47
   b) Rechtsgrundlagen 48
      aa) Grundverträge 48
      bb) Verbundverträge 49

III. Sonstige Leistungen 50
  1. Unternehmen mit verkehrsbezogener Aufgabenstellung 50
    a) Finanzierung 51
    b) Forschung 51
    c) Sonstiges 51
  2. Sozialdienste 51

Zweiter Abschnitt

**Die Pflicht des Bundes zur Aufrechterhaltung
des Bundeseisenbahnsystems**   53

A. Die einzelnen Garantiegehalte des Art. 87 Abs. 1 GG 53
  I. Art. 87 Abs. 1 S. 1 GG als Zuständigkeitsnorm 54
  II. Art. 87 Abs. 1 S. 1 GG als Aufgabennorm 56
    1. Ansätze in der Literatur 56
      a) Stellungnahmen zur „obligatorischen Bundesverwaltung" .. 56
      b) Stellungnahmen zu „Gemeinwirtschaftlichkeit" und „Leistungsaufgaben" der Bundeseisenbahnen 57
    2. Begründung des aufgabenrechtlichen Gehalts 59
      a) Historische Entwicklung 59
      b) Vorstellungen des Grundgesetzes 60
    3. Zwischenergebnis 63

B. „Bundeseisenbahn" i. S. Art. 87 Abs. 1 S. 1 GG 63
  I. Besonderheiten der Fragestellung 64
    1. Zuständigkeitsrechtliche Deutung 64
      a) Ausgangspunkt: Art. 73 Nr. 6 GG 64
      b) Übertragung auf Art. 87 Abs. 1 S. 1 GG 65
    2. Aufgabenrechtliche Deutung 66
      a) Kernbereichs-Lehre 66
      b) Keine Anknüpfung an das Eigentum 67
      c) Zwischenergebnis 68
  II. Die „Überörtlichkeit" der Bundeseisenbahnen 69
    1. Historische Elemente der Begriffsbildung 69
      a) Die Verfassungen von 1849 und 1871 69
      b) Trennung von Groß- und Kleinbahnen 70
      c) Bahnen des „allgemeinen Verkehrs" (Art. 89 WRV) 71

2. Begrenzungen im Nahverkehr 73
   a) Verwaltung mit eigenem „Verwaltungsunterbau" 73
   b) Lage des einfachen Rechts 74
      aa) Keine vorrangige Verantwortung des Bundes 75
      bb) Kompetenz der Kommunalkörperschaften 76
      cc) Eingrenzungen 77
   c) Zwischenergebnis 77
3. Besonderheiten des S-Bahn-Verkehrs 78
   a) Historische Entwicklung 78
   b) Heutige Zuordnung 79
   c) Konsequenzen 79

III. Die „Schienengebundenheit" des Eisenbahnbegriffs 80

1. Umstellungen der Verkehrsarten 81
   a) Neue Techniken 81
   b) Verlagerungen auf den Straßenverkehr 82
      aa) Zulässigkeit des Kraftverkehrs 82
      bb) Speziell: Verlagerungen 83
2. Aufrechterhaltung nicht-schienengebundener Verkehrsleistungen 84
   a) Schienenverkehr als Kern 84
   b) Besonderheiten des Bahnbusverkehrs 84
      aa) Ältere Entwicklung: lockerer Sachzusammenhang 85
      bb) Neuere Entwicklungen 85
      cc) Zwischenergebnis 87

C. Wirtschaftlichkeit und Verkehrsbedürfnis beim Betrieb der Bundeseisenbahnen 88

I. Das verfassungsrechtliche Wirtschaftlichkeitsgebot 88

II. Das Verkehrsbedürfnis 90

III. Konsequenzen für den Leistungsauftrag des Art. 87 Abs. 1 GG .. 91

1. Anpassung statt status-quo-Garantie 93
2. Entscheidungsprärogative des Aufgabenträgers 93

D. Das Bundeseisenbahnsystem und die „Einheitlichkeit der Lebensverhältnisse" 94

I. Die Frage der verfassungsrechtlichen Grundlagen 95

II. Der Aussagegehalt des Postulats 97

1. Gleichwertigkeit, nicht Gleichartigkeit 97
2. Konkretisierungsermächtigungen 97

Dritter Abschnitt

**Verfassungsfragen neuerer Organisations-
und Kooperationsformen** 99

A. Rechtliche Verselbständigungen der Bahnorganisation 99

    I. Die Vorgaben des Art. 87 Abs. 1 S. 1 GG 99

        1. Organisationsrechtlicher Gehalt 99

        2. Ausgrenzungen 100
           a) Bedarfsdeckende und erwerbswirtschaftliche Tätigkeit 101
           b) Beispiele 101

    II. Organisationsformen des öffentlichen Rechts 102

        1. Grundformen 102

        2. Verselbständigungen von Unternehmensteilen 104

        3. Zwischenformen: Sondervermögen und Bundesbahnautonomie 106
           a) Eigenorganschaft 108
               aa) Verwaltungsrat 108
               bb) Vorstand 109
           b) Interorganschaftliche und externe Steuerung 109
               aa) Interorganschaftliche Beziehungen 109
               bb) Unternehmensexterne Steuerung 110
           c) Wirtschaftsführung nach § 28 BbG 111
           d) Ergebnis 113

    III. Juristische Personen des privaten Rechts 113

        1. Privatrechtsform und Gesamtorganisation 115
           a) Zur Eignung der Privatrechtsform allgemein 115
           b) Gegengründe 116
           c) Zwischenergebnis 119

        2. Privatrechtsformen für einzelne Unternehmensbereiche 119
           a) Allgemeine Zulässigkeit 119
           b) Insbesondere: Busdienste 121
           c) Modelle „doppelter" Unternehmensformen 123

        3. Bedeutung des Funktionsvorbehalts in Art. 33 Abs. 4 GG 124
           a) Hoheitsrechtliche Befugnisse 124
           b) Konsequenzen für die Organisation der DB 127
               aa) Tätigkeitskreise 127
               bb) Intensität des Vorbehalts 128
               cc) Ergebnis 128

B. Formen der Bund-Länder-Kooperation im Nahverkehr 129

  I. Verfassungsrechtliche Grundlagen 129

  1. Das sog. Verbot der Mischverwaltung 129
     a) Ältere Ansätze: Blankettformel 129
     b) Neuere Ausrichtung: Einzelanalyse 130
  2. Die Verwaltungstypen der Art. 83 ff. GG 131
     a) Bundeseigene Verwaltung (Art. 87 GG) 131
        — Grundsatz der Eigenverantwortlichkeit 131
        — Grundsatz der Eigenorganschaft 132
     b) Landeseigene Verwaltung (Art. 84, 30 GG) 132
  3. Die Verteilung der Finanzverantwortung 132
     a) Konnexitätsgrundsatz (Art. 104 a Abs. 1 GG) 133
        aa) Bundesaufgaben: keine Kostenbeteiligung der Länder .. 133
        bb) Landesaufgaben: keine Kostenbeteiligung des Bundes .. 133
     b) Finanzhilfekompetenz des Bundes (Art. 104 a Abs. 4 GG) .. 134
     c) Kostenbeteiligung nach dem Veranlasserprinzip (Art. 106 Abs. 8 GG) 135
     d) Gemeinschaftsaufgaben (Art. 91 a GG) 135
  4. Modifikationen und Einschränkungen 136
     a) Kooperationsformen unterhalb der Beeinträchtigungsschwelle 136
     b) Kooperation kraft ungeschriebener Vorbehalte 137

 II. Die Zulässigkeit einzelner Kooperationsformen 139

  1. Das Verkehrswesen als Verbundmaterie 139
  2. Der öffentlich-rechtliche Vertrag als Kooperationsform 141
  3. Kooperation durch Bildung neuer Verwaltungsträger des öffentlichen Rechts 141
     a) Allgemeine Lehren 142
        aa) Institutioneller Gesetzesvorbehalt: Organisationsgewalt 142
        bb) Föderale Probleme 142
     b) Kommunale Zweckverbände 143
  4. Kooperation in Privatrechtsformen 145
     a) Gleichstand der Bindungen 145
     b) Ausnahmen 145
        aa) Keine Übertragung von Hoheitsaufgaben 145
        bb) Kein Gesetzesvorbehalt 146
        cc) Zulässigkeit weiterer Lockerungen 146

Ergebnisse der rechtsdogmatischen Untersuchungen in Thesen 148

Einleitung

Fragen der notwendigen und aufgabenadäquaten Organisation des Eisenbahnverkehrs haben das deutsche Staats- und Verwaltungsrecht immer wieder beschäftigt. Sie reichen zurück in die Zeit der Reichsverfassung von 1871[1]. Besonders nachhaltig wurden sie gestellt, als das Reich gemäß den Art. 89, 171 der Weimarer Verfassung von 1919 (WRV) die Eisenbahnunternehmen der Länder übernommen hatte und unter der Bezeichnung „Deutsche Reichsbahn" als einheitliches Unternehmen zu führen begann[2]. Daß auch heute Verfassungsfragen der Bahnorganisation immer wieder gestellt werden, verwundert nicht. Denn das, was in der nüchternen Gesetzessprache des Bundesbahngesetzes — BbG — vom 13. 12. 1951 (BGBl. I S. 955) als nicht rechtsfähiges Sondervermögen eingeordnet und als „Deutsche Bundesbahn" bezeichnet wird, ist in der Realität ein technisch und ökonomisch hoch komplexes Phänomen, das von den großen nationalen und internationalen Entwicklungen der Technologien, der Raum- und Erwerbsstrukturen, der Produktionsweisen und Verkehrsbedürfnisse nicht unberührt bleibt, sondern sich in Aufgaben und Organisation immer wieder anpassen muß. In diesen Zusammenhang gehören auch jüngere Überlegungen zu Organisationsänderungen der Bundesbahn, bei denen Verkehrsverlagerungen, die Zusammenführung getrennter Verkehrsdienste und überhaupt der vermehrte Einsatz kooperativer Organisationsformen eine Rolle spielen[3].

Unter verfassungsorganisationsrechtlichen Aspekten nehmen bei allen diesen Überlegungen neben den Art. 33 Abs. 4 und Art. 104 a GG die Art. 83 ff. GG und innerhalb dieser Normengruppe insbesondere Art. 87

---

[1] Dazu *Laband*, Das Staatsrecht des Deutschen Reiches, 5. Aufl., 3. Bd. 1913, S. 109 ff.; vgl. auch *Kruchen*, in: Haustein, Die Eisenbahnen im deutschen öffentlichen Recht, 1960, S. 48 f.

[2] Vgl. dazu *Sarter/Kittel*, Die Deutsche Reichsbahngesellschaft, 3. Aufl., 1931; *Lassar*, in: Anschütz/Thoma, Handbuch des deutschen Staatsrechts Bd. 1, 1930, S. 345 ff.

[3] Dazu: die Themenhefte „Rückzug der Schiene aus der Fläche", „Öffentlicher Personennahverkehr in ländlichem Raum" und „Raumwirksamkeit des Schienenschnellverkehrs" der Informationen zur Raumentwicklung (JzR) 1976 Heft 4/5, 1981 Heft 10, 1983 Heft 4; *Gohlke*, Zukunftsperspektiven der Deutschen Bundesbahn, ZögU 1984, S. 94 ff.; *Eichhorn*, Zur Situation der Deutschen Bundesbahn: Stellungnahme des Wiss. Beirats der Gesellschaft für öffentliche Wirtschaft, 1980; *Mombaur* (Hrsg.), Regionalisierung des öffentlichen Personennahverkehrs, 1982; *Irsfeld-Posselt*, Neuere Entwicklungen bei der Deutschen Bundesbahn, DV 1978, S. 335 ff.

Abs. 1 S. 1 GG eine Schlüsselstellung ein[4]. Nach dieser Vorschrift gehören die „Bundeseisenbahnen" zu jenen Verwaltungsbereichen, die — wie der Auswärtige Dienst, die Bundesfinanzverwaltung, die Bundespost und nach Maßgabe des Art. 89 die Verwaltung der Bundeswasserstraßen und Schiffahrt — „in bundeseigener Verwaltung mit eigenem Verwaltungsunterbau" geführt werden.

Mit Art. 87 Abs. 1 S. 1 GG ist allerdings eine Verfassungsbestimmung zum Maßstab erhoben, die ganz im Gegensatz zu ihrem schlichten äußeren Aussagemodus eine Fülle von Auslegungsschwierigkeiten birgt[5]. Im Grunde ist es gerade diese einfache Aufreihung historisch so unterschiedlich gewachsener, in Umfang und Struktur so disparater Aufgabenbereiche wie dem des Auswärtigen Dienstes, der Finanzverwaltung und der großen Verkehrsanstalten des Bundes, die die Auslegung dieser Bestimmung wesentlich erschwert. Wenn für die juristische Interpretation einer Vorschrift schon sonst die genaue Kenntnis ihres „Normbereichs" unverzichtbar ist[6], dann ist speziell für die Auslegung des Art. 87 Abs. 1 S. 1 GG eine gründliche Analyse des jeweils einschlägigen Verwaltungsbereichs eine Grundvoraussetzung. Dabei werden neben der ordnenden Darstellung der derzeitigen Organisation und Aufgaben der Bundeseisenbahnen auch die historische Entwicklung ihrer einzelnen Verkehrsarten, der tradierte Bestand des einfachen Rechts und die eingespielte Staatspraxis zu beachten sein. Gerade die Kompetenz- und Organisationsvorschriften des Grundgesetzes erschließen ihren Sinngehalt nicht in einer isolierten theoretischen Begrifflichkeit, sondern nur unter Einbeziehung dieser Interpretationshilfen. Zutreffend sagt das Bundesverfassungsgericht im Urteil vom 16. 2. 1983 zu einer Bestimmung des organisatorischen Teils der Verfassung: „Ihr Sinn erschließt sich erst durch die in ihr selbst angelegte Systematik und den Sinnbezug, der sich aus ihrer Stellung und ihrem Stellenwert im gesamten Ver-

---

[4] Vgl. *Maunz*, Die Privatisierung von Verkehrsbetrieben des Bundes aus der Sicht des Grundgesetzes, in: Festschrift für Scupin, 1983, S. 615 ff.; *Fromm*, Bundesbahnautonomie und Grundgesetz, DVBl. 1982, S. 288 ff.; *Schmidt-Aßmann*, Verfassungsrechtliche Aspekte einer Neuordnung des Schienenverkehrs, Informationen zur Raumentwicklung (IzR) 1976, S. 175 ff.; jüngst *Finger*, Die Deutsche Bundesbahn im Spannungsfeld des Grundgesetzes, DÖV 1985, S. 226 ff.

[5] Vgl. dazu aus jüngster Zeit nur *Stern*, Staatsrecht der Bundesrepublik Deutschland Bd. 2, 1980, S. 814 ff.; *Dittmann*, Die Bundesverwaltung, 1983, S. 81 ff. und 112 ff. mit zahlreichen Nachweisen. Für „kurz und klar" hält die Bestimmung erkennbar nur *Rottmann*, Zur Rechtslage der Deutschen Bundesbahn, Rechtsgutachten für die Gewerkschaft Deutscher Bundesbahnbeamter, Arbeiter und Angestellten (GDBA) im Deutschen Beamtenbund, 1984, S. 7.

[6] So zutreffend *F. Müller*, Juristische Methodik, 2. Aufl. 1976, S. 116 ff.: Normbereich als „der Ausschnitt sozialer Wirklichkeit in seiner Grundstruktur, den sich das Normprogramm als seinen Regelungsbereich ‚ausgesucht' hat" (S. 117).

fassungsgefüge ergibt; dieser Sinnbezug wird nicht zuletzt auch durch den verfassungsgeschichtlichen Hintergrund, vor dem die Regelung geschaffen wurde, wie auch durch ihre bisherige Handhabung durch oberste Verfassungsorgane seit Inkrafttreten des Grundgesetzes erhellt[7]."

Die vorliegende Untersuchung, die auf ein Rechtsgutachten für den Bundesminister für Verkehr zurückgeht, folgt der solchermaßen von den Interpretationsanforderungen vorgezeichneten Gedankenführung: Im *1. Abschnitt* werden Organisation und Aufgaben der Bundesbahn unter Einbeziehung der Geschichte, der einfachen Gesetzeslage und der Verwaltungspraxis zunächst systematisch dargestellt. Im *2. Abschnitt* ist dann zu untersuchen, inwieweit der Bund mit den „Bundeseisenbahnen" einer umfassenden Verkehrsbedienungspflicht unterliegt. Der *3. Abschnitt* schließlich beschäftigt sich mit Möglichkeiten und Verfassungsgrenzen neuer Organisationsformen im Bereich der Bundeseisenbahnen.

---

[7] BVerfGE 62, 1 (38) zu Art. 68 GG; vgl. auch BVerfGE 32, 145 (152); ferner *Ossenbühl*, Bestand und Erweiterung des Wirkungskreises der Deutschen Bundespost, 1980, S. 31 ff. und 54 f.; zur Bedeutung der Staatspraxis bei der Auslegung des Art. 87 GG auch *Dittmann*, Bundesverwaltung (Fn. 5), S. 86 und *Lerche/Graf von Pestalozza*, Die Deutsche Bundespost als Wettbewerber, 1985, S. 33 ff.

Erster Abschnitt

Organisation und Aufgaben der Deutschen Bundesbahn: Bestandsaufnahme

Der 1. Abschnitt gibt zunächst einen Überblick über die Grundzüge der historischen Entwicklung seit 1919 und beschäftigt sich dabei vor allem mit Fragen der sog. Eisenbahnautonomie (A). Im Anschluß daran sollen sodann die wichtigsten Dienste der Deutschen Bundesbahn in ihrer derzeitigen Organisationsform und in ihrem Leistungsumfang vorgestellt werden (B).

A. Reichsbahn und Bundesbahn in der historischen Entwicklung (Überblick)

I. Die Entwicklung von 1919 bis 1949

1. Grundlagen

Nach Art. 89 WRV war es Aufgabe des Reiches, die dem „allgemeinen Verkehr dienenden Eisenbahnen" in sein Eigentum zu übernehmen und als einheitliche Verkehrsanstalt zu verwalten. Mit dem Übergang der Eisenbahnen übernahm das Reich, wie sich aus Art. 90 WRV ergab, die Enteignungsbefugnis und die staatlichen Hoheitsrechte, die sich auf das Eisenbahnwesen bezogen. Art. 92 WRV schließlich bestimmte, daß die Reichseisenbahnen, ungeachtet der Eingliederung ihres Haushalts und ihrer Rechnung in den allgemeinen Haushalt und die allgemeine Rechnung des Reichs, als ein selbständiges wirtschaftliches Unternehmen zu verwalten seien, das seine Ausgaben einschließlich Verzinsung und Tilgung der Eisenbahnschuld selbst zu bestreiten und eine Eisenbahnrücklage anzusammeln habe. Die Höhe der Tilgung und Rücklage sowie die Verwendungszwecke der Rücklage seien durch besonderes Gesetz zu regeln. Nach Art. 171 Abs. 1 WRV endlich hatten die Staatseisenbahnen spätestens am 1. 4. 1921 auf das Reich überzugehen.

Das Programm, das Art. 89 Abs. 1 WRV enthielt, wurde auch nicht annähernd erfüllt. Die Privateisenbahnen des allgemeinen Verkehrs zu erwerben war dem Reich wegen seiner ungünstigen Finanzlage nur ausnahmsweise möglich[8]. Insoweit trat erst während des 2. Weltkrieges ein gewisser Wandel ein. Demgegenüber konnte dem Art. 171 Abs. 1 WRV vorfristig Rechnung getragen werden. Mit dem Staatsvertrag über den Übergang der Staatseisenbahnen auf das Reich, der als Gesetz am 30. 4. 1920 (RGBl. S. 773) erlassen wurde, gingen die Staatseisenbahnen am 1. 4. 1920 auf das Reich über[9]. Zunächst kam es auch noch nicht zur Bildung einer einheitlichen, als selbständiges wirtschaftliches Unternehmen zu verwaltenden Verkehrsanstalt. Vielmehr wurden die Reichseisenbahnen in unmittelbarer Reichsverwaltung geführt, weil über ein zur Ausführung von Art. 92 WRV zu erlassendes Eisenbahnfinanzierungsgesetz keine Einigkeit erzielt werden konnte[10]. Die schweren Betriebsstörungen im Winter 1920/21, der Personalüberhang und die in steigendem Maße notwendig werdenden Zuschüsse zum Eisenbahnhaushalt aus dem allgemeinen Reichshaushalt führten dann zu der Forderung, den Reichseisenbahnen eine größere Selbständigkeit einzuräumen[11].

2. Das Unternehmen „Deutsche Reichsbahn"

Die Vorarbeiten für ein neues Eisenbahngesetz, das diesem Anliegen Rechnung tragen sollte, wurden dadurch unterbrochen, daß der Reichsfinanzminister die Reichsbahn am 15. 11. 1923, dem Tag der Stabilisierung der Währung, aus dem allgemeinen Haushalt des Reiches herausnahm und ihr die bisherigen Reichszuschüsse entzog. Damit war eine sofortige Regelung unabweisbar geworden. Aufgrund des Ermächtigungsgesetzes vom 8. 12. 1923 (RGBl. I S. 1179) erging die Verordnung über die Schaffung eines Unternehmens „Deutsche Reichsbahn" vom 12. 2. 1924 (RGBl. I S. 57). Diese Verordnung machte aus der Reichsbahn nicht ein bloßes Sondervermögen des Reichs, sondern bildete ein selbständiges wirtschaftliches Unternehmen mit eigener Rechtspersönlichkeit zum Betrieb der Reichsbahn, und zwar zur Betriebsführung im Namen des Reiches. Das Eigentum an der Reichsbahn verblieb dem Reich. Das Unternehmen konnte über das Eigentum in den Grenzen einer ordnungsmäßigen Wirtschaft verfügen, auch zur Deckung des

---

[8] Vgl. *Sarter/Kittel*, Reichsbahngesellschaft (Fn. 2), S. 44; *Wahl*, in: Haustein, Eisenbahnen (Fn. 1), S. 96.

[9] Vgl. dazu *Fritsch*, Eisenbahngesetzgebung im Deutschen Reiche und in Preußen, 1930, S. 8 ff.; *Sarter*, Die Reichseisenbahnen, 1920, S. 16 ff.

[10] Vgl. *Witte*, Eisenbahn und Staat — Ein Vergleich der europäischen und nordamerikanischen Eisenbahnorganisationen in ihrem Verhältnis zum Staat —, 1932, S. 46 ff.; *Wilhelmi*, Staat und Staatseisenbahn, Archiv für Eisenbahnwesen (AfE) 1963, S. 377 ff. (413); *Sarter/Kittel*, Reichsbahngesellschaft (Fn. 2), S. 214.

[11] Vgl. *Witte*, Eisenbahn und Staat (Fn. 10), S. 48; *Kruchen*, in: Haustein, Eisenbahnen (Fn. 1), S. 40; *Sarter/Kittel*, Reichsbahngesellschaft (Fn. 2), S. 215.

außerordentlichen Bedarfs, besonders für werbende Anlagen, Kredite aufnehmen. Es trug sein eigenes Geschäftsrisiko. Zuschüsse des Reichs kamen nicht in Frage. In den Rechts- und Besoldungsverhältnissen traten demgegenüber keine Änderungen ein. Auch an der Verwaltung des Unternehmens wurde zunächst noch nichts geändert. Sie wurde weiterhin vom Reichsverkehrsminister geführt. Die Trennung von Aufsicht und Leitung blieb — ebenso wie die Bildung eines Verwaltungsrates — einem künftigen Gesetz vorbehalten. Dagegen schloß schon diese Verordnung die Mitwirkung von Reichstag und Reichsrat von der Haushaltsbewilligung aus; diese Organe erhielten lediglich von der Reichsregierung zu den Haushaltsberatungen den Jahresbericht nebst Gewinn- und Verlustrechnung sowie die Bilanz mit Prüfungsbemerkungen[12]. Dogmengeschichtlich ist die Verordnung vom 12. 2. 1924 von großer Bedeutung, weil mit ihr erstmals die in Art. 92 WRV vorgesehene *Eisenbahnautonomie* näher ausgeformt wurde[13].

3. *Die Errichtung der Deutschen Reichsbahn-Gesellschaft*

Diese Tendenzen wurden noch verstärkt, als nur wenige Monate später, in Erfüllung der vom Reich auf der Londoner Konferenz (Sommer 1924) in bezug auf die Zahlung der Reparationsschuld übernommenen internationalen Verpflichtungen das Gesetz über die Deutsche Reichsbahn-Gesellschaft (Reichsbahngesetz) vom 30. 8. 1924 (RGBl. II S. 272) erging. Durch dieses — mit verfassungsändernder Mehrheit zustande gekommene — Gesetz erhielt die Deutsche Reichsbahn den Status einer rechtsfähigen Anstalt des öffentlichen Rechts unter der Aufsicht des Reichs[14]. Die organisatorische Ausgestaltung im einzelnen brachte die als Anlage zum Gesetz ergangene Gesellschaftssatzung.

In Verfolg der beiden Haager Konferenzen (1929 und 1930), auf denen der sog. Young-Plan beraten und beschlossen wurde, insbesondere in Erfüllung der deutscherseits im Haager Abkommen vom 20. 1. 1930 übernommenen Verpflichtungen, erfuhren sowohl das Reichsbahngesetz als auch die Gesellschaftssatzung Änderungen, die zu einer neuen Fassung

---

[12] Vgl. *Wilhelmi* (Fn. 10), AfE 1963, S. 414; *Sarter/Kittel*, Reichsbahngesellschaft (Fn. 2), S. 215.

[13] Dazu *Sarter/Kittel*, Reichsbahngesellschaft (Fn. 2), S. 214 ff.; *Wilhelmi* (Fn. 10), AfE 1963, S. 414; *Witte*, Eisenbahn und Staat (Fn. 10), S. 48, 59; *Kruchen*, in: Haustein, Eisenbahnen (Fn. 1), S. 37 ff.

[14] So die ganz herrschende Meinung, vgl. *Anschütz*, Die Verfassung des Deutschen Reiches, 14. Aufl. 1933, S. 451; *Sarter/Kittel*, Reichsbahngesellschaft (Fn. 2), S. 229; *Hillebrand*, Die Aufsichtsrechte des Deutschen Reiches über die Deutsche Reichsbahn-Gesellschaft nach geltendem Recht, 1934, S. 4 ff.; *Niessen*, Die Gebührenfreiheit der Deutschen Reichsbahn-Gesellschaft, 1931, S. 50 ff.

und Verkündung dieser Normen mit Bekanntmachung vom 13. 3. 1930 (RGBl. II S. 369) führten. Das Wesentliche dieser Änderungen bestand in der Beseitigung des ausländischen Einflusses auf die Verwaltung der Gesellschaft[15].

Bei der Deutschen Reichsbahn-Gesellschaft war der Autonomiegedanke in klassischer Form verwirklicht. Ihre Organe waren Verwaltungsrat und Vorstand. Der Verwaltungsrat hatte die Aufgabe, die Geschäftsführung der Gesellschaft zu überwachen und über alle wichtigen und grundsätzlichen Fragen oder solche von allgemeiner Bedeutung zu entscheiden. Der Vorstand, nach dem Präsidialprinzip organisiert, trug die Verantwortung für die Geschäftsführung. Die Dienststellen der Gesellschaft waren keine Behörden des Reichs, hatten aber deren öffentlich-rechtliche Befugnisse und Pflichten. Das Berufsbeamtentum wurde beibehalten, jedoch dem privatwirtschaftlichen Einschlag des Unternehmens dadurch Rechnung getragen, daß ein besonderer Beamtentyp, der Reichsbahnbeamte, geschaffen wurde. Die Beamtenrechte wurden, um eine größere Dispositionsfreiheit herzustellen, in einigen Punkten abgeschwächt. Insbesondere hatte die Gesellschaft das Recht, Reichsbahnbeamte jederzeit in den einstweiligen Ruhestand zu versetzen. Dafür konnten die Reichsbahnbeamten andererseits Vergünstigungen in Gestalt von Leistungszulagen in Anlehnung an privatwirtschaftliche Gepflogenheiten erhalten, die anderen Reichsbeamten versagt waren. Das Reichsbahnvermögen blieb beim Reich und wurde von der Gesellschaft als „fremdes Eigentum" aufgrund ihres Betriebsrechts verwaltet. Vom Reichshaushalt und den finanziellen Verwaltungsvorschriften des Reichs war die Gesellschaft befreit, auch von der Kontrolle durch den Rechnungshof des Deutschen Reichs; sie wurde durch eine Selbstkontrolle (Hauptprüfungsamt) ersetzt. Die finanzielle Selbständigkeit der Gesellschaft fand ihre Grenze im Aufsichtsrecht der Reichsregierung, das ihr — neben einer Reihe von Genehmigungsvorbehalten — einen weitgehenden Einfluß auf die Tarifpolitik sicherte. Der Grundsatz der *Trennung von Aufsicht und Leitung* wurde dadurch in vollkommener Weise gewährleistet, daß bei Meinungsverschiedenheiten zwischen Reichsregierung und Gesellschaft über die Auslegung des Gesetzes oder der Gesellschaftssatzung oder über Maßnahmen aufgrund des Gesetzes oder der Gesellschaftssatzung, insbesondere in Angelegenheiten der Tarife, ein besonderes Gericht, das *Reichsbahngericht,* angerufen werden konnte[16].

---

[15] Vgl. *Anschütz,* Verfassung (Fn. 14), S. 450, 460; *Witte,* Eisenbahn und Staat (Fn. 10), S. 56 ff.
[16] Vgl. dazu im einzelnen *Witte,* Eisenbahn und Staat (Fn. 10), S. 51 ff.; *Sarter/Kittel,* Reichsbahngesellschaft (Fn. 2), S. 217 ff.; *Wilhelmi* (Fn. 10), AfE 1963, S. 416 ff.; *Hillebrand,* Aufsichtsrechte (Fn. 14), S. 26 ff.

Das hohe Maß an Selbständigkeit, das die Deutsche Reichsbahn-Gesellschaft besaß, ist nicht ohne Kritik geblieben[17]. Dennoch hat der Erfolg dieser Konstruktion recht gegeben. Die Gesellschaft vermochte ständig Betriebsüberschüsse zu erwirtschaften und damit die Reparationssteuer aufzubringen, während zuvor Zuschüsse aus dem allgemeinen Reichshaushalt notwendig gewesen waren, um sie am Leben zu erhalten[18].

4. Die Gleichschaltung der Deutschen Reichsbahn nach 1933

Nach 1933 setzten Bestrebungen ein, die Deutsche Reichsbahn-Gesellschaft wieder näher an das Reich heranzuführen, weil den damaligen Machthabern jeder Autonomiegedanke suspekt war. Das fand zunächst seinen Ausdruck in personellen Maßnahmen sowie in der Beseitigung der bis dahin den Ländern zustehenden Rechte. Nach § 15 des Gesetzes zur Vereinfachung und Verbilligung der Verwaltung vom 27. 2. 1934 (RGBl. I S. 130) traten die Vorschriften des Staatsvertrages vom 30. 4. 1920 nebst Schlußprotokoll sowie die darauf beruhenden besonderen Vereinbarungen zwischen dem Reich und den Ländern zwischen der Deutschen Reichsbahn-Gesellschaft am 1. 4. 1934 mit der Maßgabe außer Kraft, daß die bisher den Ländern zustehenden Rechte der Zustimmung zur Aufhebung, zur Verlegung des Sitzes oder zu wesentlichen Änderungen der Bezirkseinteilung von Reichsbahndirektionen künftig von der Reichsregierung wahrgenommen wurden. Sache der Reichsregierung war es, die zur Abwicklung noch erforderlichen Maßnahmen zu treffen[19]. Nach außen sichtbar wurde die „Gleichschaltung" durch die Erklärung Hitlers vom 30. 1. 1937, daß die Deutsche Reichsbahn im Sinne der Wiederherstellung der deutschen Gleichberechtigung ihres bisherigen Charakters entkleidet und restlos unter die Hoheit des Reiches gestellt werde[20].

Durch Art. 2 des Gesetzes zur Neuregelung der Verhältnisse der Reichsbank und der Deutschen Reichsbahn vom 10. 2. 1937 (RGBl. II

---

[17] Vgl. z. B. *Brüning,* Memoiren 1918 bis 1934, 1970, S. 485 f.

[18] Vgl. *Sarter/Kittel,* Reichsbahngesellschaft (Fn. 2), S. 215; *Witte,* Eisenbahn und Staat (Fn. 10), S. 47; *Kittel,* Die Deutsche Reichsbahngesellschaft, in: ZfVerkWiss. 1954, S. 125 ff.; *Ottmann,* Das Acworth-Leverve-Gutachten über die Deutsche Reichsbahn, AfE 1958, S. 413 ff.; z. T. a. A. *Wilhelmi* (Fn. 10), AfE 1963, S. 419. Seine diesbezüglichen Ausführungen stehen allerdings in offenem Gegensatz zu seiner Kritik am BbG 1951, weist er doch gerade der mangelhaft ausgeprägten Autonomie durch dieses Gesetz die Verantwortung für die ungünstige wirtschaftliche Lage der DB zu, aaO, S. 444 ff.

[19] Vgl. dazu *Fromm,* Das Schicksal der Deutschen Reichsbahn und der Reichswasserstraßenverwaltung nach dem Zusammenbruch in der amerikanischen Besatzungszone bis zum Jahre 1948, 1950, S. 3 f.; *Wilhelmi* (Fn. 10), AfE 1963, S. 420.

[20] Vgl. Reichsbahnhandbuch 1937, S. 15; *Wilhelmi* (Fn. 10), AfE 1963, S. 420.

S. 47) wurden der Name und die verwaltungsmäßige Autonomie der Deutschen Reichsbahn-Gesellschaft beseitigt. Das Unternehmen hieß wieder „Deutsche Reichsbahn". Das Deutsche Reich war nicht mehr nur Eigentümer der Bahn, sondern nahm auch ihren Betrieb wieder in eigene Hand. Die Verwaltung wurde organisatorisch in die Reichsverwaltung eingegliedert: Das Amt des Generaldirektors wurde in Personalunion mit dem des Reichsverkehrsministers verbunden; die Hauptverwaltung ging im Reichsverkehrsministerium auf; der Verwaltungsrat wurde auf die Funktion eines nur beratenden Beirats beschränkt.

Das Gesetz vom 10. 2. 1937 war ein „Rahmengesetz" im ursprünglichen Sinne des Wortes; es behandelte die Verfassung der Reichsbahn nur in einem einzigen Artikel. Es bedurfte deshalb eines neuen Reichsbahngesetzes, um den völker- und verfassungsrechtlichen Inhalt des alten Reichsbahngesetzes zu beseitigen, die Beziehungen zwischen Reichsbahn und Reich verfassungsmäßig und finanziell neu zu ordnen und die Wiedereingliederung der Reichsbahn in die unmittelbare Reichsverwaltung im einzelnen durchzuführen. Diese Aufgabe löste das Reichsbahngesetz vom 4. 7. 1939 (RGBl. I S. 1205). Alle früheren Bestimmungen, die eine Trennung zwischen Reichsbahn und Reich enthielten, wurden aufgehoben und dadurch staatsrechtlich die Einheit der Reichsgewalt wiederhergestellt, deren unselbständigen Teil die Deutsche Reichsbahn nunmehr bildete. Diese neue Identität zwischen Reichsbahn und Reich wurde in folgenden Punkten sichtbar: Die Trennung von Aufsicht und Leitung entfiel. Die Vermögenseinheit wurde wiederhergestellt, wenn man der Deutschen Reichsbahn auch insofern eine finanziell-wirtschaftliche Sonderstellung einräumte, als sie ein Sondervermögen des Reiches mit eigener Wirtschafts- und Rechnungsführung bildete. Schließlich legte man als Zweck und Ziel der Verwaltungsführung der Deutschen Reichsbahn das gemeinwirtschaftliche Prinzip der bestmöglichen Bedarfsversorgung verbindlich zugrunde[21]. Als „ein Stück Reichsverwaltung" bestand die Deutsche Reichsbahn in der durch das Reichsbahngesetz von 1939 festgelegten Rechtsform bis zum Zusammenbruch des Reiches im Jahre 1945 fort[22].

5. Die Entwicklung in der unmittelbaren Nachkriegszeit

Nach dem Kriege verlief die Entwicklung in den westlichen Besatzungszonen Deutschlands unterschiedlich. Zunächst nahmen sich die Besatzungsmächte der Leitung des Verkehrs und damit auch der Eisenbahnen an. Dann lag ihre Verwaltung — im Rahmen der wirtschaftlichen Vereinigung der amerikanischen und britischen Besatzungszone —

---

[21] Vgl. *Wilhelmi* (Fn. 10), AfE 1963, S. 422.
[22] Vgl. *Köttgen*, Deutsche Verwaltung, 3. Aufl. 1944, S. 62, 72.

beim Verwaltungsrat für Verkehr und schließlich — nach der Bildung des Vereinigten Wirtschaftsgebietes — bei der Verwaltung für Verkehr. Grundlage bildete nach wie vor das Reichsbahngesetz von 1939. Einen anderen Gang nahmen die Dinge in der französischen Besatzungszone. Dort schufen die drei Länder 1947 durch einen von der Besatzungsmacht genehmigten Staatsvertrag die „Betriebsvereinigung der südwestdeutschen Eisenbahnen (SWDE)". Sie gaben der SWDE die Rechtsform einer gemeinnützigen Anstalt des öffentlichen Rechts mit eigener Rechtspersönlichkeit. Ihre ausgeprägte Autonomie ähnelte derjenigen der Reichsverfassung von 1924/30. Die Länder betrachteten sich dabei als treuhänderische Eigentümer des Reichseisenbahnvermögens und Träger der Eisenbahnhoheit, namentlich der Aufsichtsbefugnis. Verwaltung und Betrieb der Eisenbahnen oblagen der SWDE. Sie wurde geleitet von einem allein verantwortlichen Generaldirektor, der allerdings einem sog. Eisenbahnverkehrsrat, gebildet aus Länder- und Gewerkschaftsvertretern, verantwortlich war[23].

II. Die Rechtsentwicklung unter dem Grundgesetz

Das Grundgesetz stellte das Eisenbahnwesen auf eine neue verfassungsrechtliche Grundlage. Art. 134 Abs. 1 GG verfügte, daß das Vermögen des Reiches grundsätzlich Bundesvermögen werde. Das Nähere wurde bundesgesetzlicher Regelung überlassen, die hinsichtlich des bisherigen Sondervermögens „Deutsche Reichsbahn" durch das Gesetz über die vermögensrechtlichen Verhältnisse der Deutschen Bundesbahn vom 2. 3. 1951 (BGBl. I S. 155) getroffen wurde[24]. Nach Art. 87 Abs. 1 Satz 1 GG führt der Bund die Bundeseisenbahnen in bundeseigener Verwaltung mit eigenem Verwaltungsunterbau. Die nach Art. 73 Nr. 6 GG in ausschließlicher Gesetzgebung gebotene Regelung ihrer Rechtsverhältnisse wurde mit dem Bundesbahngesetz (BbG) vom 13. 12. 1951 (BGBl. I S. 955) vorgenommen.

1. Das Bundesbahngesetz von 1951

Als man auf dieser Basis begann, für die Deutsche Bundesbahn nun auch die erforderlichen einfachgesetzlichen Regelungen zu treffen, gingen die Meinungen darüber, welche Organisationsform den Vorzug verdiene, weit auseinander. Den Anhängern eines mehr oder minder stark ausgeprägten *Staatsbahnsystems* standen die Vertreter des *Autonomiegedankens* gegenüber; sogar einer Privatisierung der Deutschen Bundes-

---

[23] Zum Vorstehenden *Fromm*, Schicksal der Deutschen Reichsbahn (Fn. 19), S. 17 ff., 81 ff.; *Wilhelmi* (Fn. 10), AfE 1963, S. 422 ff.; beide m. w. N.

[24] Vgl. dazu *H. Krüger*, Das Eigentum am Reichssondervermögen „Deutsche Reichsbahn" heute, Die Reichsbahn 1949, S. 184 ff.

bahn (DB) wurde, wenn auch nur vereinzelt, das Wort geredet. Zunächst hatte es den Anschein, als ob die DB ein relativ großes Maß an Selbständigkeit erhalten würde. In diese Richtung deutete der Entwurf eines Gesetzes über die DB, den das Land Nordrhein-Westfalen Anfang Dezember 1949 als Initiativantrag im Bundesrat einbrachte[25]. Die gegenteilige Tendenz zeigten von Anfang an die Überlegungen des Bundesministers für Verkehr, die auf vorbereitende Arbeiten der Verwaltung für Verkehr des Vereinigten Wirtschaftsgebietes zurückgingen und ihre endgültige Gestalt in dem Regierungsentwurf eines Gesetzes über die Deutsche Bundesbahn vom 14. 9. 1950 fanden[26]. Auch die Bundesregierung nahm zwar für ihren Entwurf in Anspruch, er vertrete „eindeutig den Standpunkt einer weitgehenden Autonomie für die Geschäftsgebarung und die Betriebsführung des Unternehmens"[27]. Der Wortlaut des Entwurfs hielt jedoch nicht, was die Begründung insoweit versprach, und der Bundesminister für Verkehr selbst sagte zutreffend, der Entwurf sehe „statt eines Autonomiebetriebes ... eine starke Anlehnung der Bundesbahn an die Bundesregierung vor"[28]. Die Begründung, die die Bundesregierung für ihre Auffassung gab, mutet im Lichte des späteren Ganges der Ereignisse merkwürdig an. Abgesehen davon, daß man auf jeden Fall einen Einfluß möglicher ausländischer Geldgeber auf die DB verhindern wollte, hieß es, eine solche Lösung sei geboten, da die DB anderenfalls nicht die bei ihrer schwierigen finanziellen Lage notwendige finanzielle Unterstützung vom Bund erhalten würde; außerdem würde eine zu starke Verselbständigung der DB die Koordinierung der Verkehrsträger erschweren[29]. Die Überlegung, daß die veränderten Verhältnisse auf dem Verkehrsmarkt gegenüber früher eher eine größere Bewegungsfreiheit der Bahn[30] erforderten, fand keinen Widerhall. Auch der Bundesrat kam letztlich den Vorstellungen der Bundesregierung entgegen. Dabei mag die Befürchtung, eine selbständige Bundesbahn sei eher imstande, sich den Wünschen der Länder, Kreise und Gemeinden zu widersetzen, eine Rolle gespielt haben. Auch dürfte das vom Bundesminister für Verkehr in die Debatte geworfene problematische

---

[25] Vgl. Entwurf eines Gesetzes über die Deutsche Bundesbahn (Bundesbahngesetz), aufgestellt vom Verkehrsminister des Landes Nordrhein-Westfalen 1949, und hierzu *Brandt*, Internationales Archiv für Verkehrswesen (AVW) 1951, S. 361 ff.
[26] Vgl. Bundestagsdrucksache I/1341.
[27] Vgl. Bundestagsdrucksache I/1341, S. 36.
[28] Vgl. Sitzungsbericht über die 64. Sitzung des Bundesrates am 20. 7. 1951, S. 526.
[29] So die Ausführungen des Bundesministers für Verkehr in der 93. Sitzung des Deutschen Bundestages am 19. 10. 1950, Sten. Bericht S. 3466, und in der 64. Sitzung des Bundesrates am 20. 7. 1951, Sitzungsbericht S. 526.
[30] So z. B. *Conrad*, Internationales Archiv für Verkehrswesen (AVW) 1951, S. 241.

politische Argument, die Bundesbahn dürfe nicht zu einem „Staat im Staate" werden, seine Wirkung nicht verfehlt haben[31]. Insgesamt verhielt sich das BbG vom 13. 12. 1951 dem Autonomiegedanken gegenüber zurückhaltend: Es beließ der DB zwar den Status eines Sondervermögens mit eigener Wirtschafts- und Rechnungsführung und gab ihr in Gestalt von Vorstand und Verwaltungsrat eigene Organe, die sie „unter Berücksichtigung der Interessen der deutschen Volkswirtschaft nach kaufmännischen Grundsätzen" zu verwalten hatten (§ 4 Abs. 1 Satz 1 BbG). Der Bundesminister für Verkehr hatte jedoch nicht nur ein umfassendes Aufsichtsrecht, das sich in einer Vielzahl von Genehmigungsvorbehalten für einzelne Maßnahmen niederschlug, sondern konnte auch „die allgemeinen Anordnungen (erlassen), die erforderlich waren, um den Grundsätzen der Politik der Bundesrepublik Deutschland, insbesondere der Verkehrs-, Wirtschafts-, Finanz- und Sozialpolitik, Geltung zu verschaffen und die Interessen der Deutschen Bundesbahn und der übrigen Verkehrsträger miteinander in Einklang zu bringen" (§ 14 Abs. 1 BbG).

Dieselbe Tendenz ließen die Vorschriften über die Wirtschaftsführung erkennen. Der DB war zwar aufgegeben, ihre Wirtschaft so zu führen, daß sie die zur Erfüllung ihrer Aufgaben und Verpflichtungen notwendigen Aufwendungen selbst bestreiten konnte. Es fehlte jedoch an einer Bestimmung, um die Verwirklichung dieses Grundsatzes auch dann sicherzustellen, wenn es der Bund selbst war, der der DB die Erfüllung ihrer Pflichten erschwerte oder gar unmöglich machte. Das Gesetz bestimmte lediglich, daß die DB gegen tarifliche Auflagen Einspruch einlegen konnte. Die Übernahme einer durch eine solche Auflage entstehenden Mehrbelastung auf den Bundeshaushalt aber unterblieb nicht nur dann, „wenn die im Laufe eines Wirtschaftsjahres gemachten Auflagen in ihrer Gesamtheit den Wirtschaftsplan nur unwesentlich beeinflussen" oder „die Mehrbelastung aus einem Überschuß des Jahresabschlusses gedeckt werden kann". Auch wenn die Voraussetzungen für eine Übernahme gegeben waren, war damit noch nicht gesagt, daß sie stattfinden würde. Denn über die Höhe des zu übernehmenden Betrages entschied die Bundesregierung unter Berücksichtigung aller Umstände endgültig (§ 28 Abs. 3—6 BbG)[32].

---

[31] Vgl. Bundestagsdrucksache I/1341, S. 36; hierzu Jahrbuch des Eisenbahnwesens (o. V.) 1952, S. 14.

[32] Die Bundesregierung stand überdies auf dem Standpunkt, daß nur die Auflage der *Durchführung* einer tariflichen Maßnahme einen Übernahmeanspruch auslösen konnte, nicht dagegen ihr Verlangen, eine tarifliche Maßnahme zu unterlassen. Vgl. zu dieser Kontroverse *Sarter/Kittel*, Die Deutsche Bundesbahn, 1951, S. 201; *Klaer*, Die Bundesbahn 1952, S. 641, einerseits und Hufnagel, Eisenbahngesetze der Bundesrepublik Deutschland, 1952, § 28 Anm. 4 andererseits.

2. Ansätze zur Stärkung der Bahnautonomie

Das BbG in der Fassung von 1951 stieß alsbald auf deutliche Kritik. Es „übergeht mit Stillschweigen jede Abgrenzung der Verantwortlichkeiten. Es bleibt in Dunkel gehüllt, wen für Planungen und Entscheidungen auf dem Gebiet des Eisenbahnverkehrs die Verantwortung trifft; und nicht weniger im Dunkel bleibt die Frage, wie sich eine solche Verantwortung praktisch auswirken könnte. Wie ist sichergestellt, daß etwaige Verluste und Fehldispositionen nicht ungesühnt bleiben[33]?" Ein erster Versuch, der DB größere Selbständigkeit einzuräumen, wurde 1954 mit dem Entwurf eines Gesetzes zur Wiederherstellung der Wirtschaftlichkeit der Deutschen Bundesbahn unternommen. Er sah eine verstärkte Stellung ihrer Organe, eine umfassende Regelung der Übernahme politischer Lasten auf den Bund und für Streitigkeiten zwischen Bund und DB ein Bundesbahngericht vor, das endgültig entscheiden sollte[34]. Die Zeit war damals für einen solchen Schritt jedoch noch nicht reif[35]. Erneut Auftrieb erhielten die in Richtung auf eine größere Selbständigkeit zielenden Überlegungen durch den Bericht der Prüfungskommission über die Deutsche Bundesbahn vom 30. 1. 1960[36].

a) So kam es zum Gesetz zur Änderung des Bundesbahngesetzes vom 1. 8. 1961 (BGBl. I S. 1161), das im Rahmen der sog. Kleinen Verkehrsreform erging. Ihr Ziel war es, den Verkehr stärker an die Marktwirtschaft heranzuführen[37]. Die in § 4 Abs. 1 Satz 1 BbG enthaltene Verpflichtung der DB auf die Wahrung der Interessen der deutschen Volkswirtschaft wurde gestrichen und durch das nunmehr in § 28 Abs. 1 Satz 2 BbG enthaltene Gebot ersetzt, ihre gemeinwirtschaftliche Aufgabe im Rahmen einer ausgeglichenen Rechnung zu erfüllen. Zugleich wurde die Regelung des Ausgleichs gemeinwirtschaftlicher Leistungen erweitert.

---

[33] So *Ottmann*, Transportpolitik im Wechsel der Wirtschaftssysteme, Internationales Archiv für Verkehrswesen (AVW), 1953, S. 165 ff. (172); ähnlich *Wilhelmi* (Fn. 10), AfE 1963, S. 444 ff.

[34] Vgl. Bundestagsdrucksache II/612 vom 18. 6. 1954 und hierzu eingehend *Müller-Hermann*, Wettbewerb und Ordnung, Grundlagen der Verkehrspolitik, Band 10 B der Veröffentlichungen der volkswirtschaftlichen Gesellschaft e. V., S. 26 ff.; *Hellmann*, Die Organisation der Deutschen Bundesbahn, in: Die Verkehrspolitik in der öffentlichen Meinung, Band 10 C der Veröffentlichungen der volkswirtschaftlichen Gesellschaft e. V., S. 122 ff.; *Fromm*, Internationales Archiv für Verkehrswesen (AVW) 1954, S. 487 ff.; ders., Der verschlossene Weg, Der Volkswirt Nr. 8 vom 26. 2. 1955, S. 15 ff.

[35] Der Entwurf wurde vom Bundestag am 9. und 10. 7. 1954 in 1. Lesung beraten und an die zuständigen Ausschüsse überwiesen, dort aber nicht behandelt.

[36] Vgl. Bundestagsdrucksache III/1602, S. 48, und dazu *Wilhelmi* (Fn. 10), AfE 1963, S. 445.

[37] Vgl. dazu *Wesemann*, Die neuen Verkehrsgesetze, BB 1961, S. 958 ff.; *Wilhelmi* (Fn. 10), AfE 1963, S. 448.

Aber es blieb dabei, daß die Bundesregierung bei Meinungsverschiedenheiten darüber, ob und in welcher Höhe ein Ausgleich zu gewähren war, endgültig zu entscheiden hatte, mochte ihr nunmehr auch aufgegeben sein, nur aufgrund eines Gutachtens von wirtschaftserfahrenen und unabhängigen Sachverständigen zu befinden.

b) Das Gesetz zur Änderung des Bundesbahngesetzes vom 6. 3. 1969 (BGBl. I S. 191) beschränkte sich darauf, die Vorschriften über das Aufsichtsrecht des Bundesministers für Verkehr und den Ausgleich bei der Erteilung von Auflagen und der Versagung von Genehmigungen zu ändern. Der Bundesminister für Verkehr hat seitdem nicht mehr die Möglichkeit, im Wege von allgemeinen Anordnungen den Grundsätzen der Bundespolitik Geltung zu verschaffen und die Interessen der DB und der übrigen Verkehrsträger miteinander in Einklang zu bringen. Die in § 28 a BbG geregelte Ausgleichspflicht aber erstreckt sich seitdem nicht nur auf die Fälle, in denen der Bundesminister für Verkehr aus Gründen des allgemeinen Wohls von der DB die Änderung von Verkehrstarifen verlangt oder ihr die Genehmigung für eine tarifliche Maßnahme versagt; sie umfaßt ferner auch alle Fälle, in denen eine nach § 14 Abs. 3 Satz 1 BbG erforderliche Genehmigung aus den in § 14 Abs. 3 Satz 2 BbG genannten Gründen — im Einvernehmen mit dem Bundesminister der Finanzen — versagt oder von Auflagen abhängig gemacht wird. Schließlich erwuchs die Ausgleichspflicht, die sich auf Mehraufwendungen, Investitionsausgaben oder Mindererträge bezieht, zur unbedingten Pflicht. Die bisherige Einschränkung, nach der sie entfiel, wenn und soweit die DB am Ende eines Wirtschaftsjahres einen Überschuß i. S. des § 33 Abs. 1 Nr. 3 BbG erzielt hatte, wurde gestrichen. Bei Meinungsverschiedenheiten darüber, ob und in welcher Höhe ein Ausgleich zu gewähren ist, wird auf Antrag der Bundesregierung oder der DB eine Einigungsstelle tätig, die endgültig entscheidet[38].

c) Zu einer umfassenden Neugestaltung der Rechtsverhältnisse der DB kam es in der Folgezeit nicht. Das Dritte Gesetz zur Änderung des BbG vom 22. 12. 1981 (BGBl. I S. 1689) beschränkte sich — was die Frage einer größeren Selbständigkeit der DB angeht — darauf, die Leitungsebene umzugestalten. Für die Mitglieder des Vorstands der DB, bis dahin Beamte auf Zeit, wurde ein öffentlich-rechtliches Amtsverhältnis zum Bund vorgesehen, das im einzelnen durch Verträge geregelt werden kann. Dasselbe gilt für andere Inhaber leitender Dienstposten[39].

---

[38] Vgl. *Fromm*, Die Novelle zum Bundesbahngesetz, BB 1969, S. 337 ff.
[39] Vgl. dazu *Finger*, Kommentar zum Allgemeinen Eisenbahngesetz und Bundesbahngesetz, 1982, S. 92 ff. Kritik an der Wirksamkeit der getroffenen Maßnahmen bei *Fromm*, Zur Änderung des Bundesbahngesetzes, BB 1982, S. 264 ff. Vgl. die systematische Darstellung des Organisationswesens.

3. Bedeutung des Allgemeinen Eisenbahngesetzes

Im Kontext mit dem BbG müssen die verschiedenen Änderungen des AEG gesehen werden, das sich über Begriff und Aufgaben der öffentlichen Eisenbahnen verhält und grundsätzlich auch für die DB gilt. Schon die Novelle vom 1. 8. 1961 (BGBl. I S. 1161) änderte § 6 Abs. 1: War es bis dahin Ziel der Tarifpolitik *der* öffentlichen Eisenbahnen, gleichmäßige und volkswirtschaftlich vertretbare Tarife für alle Eisenbahnen zu schaffen und den Bedürfnissen des Verkehrs, der Wirtschaft und der Verkehrsträger anzupassen und hierbei insbesondere die wirtschaftlichen Verhältnisse der betroffenen Eisenbahnen angemessen zu berücksichtigen, so heißt es seitdem, Ziel der Tarifpolitik *für* die öffentlichen Eisenbahnen sei es, unter Wahrung der wirtschaftlichen Verhältnisse der beteiligten Eisenbahnen gleichmäßige Tarife für alle Eisenbahnen zu schaffen und sie den Bedürfnissen des allgemeinen Wohls, insbesondere der wirtschaftlich schwachen und verkehrsungünstig gelegenen Gebiete, anzupassen. Zugleich wurde der Bundesregierung mit dem neuen § 8 aufgegeben, mit dem Ziel bester Verkehrsbedienung darauf hinzuwirken, daß die Wettbewerbsbedingungen der Verkehrsträger angeglichen werden und daß durch marktgerechte Entgelte und einen lauteren Wettbewerb der Verkehrsträger eine volkswirtschaftlich sinnvolle Aufgabenteilung ermöglicht wird. Außerdem sind seitdem die Leistungen und Entgelte der verschiedenen Verkehrsträger vom Bundesminister für Verkehr insoweit aufeinander abzustimmen, als es die Verhinderung eines unbilligen Wettbewerbs erfordert[40]. Geändert wurde durch das Zweite Gesetz zur Änderung des AEG vom 24. 8. 1976 (BGBl. I S. 2441) auch § 4 Abs. 1, der von den Aufgaben der öffentlichen Eisenbahnen handelt. Auch hier findet sich nunmehr der Hinweis auf die Wahrung wirtschaftlicher Grundsätze[41].

4. Exkurs: Einflüsse des Europarechts

Schließlich bedarf es, was das Verhältnis zwischen Staat und Staatseisenbahn angeht, eines Blicks auf das supranationale Recht. Selbst wenn europarechtliche Fragen nicht Gegenstand der vorliegenden Untersuchung sind, läßt sich nicht übersehen, daß von diesem Rechtsgebiet Impulse ausgehen, die auf eine stärkere rechtliche und finanzielle Verselbständigung der DB gegenüber dem Bund zielen[42]. Schon Art. 8 der Entscheidung des Rates der EG vom 13. 5. 1965 über die Harmonisierung

---

[40] Vgl. *Storsberg*, Die Bedeutung der Kleinen Verkehrsreform für die Preis- und Tarifbildung im Güterverkehr, 1963, und *Krebs*, Verkehrsrecht und Verkehrswirtschaft, Nachtrag 1965, S. 10 ff.
[41] Vgl. *Finger*, Allgemeines Eisenbahngesetz (Fn. 39), S. 25.
[42] Vgl. *Ipsen*, Europäisches Gemeinschaftsrecht, 1972, S. 874 ff. (880).

bestimmter Vorschriften, die den Wettbewerb im Eisenbahn-, Straßen- und Binnenschiffsverkehr beeinflussen (ABl. 1965 S. 1500), bestimmte, daß mit dem Ziel der finanziellen Eigenständigkeit der Eisenbahnunternehmen die Vorschriften schrittweise zu harmonisieren seien, die die finanziellen Beziehungen zwischen den Eisenbahnunternehmen und den Staaten regeln. Darauf aufbauend, erging die Entscheidung des Rates vom 20. 5. 1975 zur Sanierung der Eisenbahnunternehmen und zur Harmonisierung der Vorschriften über die finanziellen Beziehungen zwischen diesen Unternehmen und den Staaten (ABl. L 152 vom 12. 6. 1975, S. 3). Ihr Art. 1 gebietet den Mitgliedsstaaten, dafür Sorge zu tragen, daß die Eisenbahnunternehmen nach wirtschaftlichen Grundsätzen geführt werden können, wobei insbesondere auf den Sachzusammenhang mit der Verordnung (EWG) Nr. 1191/69 des Rates vom 26. 6. 1969 über das Vorgehen der Mitgliedsstaaten bei mit dem Begriff des öffentlichen Dienstes verbundenen Verpflichtungen auf dem Gebiet des Eisenbahn-, Straßen- und Binnenschiffsverkehrs (ABl. Nr. L 156 vom 28. 6. 1969, S. 1) und der Verordnung (EWG) Nr. 1192/69 des Rates vom 26. 6. 1969 über gemeinsame Regeln für die Normalisierung der Konten der Eisenbahnunternehmen (ABl. Nr. L 156 vom 28. 6. 1969, S. 8) abgehoben wird[43]. An der Auffassung, daß den staatlichen Eisenbahnen ein Höchstmaß an Autonomie gegeben werden sollte, hält die Kommission der EG unverändert fest[44].

B. Bestandsaufnahme der wichtigsten Leistungen und Organisationsformen der Deutschen Bundesbahn

Gliedert man die Aufgaben der DB nach Leistungsbereichen, so zeigt sich, daß um einen engeren Kreis von Leistungen im schienengebundenen Verkehr (I) weitere Verkehrsleistungen (II) und schließlich sonstige Leistungen (III) gelagert sind. Es ergibt sich so das Bild eines Kerns, der von mehreren Schalen umgeben ist. Auch in sich sind die einzelnen Leistungsbereiche nicht einheitlich verfaßt, sondern bestehen aus Haupt-, Neben- und Zusatzleistungen, deren Einbeziehung in den Aufgabenbestand *historisch* geschwankt hat und auch von ihrer *funktionalen* Zuordnung nicht immer eindeutig zu bestimmen ist.

---

[43] Vgl. dazu *Fromm* (Fn. 4), DVBl. 1982, S. 288 (293).

[44] Vgl. die Mitteilung der Kommission der Europäischen Gemeinschaften an den Rat über die Eisenbahnpolitik der Gemeinschaft: Rückblick und Ausblick auf die 80er Jahre, Bundestagsdrucksache 9/127 Nr. 20 = Bundesratsdrucksache 34/81 vom 23. 1. 1981, die vom Verkehrsausschuß des Deutschen Bundestages ausdrücklich gebilligt wurde, vgl. seinen Bericht vom 16. 6. 1981, Bundestagsdrucksache 9/605 vom 23. 6. 1981.

B. Die Leistungen und Organisationsformen 27

I. Der Schienenverkehr der DB

Der älteste und auch heute dominierende Leistungsbereich der DB ist der des schienengebundenen Verkehrs. Er wird abgewickelt auf einem Streckennetz, dessen Länge 1982 28 238 km betrug. Davon wurden 11 180 km elektrisch betrieben. 576 km dienten lediglich dem Personenverkehr, 5717 km lediglich dem Güterverkehr. Am 31. 12. 1960 belief sich die Streckenlänge noch auf insgesamt 30 700 km, wovon 3700 km elektrifiziert waren. In der Zeit von 1966 bis 1983 wurden der Reisezugverkehr auf einer Gesamtlänge von 4677 km und der Güterverkehr auf einer Streckenlänge von 3129 km stillgelegt.

1. Der Personenverkehr auf der Schiene

Im Schienverkehr der DB wurden 1982 1069 Mio Personen befördert und 40,0 Mrd. Pkm erbracht. Davon entfielen 143 Mio Personen oder 24,5 Mrd. Pkm auf den Fernverkehr, d. h. Beförderungen über eine Entfernung über 50 km. Auf den S-Bahnverkehr entfielen 555,2 Mio Personen und 7,4 Mrd. Pkm.

1960 umfaßte die Beförderungsleistung noch insgesamt 1545 Mio Personen oder 41,7 Mrd. Pkm, darunter im Fernverkehr 124 Mio Personen oder 20,2 Mrd. Pkm. Im S-Bahnverkehr wurden damals dagegen nur 135 Mio Personen befördert und 1,4 Mrd. Pkm erbracht.

2. Der Güterverkehr auf der Schiene

Im frachtpflichtigen Güterverkehr auf der Schiene und auf dem Schiff — beide Verkehrsarten werden in der Statistik gemeinsam erfaßt — wurden 1982 278,0 Mio t befördert. Davon entfielen auf Wagenladungen 275,2 Mio t und auf Stückgut 2,8 Mio t. In Tariftonnenkilometern ausgedrückt waren dies insgesamt 56 365,1 Mio, wovon 55 478,5 Mio auf Wagenladungen und 886,6 Mio auf Stückgut entfielen. Die mittlere Versandweite lag 1982 bei 203 km und hat sich damit gegenüber 1965 — damals waren es 192 km — nur unwesentlich erhöht[45]. Auffällig ist, daß nicht weniger als 39,5 v. H. der beförderten Güter auf die Entfernungsstufe von 0—50 km entfällt[46]. Die Verkehrsleistungen im Güterverkehr sind seit 1979 — als sie, wesentlich konjunkturbedingt nach 1971 wieder einen Höhepunkt erreicht hatten — kontinuierlich gesunken und lagen 1982 mit 13 v. H. unter dem damaligen Umfang. Hierin spiegelt sich

---

[45] Vgl. Verkehrswirtschaftliche Zahlen 1984, herausgegeben von dem Bundesverband des Deutschen Güterfernverkehrs (BDF) e. V., S. 38.
[46] Vgl. Verkehr in Zahlen 1982, herausgegeben vom Bundesminister für Verkehr, S. 210.

wider, wie stark die DB auf den Verkehrsmärkten dem Wettbewerb ausgesetzt ist und durch die Konjunkturschwäche sowie die Strukturkrise im Montanbereich, auf den im Güterverkehr rd. die Hälfte der Umsätze entfällt, ertragsmäßig beeinträchtigt wird[47]. Allein der frachtpflichtige Wagenladungsverkehr mit Montangütern verringerte sich von 168,3 Mio t in 1980 auf 145,2 Mio t in 1982.

3. Annexe Leistungen des Schienenverkehrs

Den eigentlichen Verkehrsleistungen zugeordnet sind eine Reihe annexer Leistungen sogenannter Servicebetriebe — in der Gesetzessprache noch als Nebenbetriebe bezeichnet. Von ihnen spricht man, wenn folgende Voraussetzungen erfüllt sind:

— Der Betrieb muß den Bedürfnissen des Eisenbahnbetriebs und -verkehrs dienen;

— er muß mit dem Bahngebiet räumlich eng zusammenhängen und

— von einem selbständigen Unternehmer auf eigene Rechnung, aber unter bahnseitiger Aufsicht geführt werden[48].

Hierzu rechnen — nach dem Stand von 1982 — einmal die Deutsche Schlafwagen- und Speisewagen-Gesellschaft (DSG) GmbH, deren Alleingesellschafterin die DB ist[49]. Ferner sind hierin zu rechnen 8 Bundesbahnhotels, 1341 Bahnhofsgaststätten und Erfrischungshallen, 361 Buchhandlungen, 117 Blumenläden, 102 Tabakwarenfachgeschäfte, 301 Drogerien, 117 Feinkostläden, 318 Geschäfte mit Mischsortiment, 54 Spiel- und Unterhaltungsräume, 21 Kinos sowie 32 Wechselstuben. Nebenbetriebe dieser Art, die auch den Bedürfnissen des Schiffahrtsbetriebes der DB, nicht aber auch denen ihres Kraftverkehrs dienen können[50], haben schon die Deutsche Reichsbahn-Gesellschaft und vorher die Deutsche Reichsbahn und ihre Rechtsvorgängerinnen, die Staatsbahnen der Länder, unterhalten. Sie entsprechen damit dem Herkommen[51].

---

[47] Vgl. Die Finanzentwicklung der Deutschen Bundesbahn und der Deutschen Bundespost seit 1980, in: Monatsberichte der Deutschen Bundesbank August 1983, S. 48; Antwort der Bundesregierung auf die Große Anfrage der Fraktion der CDU/CSU und FDP betreffend die Deutsche Bundesbahn, Bundestagsdrucksache 10/672 vom 24. 11. 1983.

[48] Vgl. dazu *Radecke/Rehling*, in: Haustein, Eisenbahnen (Fn. 1), S. 427, 439; *Finger*, Allgemeines Eisenbahngesetz (Fn. 39), S. 259; *Sarter/Kittel*, Reichsbahngesellschaft (Fn. 2), S. 254 ff.; *Sarter/Kittel*, Die Deutsche Bundesbahn, 1952, S. 235 ff.

[49] Vgl. Beteiligungen des Bundes im Jahr 1982, herausgegeben vom Bundesminister der Finanzen, S. 345 — im folgenden als „Beteiligungen" zitiert.

[50] Vgl. *Finger*, Allgemeines Eisenbahngesetz (Fn. 39), S. 259.

[51] So schon *Sarter/Kittel*, Reichsbahngesellschaft (Fn. 2), S. 254 ff.

B. Die Leistungen und Organisationsformen

4. Bedarfsdeckung

Keine eindeutige Zuordnung besteht für die der Bedarfsdeckung dienenden Leistungen. Die DB erbringt sie teils in eigener Regie, teils bezieht sie sie von Dritten. Die Verteilung zwischen *Eigenleistungen* und *Unternehmerleistungen* schwankt nach Leistungsbereichen und hat auch in den einzelnen Epochen der Eisenbahngeschichte unterschiedlich ausgesehen. Das gibt jenen Organisationseinheiten der DB, die bahneigene Bedarfsdeckung betreiben, eine gewisse Variabilität. Im einzelnen läßt sich das Zusammenspiel zwischen Eigen- und Fremdleistungen an folgenden Bereichen verdeutlichen:

a) Ausbesserungsleistungen

Für die Instandhaltung von Fahrzeugen wurden im Jahr 1983 insgesamt 944 Mio DM aufgewendet. Davon entfielen 881 Mio DM auf Arbeiten in eigenen Werken — die DB verfügt gegenwärtig über 23 Ausbesserungswerke — und 63 Mio DM auf Arbeiten in fremden Werken (Unternehmeranteil). Im Jahr 1984 sind für die Instandhaltung von Fahrzeugen 900 Mio DM vorgesehen. Der Unternehmeranteil beläuft sich auf 78 Mio DM. Im Gleisoberbau betrug der Unternehmeranteil an den Gesamtbauleistungen in 1983 144 Mio DM oder 13 v. H. gegenüber 277 Mio DM oder 30 v. H. in 1979. Die DB strebt längerfristig wieder eine Erhöhung des Unternehmeranteils an[52].

b) Energieversorgung (nur Bahnstrom)

Von der Bruttostromerzeugung 1983 entfielen auf:

— *Wasserkraftwerke*		12,9 %
DB-eigene	0,5 %	
Beteiligungen		
Donau-Wasser-Kraft AG	7,8 %	
Bayern-Werke AG	4,6 %	
— *Pumpspeicherwerke*		0,9 %
DB-eigene	0,9 %	
— *Wärmekraftwerke*		71,5 %
DB-eigene	0,5 %	
Gemeinschaftskraftwerke mit DB-Beteiligung (davon 1 Kernkraftwerk = 16,7 %)	71,0 %	
— *Umformerwerke*		14,7 %
alle DB-eigen, jedoch ausschließlich Fremdstrombezug (50 II z)		
		100,0 %

---

[52] Vgl. dazu *Naue*, Die Bundesbahn 1984, S. 163 ff.

II. Nicht schienengebundene Verkehrsleistungen

In unterschiedlichem Umfange ist die DB auch an der Erbringung sonstiger Verkehrsleistungen im weiteren Sinne beteiligt. Solche Aktivitäten sind nicht neu, mögen sich im Laufe der Jahrzehnte auch nicht unerhebliche Verschiebungen in quantitativer und qualitativer Hinsicht eingestellt haben. Schon die Deutsche Reichsbahn unterhielt neben dem Schienenverkehr von Anbeginn an sowohl in eigener Regie als auch im Rahmen von Beteiligungen Kraftfahrlinien — dies allerdings lange Zeit nur in sehr geringem Umfang —, Eisenbahnfährverbindungen, Häfen und die Bodenseeschiffahrt[53]. Sie war an der Mitteleuropäische Reisebüro GmbH, der Mitteleuropäische Schlaf- und Speisewagengesellschaft AG „Mitropa", der Walchenseewerks AG, der Mittleren Isar-AG sowie an einer Anzahl von Kleinbahnen und Industrieunternehmungen sowie einigen Baugenossenschaften beteiligt[54]. Im Jahr 1936 unterhielt die Deutsche Reichsbahn neben dem Schienenverkehr den Reichsbahn-Kraftwagenverkehr und Schiffsstrecken, war alleinige Trägerin des Unternehmens „Reichsautobahnen", einer aufgrund des Gesetzes vom 27. 6. 1933 (RGBl. II S. 509) gegründeten juristischen Person des öffentlichen Rechts, und beteiligt an der Deutsche Verkehrs-Kredit-Bank AG, der Mitteleuropäische Schlafwagen- und Speisewagen AG (Mitropa), Berlin, der Reichsbahnzentrale für den deutschen Reiseverkehr GmbH (RVD), Berlin, der Mitteleuropäisches Reisebüro GmbH (MER), Berlin, dem Amtlichen Bayerischen Reisebüro, München, der *Transcontinent* AG Zürich, der Walchenseewerk AG München, der Mittlere Isar AG, München, der Gewerkschaft Bach, Ziebingen bei Frankfurt/Oder, der Kraftverkehr Sachsen AG, Dresden, der Mannheimer Lagerhausgesellschaft, Mannheim, der Deutsche Bahnspedition GmbH, Berlin, und der Bahnhof-Kühlhaus AG, Basel. Außerdem besaß sie noch eine Reihe weiterer Beteiligungen an Wohnungs-, Siedlungs-, Elektrizitäts-, Wasserversorgungs- und ähnlichen Gesellschaften[55].

Schon die historische Entwicklung zeigt allerdings, daß hier weit weniger als im Schienenverkehr von einer vorrangigen Verantwortung der Bahn ausgegangen werden kann. Teilweise handelte es sich um eher marginale Leistungen (z. B. Schiffsdienste, dazu unter 3). Aber auch insoweit, als es sich um den Straßenverkehr handelt, in dem die meisten dieser Aktivitäten liegen, hat sich die Bahn nicht zur alleinigen oder auch nur vorrangigen Anbieterin entwickelt. Hier findet sich vielmehr eine Vielzahl anderer Unternehmen der privaten Wirtschaft und der

---

[53] Vgl. dazu *Sarter/Kittel*, Reichsbahngesellschaft (Fn. 2), S. 28, 96, 190. Ausführlich dazu unten S. 44 ff.

[54] Vgl. dazu *Sarter/Kittel*, Reichsbahngesellschaft (Fn. 2), S. 31.

[55] Vgl. dazu Reichsbahn-Handbuch 1937, Leipzig 1938, S. 107, 109, 119, 123, 126, 143.

kommunalen Gebietskörperschaften. Organisatorisch wird die auf zahlreiche Verkehrsträger aufgeteilte Verantwortung durch mancherlei neuere Kooperationsformen zu koordinieren versucht.

Der folgende Abschnitt beschäftigt sich zunächst mit der Tätigkeit der DB im Straßenpersonenverkehr (1) und im Straßengüterverkehr (2). Es folgen einige Verkehrsleistungen (3), die teils annexen Charakter haben (z. B. Speditionen), teils neben Schiene und Straße einen weiteren Verkehrsträger ins Spiel bringen (Schiffahrt). In Form eines Exkurses werden schließlich die sog. Verkehrsverbünde vorgestellt (4).

1. Straßenpersonenverkehr

a) Tätige Organisationen

Soweit die DB an der Bedienung des öffentlichen Straßenpersonenverkehrs beteiligt ist, ist sie in folgenden Organisationsformen tätig.

aa) Unternehmensbereich Bahnbus (UBB)

In eigener Regie geführt werden die Geschäftsbereiche Bahnbus (GBB), die — im Zuge der Überleitung des Postreisedienstes auf die DB aufgrund des Beschlusses der Bundesregierung vom 1. 7. 1981 — in 18 Verkehrsregionen gebildet worden sind. Es handelt sich um *selbständige Dienststellen* der mittleren Leitungsebene, die im Unternehmensbereich Bahnbus (UBB) zusammengefaßt und unmittelbar der Bahnbuszentrale bei der Hauptverwaltung der DB unterstellt sind[56].

bb) Vereinigte Bundesverkehrsbetriebe GmbH (VBG) und Regionalverkehrsgesellschaften

Soweit der Busverkehr im Rahmen privatrechtlicher Gesellschaften betrieben wird, ist in erster Linie die Vereinigte Bundesverkehrsbetriebe GmbH (VBG), Köln, zu nennen, an der die DB mit 52,9 v. H., im übrigen die Deutsche Bundespost beteiligt ist. Die VBG ist alleinige Gesellschafterin der sog. Regionalverkehrsgesellschaften, nämlich der Regionalverkehr Hannover GmbH (RVH), Hannover, der Regionalverkehr Köln GmbH (RVK), Köln, und der Regionalverkehr Oberbayern GmbH (RVO), München, sowie der Kraftverkehrsgesellschaft Stade GmbH (KVG). An der Autokraft GmbH, Kiel, ist sie mit 99,7 v. H. beteiligt. Die Regionalverkehrsgesellschaften entstanden — mit Ausnahme der Autokraft GmbH, Kiel, und der KVG Stade — 1976 im Rahmen der Bestrebungen

---

[56] Vgl. Geschäftsbericht 1982, S. 30; Organisationsverfügungen des Vorstands der DB über den Aufbau des Unternehmensbereichs Bahnbus vom 28. 6. 1982 — 2.2 H2 Oa 126 — und über die Einrichtung der Bahnbus-Zentrale (BBZ) bei der HVB vom 17. 8. 1982 — 2.2 H2 Oa 126 —.

der Bundesregierung um eine Zusammenfassung von Bahnbusverkehr und Postreisedient in privatrechtlicher Rechtsform[57].

cc) *Sonstige Beteiligungen im Straßenpersonenverkehr*

Zu den Beteiligungen der DB an verkehrswirtschaftlichen Unternehmen im Straßenpersonenverkehr gehören ferner die Firma Bayern Expreß und P. Kühn Berlin GmbH mit einem Anteil von 68,9 v. H., die Deutsche Touring Gesellschaft mbH Frankfurt/M. (DTG) mit einem Anteil von 50,1 v. H., die Kraftverkehrsgesellschaft mbH Braunschweig mit einem Anteil von 39 v. H. und die Segeberger Verkehrsbetriebe GmbH, Bad Segeberg, deren alleiniger Gesellschafter die DB ist. Die Firma Bayern Expreß und P. Kühn Berlin GmbH betreibt insbesondere Linienverkehr zwischen dem Bundesgebiet und Berlin und Gelegenheitsverkehr (Stadtrundfahrten), die DTG vor allem grenzüberschreitenden Linienverkehr, während das Schwergewicht der beiden anderen Unternehmen im ÖPNV liegt. Dem Busverkehr dienen auch Beteiligungen an der Zentral-Omnibusbahnhof GmbH, Bremen, mit 25,7 v. H. und an der Zentral-Omnibusbahnhof Hamburg GmbH, Hamburg, mit 10 v. H. In Bremen sind Hauptgesellschafter die Freie Hansestadt Bremen mit 37,14 v. H. und die Bremer Straßenbahn AG mit 14,29 v. H., in Hamburg ist Hauptgesellschafter die Hamburger Hochbahn AG mit 60,35 v. H.

dd) *Beschäftigung von Privatunternehmern im Unternehmensbereich Bahnbus und bei den Regionalverkehrsgesellschaften*

Bei den Busdiensten der DB und den in der VBG zusammengeschlossenen Regionalverkehrsgesellschaften werden nennenswerte Leistungsanteile von vertraglich angemieteten Privatunternehmern (Auftragsunternehmer) erbracht. Bei der DB entfielen nach dem Stand vom 1. 1. 1984 69,9 v. H. des Fahrzeugbestandes auf angemietete Fahrzeuge (7753), bei der VBG 49,8 v. H. (1394 Fahrzeuge). Auf Wagen-Kilometer bezogen, betrug der Anteil der sog. Anmietquote bei der DB 50,7 v. H., bei der VBG 38,1 v. H.

b) Verkehrsleistungen

Im Bahnbusverkehr wurden 1983 700,8 Mio Personen befördert und 8136,8 Mio Pkm erbracht. Bei den in der VBG zusammengeschlossenen Regionalverkehrsgesellschaften waren es 186,4 Mio Personen oder 2359,3 Mio Pkm. Die Streckenlänge des Busverkehrs der DB betrug 1981 87 200 km. Das Liniennetz der Regionalverkehrsgesellschaften umfaßt eine Länge von insgesamt 48 201 km[58]. Der genaue Anteil der Verkehrsleistungen,

---

[57] Vgl. dazu im einzelnen *Fromm*, Um die Zusammenführung der Busdienste von Bundesbahn und Bundespost — Eine kritische Zwischenbilanz —, ZfVerkWiss. 1979, S. 215 ff.

[58] Vgl. Geschäftsbericht 1982 der DB, S. 48.

die im Bahnbusverkehr und von den Regionalverkehrsgesellschaften erbracht werden, an den Verkehrsleistungen im Linienverkehr insgesamt läßt sich, bezogen auf die unmittelbare Gegenwart, nur schwer ermitteln, weil sich die Statistik wegen der schrittweisen Überleitung des Postreisedienstes auf die DB und die Bildung von Regionalverkehrsgesellschaften in einer Übergangsphase befindet. Ein einigermaßen zuverlässiges Bild gewinnt man jedoch dann, wenn man die Zahlen aus dem Jahr 1975 zugrunde legt und die Verkehrsleistungen, die im Bahnbusverkehr und im Postreisedient erbracht wurden, zusammengefaßt denen der kommunalen und gemischtwirtschaftlichen Unternehmen, der privaten Unternehmen und des Busverkehrs der nicht bundeseigenen Eisenbahnen gegenüberstellt. Seinerzeit entfielen rd. 17,6 v. H. der beförderten Personen auf den Bahnbusverkehr und den Postreisedienst; der Anteil der Personen-Kilometer belief sich auf 24,64 %, und die Streckenlänge betrug 39,7 %.

aa) Ältere Entwicklung

In den Leistungsbereich „Straßenpersonenverkehr" ist die Bahn erst nach und nach hineingewachsen. Wohl gingen nach § 1 Abs. 2 des Gesetzes, betreffend den Staatsvertrag über den Übergang der Staatseisenbahnen auf das Reich vom 30. 4. 1920 (RGBl. S. 773) auch die Kraftfahrlinien als „Nebenbetriebe" auf das Reich über, und die in § 17 Abs. 1 daselbst niedergelegte Verpflichtung des Reiches, begonnene Bauten fortzuführen, wenn nicht Rücksichten auf die wirtschaftliche Lage der Reichseisenbahnen entgegenstehen, erstreckte sich auch auf die in Einrichtung begriffenen Kraftfahrlinien, wie sich aus dem Schlußprotokoll zu § 17 ergibt. Ferner galt die vom Reich in § 18 übernommene Verpflichtung, den Bau neuer dem allgemeinen Verkehr dienender Bahnen „nach Maßgabe der verkehrs- und wirtschaftlichen Bedürfnisse der Länder und der verfügbaren Mittel" auszuführen, nach dem Schlußprotokoll zu § 18 auch für Kraftfahrlinien. Nennenswerte praktische Bedeutung sollten diese Vorschriften — die auf § 17 und das dazugehörige Schlußprotokoll beruhenden Verpflichtungen gingen übrigens nicht auf die Deutsche Reichsbahn-Gesellschaft über — indessen nicht gewinnen. Denn die Länder machten in großem Umfang von der Möglichkeit des § 1 Abs. 3 Satz 2 des Staatsvertrages Gebrauch und schlossen den Übergang der Kraftverkehrsbetriebe ihrer Staatseisenbahnen auf das Reich aus[59].

Die Einrichtung von Kraftfahrlinien des Personenverkehrs wurde als Aufgabe der nicht reichseigenen und privaten Verkehrsunternehmen

---

[59] Vgl. dazu *Sarter/Kittel*, Reichsbahngesellschaft (Fn. 2), S. 96; Eisenbahn und Kraftwagen — Tatsachen und Gedanken zur Neugestaltung des deutschen Verkehrswesens — Denkschrift des Studienausschusses „Eisenbahn und Kraftwagen" beim DIHT, 1930, S. 29.

und, soweit das Reich in Betracht kam, der Deutschen Reichspost angesehen, wenngleich die ausgreifende Tätigkeit letzterer auf diesem Gebiet kritisch betrachtet wurde. Insbesondere die nicht reichseigenen Verkehrsbetriebe betonten, daß der Orts- und Nachbarverkehr, den sie als Bezirksverkehr bezeichneten, Sache der dafür verfassungsmäßig zuständigen Länder, Provinzen, Landkreise und Städte sei, „die schon immer und zusammen mit den Nächstbeteiligten der örtlichen Wirtschaft den Bau und Betrieb der hier tätigen Beförderungsunternehmen finanziert und oft mit großen Opfern durchgeführt haben[60]." Ein eigentlicher Reichsbahn-Kraftverkehr wurde so überhaupt erst 1928 ins Leben gerufen[61]. Am 1. 1. 1930 umfaßte er 14 Personenlinien mit einer Streckenlänge von 298 km. Gemeinsam mit anderen Unternehmen wurden 44 Personenlinien mit einer Strecke von 799 km, gemeinsam mit der Deutschen Reichspost Personenlinien mit einer Streckenlänge von 387 km — insgesamt also 67 Linien mit 1484 km Streckenlänge — betrieben[62]. Bei der Zurückhaltung der Deutschen Reichsbahn im Straßenpersonenverkehr blieb es auch nach 1933. Im Jahr 1936 verfügte sie über 126 Kraftomnibusse. Mit ihnen wurde ein Netz von 658 km Länge betrieben und 963 923 Personen befördert. Die Zahl der geleisteten Pkm belief sich auf 20 139 343[63].

Das Schwergewicht der Deutschen Reichsbahn auf dem Gebiet des Straßenpersonenverkehrs sollte nach den damaligen Vorstellungen anscheinend im Reichsautobahnverkehr liegen, also im *Fernverkehr*. Hierauf zielten die Erörterungen mit der Deutschen Reichspost ab[64]. Sie fanden ihren Niederschlag schließlich in den Richtlinien über die Abgrenzung der Aufgabengebiete im Kraftomnibuslinienverkehr der Reichsbahn und der Reichspost, die der Reichsverkehrsminister mit Runderlaß vom 9. 3. 1940 (RVkBl. B S. 89) einführte. Danach sollte die Deutsche Reichsbahn im wesentlichen den Fernverkehr auf der Autobahn bzw. den Schienenparallel- und Schienenersatzverkehr, die Reichspost dagegen den übrigen Straßenverkehr bedienen. Schienenparallelverkehr wurde dabei im engsten Sinne verstanden. Lediglich Kraftomnibuslinien von Bahnstation zu Bahnstation wurden der Deut-

---

[60] Vgl. Verkehrsmonopol oder Verkehrsteilung — Eine Stellungnahme des Verbandes Deutscher Verkehrsverwaltungen zur Denkschrift „Reichsbahn und Kraftwagen", 1930, S. 2.
[61] Vgl. *Stertkamp*, Der Bahnbus, das zweite Bein der DB im öffentlichen Personennahverkehr, Die Bundesbahn 1983, S. 227.
[62] Vgl. Eisenbahn und Kraftwagen — Tatsachen und Gedanken zur Neugestaltung des deutschen Verkehrswesens — Denkschrift des Studienausschusses „Eisenbahn und Kraftwagen" beim DIHT, 1930, S. 9.
[63] Vgl. Statistische Angaben über die Deutsche Reichsbahn im Geschäftsjahr 1936, Berlin 1937, S. 63, 264, 275; Reichsbahn-Handbuch 1937, S. 133, 177.
[64] Vgl. Geschäftsbericht der Deutschen Reichsbahn über das 12. Geschäftsjahr 1936, Berlin 1937, S. 75.

B. Die Leistungen und Organisationsformen

schen Reichsbahn zugebilligt[65]. Größere praktische Bedeutung konnten diese Richtlinien naturgemäß nicht mehr gewinnen[66].

bb) *Entwicklung seit Inkrafttreten des Grundgesetzes*

Auch bei Inkrafttreten des Grundgesetzes war der Bahnbusverkehr immer noch erst sehr schwach entwickelt. Am 31. 12. 1949 verfügte die Deutsche Bundesbahn über 339 Omnibusse[67]. Das Verkehrsaufkommen belief sich auf 604 000 Personen. Das waren damals 3 % des Gesamtaufkommens des öffentlichen Busverkehrs[68]. Erst in den darauffolgenden Jahren waren wesentliche Steigerungsraten zu verzeichnen. So wurden im Jahr 1960 im Bahnbusverkehr 264 Mio Personen befördert und 3320 Mio Pkm erbracht. Die Streckenlänge belief sich auf 56 200 km[69].

Das Erscheinungsbild des Bahnbusverkehrs hat im Laufe der Zeit einen Wandel erfahren. Standen zunächst seine Aufgabe als Zubringer zum Schienenverkehr sowie die — freilich seit jeher umstrittene — Funktion der Abschirmung der Schiene gegen die Konkurrenz Dritter im Vordergrund — also der Schienenparallelverkehr und der Schienenersatzverkehr —, trat später die Erschließung von Verkehrsgebieten *abseits der Schiene* hinzu. Der Bahnbusverkehr erlangte so eine neue Dimension[70]. Gefördert wurde diese Entwicklung einmal durch die Zusammenarbeit mit den anderen Verkehrsträgern in ihren verschiedenen Erscheinungsformen. So war die DB — nach dem Stand von 1971 — u. a. an 85 regionalen Tarif- und Verkehrsgemeinschaften beteiligt, von denen 41 seit dem Jahr 1969 entstanden waren. Sie war ferner an rd. 150 Gemeinschaftslinien beteiligt, d. h. an Linien, deren Errichtung und Betrieb mehreren Unternehmen genehmigt sind. Außerdem wurden mehr als 100 sonstige Vereinbarungen mit öffentlichen und privaten Verkehrsunternehmen geschlossen, die das Verkehrsangebot erheblich verbesserten, z. B. über die Aufhebung von Bedienungsverboten, über Linienentflechtungen und den Tausch von Fahrleistungen[71]. Im Jahr 1977 war die Zahl der Verkehrs- und Tarif-

---

[65] Vgl. Stellungnahme der Deutschen Bundesbahn zu den Forderungen der Deutschen Bundespost auf dem Gebiete des Omnibusverkehrs, 1954, S. 8.

[66] Vgl. dazu im einzelnen *Fromm* (Fn. 57), ZfVerkWiss. 1979, S. 218.

[67] Vgl. Statistische Angaben über die Deutsche Bundesbahn im Geschäftsjahr 1949, S. 287.

[68] Vgl. Stellungnahme der Deutschen Bundesbahn zu den Forderungen der Deutschen Bundespost auf dem Gebiete des Omnibusverkehrs, 1954, S. 27.

[69] Verkehr in Zahlen 1982, S. 62 ff.

[70] Vgl. dazu *Stertkamp* (Fn. 61), Die Bundesbahn 1983, S. 227 ff.; ders., Das Märchen von der unternehmenseigenen Konkurrenzierung der Schiene durch den Bus, Die Bundesbahn 1984, S. 253 ff.

[71] Vgl. (erster) Bericht der Bundesregierung über die Erfahrungen im Zusammenhang mit der Neuregelung des § 8 PBefG, Bundestagsdrucksache VI/2386, S. 3.

gemeinschaften, an denen die DB beteiligt ist, auf 157 gestiegen. Davon bezogen sich 29 auf Verdichtungsräume und 128 auf ländliche Gebiete. Von den 157 Gemeinschaften waren 56 mit kommunalen Unternehmen, 74 mit privaten Unternehmen und 27 mit nichtbundeseigenen Eisenbahnen gebildet. Die Zahl der Gemeinschaftslinien war auf 219 gestiegen. Davon entfiel die Hälfte auf ländliche Gebiete[72].

In dieselbe Richtung wirkte die Zusammenarbeit der DB mit der Deutschen Bundespost. Sie kam freilich eigentlich erst mit der am 25. 3. 1970 gegründeten „Omnibusverkehrsgemeinschaft Bahn/Post" zustande. Allen vorhergehenden Bemühungen, zu einem erträglichen Nebeneinander zu gelangen, waren insbesondere wegen der höchst unterschiedlichen Vorstellungen über die Rolle des Straßenpersonenverkehrs als „Hilfsgewerbe" einer der beiden Bundesverkehrsanstalten nur mäßige Erfolge beschieden[73]. Die Omnibusverkehrsgemeinschaft Bahn/Post gebot 1975 über 4300 Linien mit rd. 172 000 km Linienlänge. Darauf wurden rd. 1 Mrd. Beförderungsfälle abgewickelt, was einem Verkehrsanteil von etwa 15 v. H. am gesamten Linienverkehr und von etwa 52 v. H. am Überlandverkehr entspricht[74]. Ihren Abschluß fand diese Entwicklung in der Zusammenführung der Busdienste des Bundes durch die zuvor geschilderte Bildung von Regionalverkehrsgesellschaften einerseits und die Überleitung des übrigen Postreisedienstes auf den Unternehmensbereich Bahnbus andererseits. Der Bahnbusverkehr ist so zu einer eigenständigen Größe geworden, bei dem die Verknüpfung mit den Schieneninteressen der DB nicht mehr das alles beherrschende Merkmal bildet[75].

c) Rechtsgrundlagen

aa) Nach derzeitigem Recht

Die Rechtsgrundlage für die Tätigkeit der DB im Straßenpersonenverkehr bildet das Personenbeförderungsgesetz (PBefG vom 21. 3. 1961 (BGBl. I S. 241), zuletzt geändert durch Gesetz vom 25. 2. 1983 (BGBl. I

---

[72] Vgl. Dritter Bericht der Bundesregierung über die Erfahrungen im Zusammenhang mit der Neuregelung des § 8 PBefG, Bundestagsdrucksache 8/803, S. 8.

[73] Vgl. dazu im einzelnen *Heubel*, Geschichte des Bahnbusverkehrs, Die Bundesbahn 1982, S. 825 ff.; *Fromm* (Fn. 57), ZfVerkWiss. 1979, S. 215 ff., insbesondere S. 219 ff.; *Heinze/Herbst/Schühle*, Verkehr im ländlichen Raum, 1982, S. 350 ff.

[74] Vgl. Dritter Bericht der Bundesregierung über die Erfahrungen im Zusammenhang mit der Neuregelung des § 8 PBefG, Bundestagsdrucksache 8/803, S. 8.

[75] Vgl. dazu *Stertkamp*, Die Zusammenführung der Busdienste des Bundes, Die Bundesbahn 1981, S. 703 ff.; *Bensel*, Die Überleitung des Postreisedienstes auf den Unternehmensbereich Bahnbus, Die Bundesbahn 1982, S. 833 ff.

S. 196). Das Gesetz, das vom Grundsatz der Gleichbehandlung aller Verkehrsträger ausgeht, unterwirft die Einrichtung und den Betrieb von Linien- und Gelegenheitsverkehr der DB der Genehmigungspflicht durch die Länder[76]. Bei der Einrichtung von Linienverkehren, die Schienenparallel- oder Schienenersatzverkehre sind, sind Schienenbahnen — und damit auch die DB — allerdings bevorrechtigt (§ 13 Abs. 2 Nr. 2 c). Die Inanspruchnahme dieses Vorrangs setzt jedoch voraus, daß ein öffentliches Verkehrsbedürfnis vorhanden ist, und er kommt darüber hinaus im Bereich des Orts- und Nachbarortslinienverkehrs nicht zum Zuge[77]. Außerdem ist der Begriff des Schienenparallelverkehrs eng auszulegen[78]. Zweck der Vorschrift ist es nicht, der DB einen Anspruch auf die Bedienung der Fläche zu vermitteln, sondern nur im engeren Einzugsgebiet der Schiene[79]. Die Genehmigungsbehörde soll zwar, wenn Interessen der DB in erheblichem Umfange betroffen werden und keine Einigung zustande kommt, auf Antrag der DB die Stellungnahme des Bundesministers für Verkehr einholen und bei ihrer Entscheidung verwerten (§ 56 PBefG). Die Vorschrift, die, soweit ersichtlich, bisher keine praktische Bedeutung erlangt hat, zeigt aber, daß die Sachverantwortung der betreffenden Landesbehörde auch in einem solchen Falle unberührt bleibt.

Im übrigen wird der Schutzzweck des § 13 Abs. 2 Nr. 2 PBefG in mehrfacher Hinsicht *relativiert*. Einmal spielt insbesondere bei der Wiedererteilung von Genehmigungen die Besitzstandsklausel des § 13 Abs. 3 PBefG eine wesentliche Rolle. In der Praxis hat sie weitgehend zu einer „Zementierung" der bestehenden Verhältnisse geführt[80]. Ferner wird die Beförderung von Personen in den Sonderformen des Linienverkehrs nach § 43 PBefG, insbesondere im Berufs- und Schülerverkehr, gegenüber den Eisenbahnen des öffentlichen Verkehrs und dem allgemeinen Linienverkehr mit Kraftfahrzeugen privilegiert. Die Vorschrift des § 45 Abs. 4 Satz 2 PBefG, nach der bei ihrer Genehmigung insbesondere den Belangen von Berufstätigen und Arbeitgebern sowie von Schülern und Lehranstalten Rechnung zu tragen ist, bewirkt, daß sowohl die Eisenbahnen des öffentlichen Verkehrs als auch der allgemeine Linienverkehr mit Kraftfahrzeugen nahezu keine Chance

---

[76] Vgl. OVG Münster, DÖV 1967, S. 388.
[77] Vgl. BVerwGE 30, 251 und BVerwGE 30, 257.
[78] Vgl. BVerwGE 30, 257 und BVerwG VRS 36, 377.
[79] Vgl. die Ausführungen des Berichterstatters, Abg. *Brück* (CDU/CSU), bei der 2. Beratung des Gesetzes im Deutschen Bundestag, Sten. Bericht über die 142. Sitzung am 8. 2. 1961, S. 8060 B.
[80] Vgl. *Fromm*, Personenbeförderungsrecht — Ein Beispiel für den Einfluß der Rechtsprechung auf den Gesetzgeber, in: Festgabe aus Anlaß des 25jährigen Bestehens des Bundesverwaltungsgerichts, 1978, S. 231 ff. (238).

haben, diesen Verkehr auf ihre Verkehrsmittel zu lenken[81]. Schließlich ist ein wesentlicher Teil des Schülerverkehrs, der insbesondere im ländlichen Raum die „Grundlast" des Verkehrsaufkommens darstellt, nach § 58 Abs. 1 Nr. 1 PBefG i. V. m. § 1 Nr. 4 d der Freistellungs-Verordnung von den Vorschriften des PBefG freigestellt. Das Landesschulrecht schreibt zwar z. T. vor, daß die Einrichtung solcher „freigestellter" Schülerverkehre unterbleiben soll, wenn die Inanspruchnahme öffentlicher Verkehrsmittel zumutbar ist. Eine Einflußnahme der Genehmigungsbehörden darauf ist aber nur ausnahmsweise vorgesehen. Infolgedessen hat der freigestellte Schülerverkehr, obwohl seine Leistungen weitgehend mit denen des öffentlichen Verkehrs austauschbar sind, einen erheblichen Umfang angenommen[82].

Die DB ist also weit davon entfernt, in diesem Bereich eine umfassende Verkehrsverantwortung zu haben. Daran ändert auch die Tatsache nichts, daß die Beförderungsentgelte und Beförderungsbedingungen im Bahnbusverkehr nicht der Zustimmung der Genehmigungsbehörden der Länder unterliegen, sondern nach § 45 Abs. 2 PBefG vom Bundesminister für Verkehr zu genehmigen und — ebenso wie die Fahrplanänderungen — in den Amtlichen Mitteilungsblättern der DB zu veröffentlichen sind. „Gespalten" ist auch die Aufsicht. Während die Verwaltungsaufsicht bei den Ländern liegt, ist die DB für die Erfüllung der technischen Vorschriften für ihren Kraftfahrbetrieb selbst verantwortlich (§ 54 Abs. 3 PBefG)[83]. Führt die DB Straßenpersonenverkehr nicht „in eigener Regie" durch, sondern geschieht dies im Rahmen privatrechtlicher Gesellschaften, findet die Ausnahmevorschrift des § 45 Abs. 2 PBefG keine Anwendung. Solche Gesellschaften unterliegen auch sonst allen Vorschriften dieses Gesetzes, — mit einer Ausnahme: Die Verpflichtung zum Ausgleich gemeinwirtschaftlicher Leistungen im Ausbildungsverkehr und zur Erstattung der Fahrgeldausfälle für die Beförderung Schwerbehinderter im öffentlichen Personenverkehr trifft nach §§ 45 a Abs. 5 PBefG, 63 Abs. 1 Nr. 1 SchwbG den Bund und nicht die Länder, wenn die Beteiligung des Bundes überwiegt[84].

Der Gelegenheitsverkehr mit Kraftfahrzeugen kennt — abgesehen von den Taxen — keine objektiven Zulassungsvoraussetzungen. Das gilt auch für Ausflugsfahrten und Ferienziel-Reisen, und zwar ohne

---

[81] Vgl. *Fromm*, Festgabe 25 Jahre Bundesverwaltungsgericht (Fn. 80), S. 238.

[82] Vgl. dazu im einzelnen *Fromm*, Zur verkehrs- und finanzpolitischen Problematik des Schülerverkehrs, Der Landkreis 1982, S. 469 ff. m. w. N.

[83] Vgl. *Greif*, Personenbeförderungsrecht, 1962, § 54 Rdn. 21.

[84] Vgl. *Jung/Cramer*, Schwerbehindertengesetz, 1980, § 63 SchwbG Rdn. 2—4; *Wilrodt/Gotzen/Neumann*, Schwerbehindertengesetz, 1980, § 63 SchwbG Rdn. 1; *Fromm*, Novelle zum Personenbeförderungsgesetz, BB 1977, S. 170 ff. (173).

B. Die Leistungen und Organisationsformen

Rücksicht darauf, über welche Entfernungen sie durchgeführt werden. Der Gesetzgeber ist damit über das Bundesverfassungsgericht hinausgegangen, das es als möglich bezeichnet hatte, den Gesichtspunkt der Konkurrenz gegenüber Linienverkehr und Eisenbahnen hier anders als beim Gelegenheitsverkehr mit Mietwagen zu beurteilen[85]. Für Ausflugsfahrten und Ferienziel-Reisen gilt lediglich nach § 48 Abs. 3 PBefG grundsätzlich ein sog. Zusteigeverbot, das den Zweck hat, Beeinträchtigungen des Linien- und Eisenbahnverkehrs zu vermeiden und insbesondere deren Zubringerfunktion zu erhalten[86].

bb) Historische Entwicklung

Die weitgehende Gleichstellung von DB und DBP mit den kommunalen und gemischtwirtschaftlichen Unternehmen und dem privaten Verkehrsgewerbe, die das PBefG vollzogen hat, war nicht unumstritten. Zwar bedurften sowohl die Deutsche Reichsbahn als auch später die Deutsche Reichsbahn-Gesellschaft jahrelang zur Einrichtung von Kraftfahrlinien der landesbehördlichen Erlaubnis, und zwar zunächst aufgrund der Verordnung betreffend Kraftfahrzeuglinien vom 24. 1. 1919 (RGBl. S. 97), sodann aufgrund des Kraftfahrliniengesetzes vom 26. 8. 1925 (RGBl. I S. 319) i. V. m. der Kraftfahrlinienverordnung vom 20. 10. 1928 (RGBl. I S. 280) und schließlich aufgrund der Überlandverkehrsordnung vom 6. 10. 1931 (RGBl. I S. 558)[87].

Insofern bestand seit jeher ein Unterschied zur *Deutschen Reichspost*, die vom Genehmigungszwang befreit war. Das ging zunächst aus der Begründung zu § 6 der Verordnung betreffend Kraftfahrzeuglinien vom 24. 1. 1919 hervor und fand sodann seinen Niederschlag in § 6 des Kraftfahrliniengesetzes und schließlich in § 17 der Überlandverkehrsordnung. Diese Ausnahme beruhte auf verfassungsrechtlichen Erwägungen. Man sah die Personenbeförderung als ein ursprüngliches Recht der — in der Verwaltung des Reiches stehenden — Reichspost an, das der Regelungsbefugnis der Länder nicht unterworfen werden durfte[88]. Im Jahr 1934 entschloß sich der Gesetzgeber, die Sonderregelung, die für die Deutsche Reichspost bestand — anstelle des Genehmigungsverfahrens trat ein im einzelnen geregeltes Anzeigeverfahren —, auf die Deutsche Reichsbahn auszudehnen. Verfassungsrechtliche Überlegungen waren dafür nicht maßgebend. Vielmehr wollte man nur der unterschiedlichen Behandlung

---

[85] Vgl. BVerfGE 11, 168 (192).
[86] Vgl. BVerwGE 32, 209 (213), Der Personenverkehr (PersV) 1970, 142 und VkBl. 1970, 684.
[87] *Fritsch*, Eisenbahngesetzgebung (Fn. 9), S. 451; *Hein*, Gesetz über die Beförderung von Personen zu Lande, 1935, S. 83.
[88] Vgl. dazu *Fromm*, Zur Rechtsstellung von Bundesbahn und Bundespost nach dem geltenden Personenbeförderungsrecht, Der Personenverkehr (PersV) 1960, S. 106 ff. m. w. N.

der beiden Reichsverkehrsanstalten ein Ende machen[89]. Andererseits knüpfte dieses Gesetz in § 14 Abs. 2 die Einrichtung von *Ortsverkehren* sowohl durch die Deutsche Reichsbahn als auch durch die Deutsche Reichspost an die Zustimmung der Gemeinden. Damit wurde zum Ausdruck gebracht, daß dieser Bereich — nicht anders als die Durchführung von Gelegenheitsverkehr — nicht zu den originären Aufgaben der Reichsverkehrsanstalten gehörte[90].

Als man nach dem Zweiten Weltkrieg daranging, ein neues Personenbeförderungsrecht zu konzipieren, wollte die Bundesregierung zunächst an dieser Systematik insofern festhalten, als sie für die Erteilung von Genehmigungen für den Linien- und den Gelegenheitsverkehr der beiden Bundesverkehrsanstalten den Bundesminister für Verkehr für zuständig erklärte[91]. Im Regierungsentwurf, der dem geltenden Recht zugrunde liegt, machte sie sich dann aber die Auffassung der Länder zu eigen, die Zulassung der Deutschen Bundespost und der Deutschen Bundesbahn zum Linien- und Gelegenheitsverkehr gehöre zu den hoheitlichen Aufgaben der Verkehrsverwaltung. Diese stehe nach dem GG den Ländern zu. Art. 87 GG berühre diese Hoheitsverwaltung nicht[92]. Die materiellen Vorstellungen der Bundesregierung über die Rolle der DB im Straßenpersonenverkehr fanden ihren Niederschlag in einem „Vorrangkatalog", der Bestandteil der beiden von ihr beschlossenen Entwürfe eines Personenbeförderungsgesetzes war[93]. Danach sollten die Schienenunternehmen den Vorrang im Schienenparallelverkehr und im Schienenersatzverkehr haben, der nicht Orts- oder Nachbarortslinienverkehr war. Im „Schnellinienverkehr" — einem Begriff, der später nicht mehr wiederkehrte — sollten Eisenbahnen und kommunale Verkehrsbetriebe den gleichen Rang besitzen. Während in dem zuerst genannten Entwurf die Deutsche Bundespost im Linienverkehr mit Kraftfahrzeugen, der nicht Schienenparallel- oder Schienenersatzverkehr war, den Vorrang erhalten sollte, „wenn die Beförderung von Postsachen mit Fahrzeugen der Linie im Interesse des Postdienstes liegt", war in dem zweiten Entwurf hiervon nicht mehr die Rede. Der Deutschen Bundespost wurde nur noch in der Besitzstandsklausel des § 8 Abs. 3

---

[89] Vgl. *Hein*, Beförderung von Personen (Fn. 87), S. 83.

[90] Vgl. dazu *Hein*, Beförderung von Personen (Fn. 87), S. 83; *Müller*, Straßenverkehrsrecht, 1943, S. 314; *Püttner*, Die öffentlichen Unternehmen, 1. Aufl. 1969, S. 362.

[91] Vgl. Bundestagsdrucksache II/831, S. 36, 54, 64.

[92] Vgl. Bundestagsdrucksache III/255 vom 8. 3. 1958, S. 26; ebenso im Ergebnis BVerwGE 10, 49 und dazu *Heinze*, Rechtsstellung von Bundespost und -bahn im Straßenpersonenverkehr, DÖV 1960, 856 ff., und *Fromm* (Fn. 88), PersV 1960, 106 ff.

[93] Vgl. Bundestagsdrucksache II/831, S. 4, 35 und Bundestagsdrucksache III/255, S. 3, 26.

Erwähnung getan mit dem Bemerken, bei Linienverkehr der Deutschen Bundespost solle auch der Umstand berücksichtigt werden, daß sich die Verbindung von Personen- und Postsachenbeförderungen im öffentlichen Interesse bewährt hat. Der Vorrangkatalog wurde niemals geltendes Recht. Der Beschluß des BVerfG vom 8. 6. 1960 entzog ihm die Grundlage[94]. So kam es im Zuge der parlamentarischen Beratungen zu einer grundlegenden Neugestaltung des Entwurfs. Die einzige in diesem Zusammenhang interessierende verkehrspolitische Akzentsetzung, die erhalten blieb, war die Statuierung des Vorrangs für die Schienenbahnen im Schienenparallel- und -ersatzverkehr, der jedoch, wie bereits zuvor dargelegt, auf den Überlandverkehr beschränkt wurde[95].

2. Straßengüterverkehr

Im Güterkraftverkehr wurden 1982 von der DB 14,4 Mio t befördert, darunter 2,5 Mio t im Güterfernverkehr. Wenn dies auch eine beachtliche Steigerung gegenüber 1960 bedeutet — damals waren es insgesamt 5,6 Mio t —, besitzt der Straßengüterverkehr für die DB doch *keine nennenswerte Bedeutung*. Das ergibt sich aus einem Vergleich der Verkehrsleistungen im Güterverkehr auf Schiene und Straße. Während 1983 im Schienengüterverkehr 55 100 Mio Tarif-t-km erbracht wurden, belief sich die Leistung im gleichen Zeitraum im Straßengüterverkehr auf nur 3780 Mio Tarif-t-km, mithin auf 6,4 v. H. des Güterverkehrsaufkommens insgesamt.

Die Leistungen im Güterkraftverkehr werden nur in geringem Umfang mit eigenen Fahrzeugen erbracht. Für den Güterfernverkehr gehören lediglich 96 Lastzüge der DB; rd. 4000 Lastzüge gehören 964 privaten Unternehmern des Güterfernverkehrs, die „im Auftrag der DB" fahren. Im Güternahverkehr ist das Bild ähnlich. 67 eigenen Fahrzeugen stehen Verträge mit 610 Unternehmern gegenüber, die z. T. als „Bedarfsverträge" abgeschlossen sind[96].

a) Derzeitige Rechtsgrundlagen

aa) Güterfernverkehr

§ 45 Abs. 1 GüKG räumt der DB die Befugnis ein, Güterfernverkehr mit eigenen Kraftfahrzeugen zu betreiben. Es handelt sich dabei nicht um eine allgemeine Genehmigung, sondern um eine Freistellung von

---

[94] BVerfGE 11, 168 ff.
[95] Vgl. die eingehende Aussprache hierüber während der Zweiten Beratung des Entwurfs, Plenarprotokoll 3/142 vom 8. 2. 1961, S. 8059 ff.
[96] Vgl. Güterkraftverkehr der Deutschen Bundesbahn — Voraussetzungen für komplette Problemlösungen der Bahn —, herausgegeben vom Pressedienst der DB, 1983.

der Genehmigungspflicht kraft Gesetzes[97]. Die DB ist in ihrer Betätigung auf diesem Gebiet jedoch nicht frei. Nach § 45 Abs. 2 GüKG setzt der Bundesminister für Verkehr die Höchstzahl der bundesbahneigenen Kraftfahrzeuge, die im Güterfernverkehr eingesetzt werden dürfen, fest, und diese Höchstzahl darf 3¹/₂ v. H. der für den allgemeinen Güterfernverkehr nach § 9 GüKG festgesetzten Zahlen nicht überschreiten. Das ist letztmals durch Erlaß vom 3. 9. 1960 geschehen, in dem die Zahl auf 637 Kraftfahrzeuge festgesetzt wurde[98]. Die DB hat diese Zahl, wie sich aus den vorhergehenden Ausführungen ergibt, auch nicht annähernd ausgeschöpft.

Zahlreiche Vorschriften des GüKG sind auf den Güterfernverkehr der DB mit bundesbahneigenen Kraftfahrzeugen nicht anwendbar. Das ergibt sich aus § 46 daselbst. So unterliegt die DB der Überwachung durch die Bundesanstalt für den Güterfernverkehr nur teilweise — sie braucht die Frachtbriefe nicht zur Tarifüberwachung vorzulegen, und ebensowenig kann die Bundesanstalt darauf hinwirken, daß die DB ihrer Verpflichtung genügt, den Unterschiedsbetrag zwischen dem gezahlten Entgelt und der Tariffracht nachzufordern —, und der Aufsicht durch die Landesgenehmigungsbehörden überhaupt nicht. Das ist Sache des Bundesministers für Verkehr nach Maßgabe von § 14 Abs. 2 BbG[99]. Nach § 47 Abs. 1 GüKG kann die DB zur Durchführung ihres Güterfernverkehrs auch Unternehmer des genehmigten Güterfernverkehrs beschäftigen. Auch diese Unternehmer unterliegen einer Reihe von Vorschriften des GüKG nicht, wohl aber der Aufsicht der Genehmigungsbehörden[100].

bb) Werkverkehr

Insoweit gelten keine Besonderheiten. § 45 GüKG läßt die Befugnis der DB zu Werkverkehr gemäß § 48 GüKG unberührt[101].

cc) Allgemeiner Güternahverkehr

Die DB unterliegt im allgemeinen Güternahverkehr weder der Erlaubnispflicht noch der Aufsicht durch die Erlaubnisbehörde, wohl aber der Überwachung durch die Bundesanstalt für den Güterfernverkehr. Diese

---

[97] Ebenso *Balfanz/v. Tegelen*, Güterkraftverkehrsgesetz, Kommentar, § 45 Anm. 1 und der Initiativantrag des Bundesrates für ein Gesetz über den Güterkraftverkehr (Bundestagsdrucksache 1/1344, S. 30); a. A. *Hein/Eichhoff/Pukall/Krien*, Güterkraftverkehrsrecht, Kommentar, § 45 Anm. 1.

[98] Vgl. *Hein/Eichhoff/Pukall/Krien*, GüKG (Fn. 97), Teil C 135, S. 5.

[99] Vgl. *Hein/Eichhoff/Pukall/Krien*, GüKG (Fn. 97), § 46 Anm. 4 c; *Balfanz/v. Tegelen*, GüKG (Fn. 97), Anm. zu § 46.

[100] Vgl. *Hein/Eichhoff/Pukall/Krien*, GüKG (Fn. 97), § 47 Anm. 6.

[101] Vgl. *Hein/Eichhoff/Pukall/Krien*, GüKG (Fn. 97), § 45 Anm. 9.

B. Die Leistungen und Organisationsformen

in § 89 GüKG enthaltene Ausnahmeregelung gilt allerdings nicht für die von der DB eingesetzten Güternahverkehrsunternehmer[102].

dd) Güterliniennahverkehr

Während die DB solchermaßen weitgehend von den Vorschriften über den allgemeinen Güternahverkehr befreit ist, insbesondere von der Erlaubnispflicht, unterliegt sie grundsätzlich den Vorschriften über den Güterliniennahverkehr. Sie bedarf, wie sich aus § 97 Abs. 1 GüKG ergibt, einer Genehmigung. Allerdings brauchen die Voraussetzungen des § 81 — Zuverlässigkeit, Sachkunde, wirtschaftliche und finanzielle Leistungsfähigkeit — nicht geprüft zu werden[103]. Der Schienenersatzverkehr, den die DB nach Maßgabe von § 2 Abs. 3 EVO betreibt, ist auch dann, wenn er sich als Güterliniennahverkehr darstellt, keiner Genehmigungspflicht unterworfen. Die so zustande gekommenen Beförderungen richten sich nicht nach den Vorschriften des GüKG, sondern nach denen der EVO. Die Regelung gilt auch für alle anderen öffentlichen Eisenbahnen[104].

b) Historische Entwicklung

Mit der Regelung des Güterfernverkehrs der DB knüpfte der Gesetzgeber des Jahres 1952 an das Gesetz über den Güterfernverkehr mit Kraftfahrzeugen vom 26. 6. 1935 (RGBl. I S. 788) an. Schon § 29 Abs. 2 daselbst bestimmte, daß der Reichsverkehrsminister der Deutschen Reichsbahn hinsichtlich der Art und des Umfangs des Güterfernverkehrs Beschränkungen auferlegen könne, traf aber auch — in § 29 Abs. 1 Satz 1 — Vorsorge für die Beschäftigung von Unternehmern des Güterfernverkehrs. An dieser Ordnung wurde in der Nachkriegszeit im wesentlichen festgehalten. Die Befugnis der Deutschen Reichsbahn, weiterhin Güterfernverkehr kraft Gesetzes, also ohne Genehmigung, zu betreiben, wurde allerdings nunmehr Beschränkungen unterworfen, die unmittelbar im Güterfernverkehrs-Änderungsgesetz vom 2. 9. 1949 (WiGBl. S. 306) ihren Niederschlag fanden: Der Direktor der Verwaltung für Verkehr, der auch als Aufsichtsbehörde an die Stelle des Reichsverkehrsministers trat, hatte die Höchstzahl der reichsbahneigenen Kraftfahrzeuge festzulegen, die Güterfernverkehr betreiben durften, und die Deutsche Reichsbahn durfte Unternehmer-Kraftfahrzeuge nur bis zum Doppelten dieser Höchstzahl in ihrem Betrieb beschäftigen, wobei Voraussetzung war, daß für sie eine Genehmigung vorlag. Man wollte damit

---

[102] Vgl. *Hein/Eichhoff/Pukall/Krien*, GüKG (Fn. 97), § 89 Anm. 2; *Balfanz/ v. Tegelen*, GüKG (Fn. 97), Anm. zu § 89.
[103] Vgl. *Hein/Eichhoff/Pukall/Krien*, GüKG (Fn. 97), § 97 Anm. 2; *Balfanz/ v. Tegelen*, GüKG (Fn. 97), § 97 Anm. 1.
[104] Vgl. *Hein/Eichhoff/Pukall/Krien*, GüKG (Fn. 97), § 95 Anm. 5; *Balfanz/ v. Tegelen*, GüKG (Fn. 97), § 97 Anm. 3.

eine uferlose Ausweitung des Güterfernverkehrs der Reichsbahn ebenso verhindern wie die Beschäftigung des mittelständischen Gewerbes sichern[105].

3. Sonstige Verkehrsleistungen

a) Schiffsdienste

Auf den in eigener Regie oder gemeinsam mit anderen Bahnen und privaten Gesellschaften betriebenen Schiffsstrecken verkehrten 1982 26 Schiffe der DB. Im Schiffsverkehr wurden 1982 7,4 Mio Personen befördert und 294,6 Mio Pkm erbracht. Außerdem wurden im Ostseefährverkehr und Bodenseefährverkehr 937 913 Kraftfahrzeuge (Pkw und Lkw) befördert. Die Verkehrsleistungen im Güterverkehr sind in den Angaben über den Schienengüterverkehr enthalten. Die Schiffe der DB im Bereich der Seeschiffahrt (Vogelfluglinie) und der Küstenschiffahrt (Harle-Wangerooge) unterliegen den allgemein für die See- und Küstenschiffahrt geltenden Gesetzen und Verordnungen sowie den von der Bundesrepublik Deutschland ratifizierten internationalen Übereinkommen. Für den Bereich der Bodenseeschiffahrt gilt grundsätzlich nicht das Recht der Binnenschiffahrt, weil der Bodensee ein internationales Binnengewässer ist, für das besonderes — nationales und internationales — Recht geschaffen wurde.

Fähren wurden schon von der Preußischen Staatsbahn betrieben, und zwar in Gemeinschaft mit Schweden zwischen Sassnitz und Trelleborg und mit Dänemark zwischen Warnemünde und Gjedser[106]. Die Bodenseeschiffahrt, ursprünglich in privater Hand, wurde in Württemberg 1854, in Bayern 1862 und in Baden 1863 verstaatlicht und den jeweiligen Staatseisenbahnen angeschlossen, bis sie 1920 auf die Reichseisenbahnen überging[107].

b) Andere Eisenbahnen des öffentlichen Verkehrs

Die DB ist an zwei nichtbundeseigenen Eisenbahnen beteiligt, nämlich der Kahlgrund-Verkehrs GmbH, Schöllkrippen (Unterfranken) mit 28 v. H. und der Osthannoversche Eisenbahnen AG, Celle, mit 8,9 v. H. Sie haben für die DB — nach deren eigenen Angaben — einen beachtlichen Zubringerwert[108].

---

[105] Vgl. *Hein*, Das neue Recht des Güterfernverkehrs, 1949, S. 65.
[106] Vgl. *Sarter/Kittel*, Reichsbahngesellschaft (Fn. 2), S. 27.
[107] Vgl. *Rehberger*, Die Bodenseeschiffahrt der Deutschen Bundesbahn und der übrigen Vereinigten Schiffahrtsverwaltungen, in: Jahrbuch des Eisenbahnwesens 1953, S. 126 ff.
[108] Vgl. Geschäftsbericht 1982, S. 49.

c) Spedition und Kühlverkehr

Auf dem Gebiet der Spedition gibt es eine Reihe von Beteiligungen. Zu nennen sind hier die Firma Schenker & Co GmbH, Berlin, die der DB zu 100 % gehört. Es handelt sich um ein internationales Speditionsunternehmen mit einem weltweiten Organisationsnetz in mehr als 100 Ländern der Erde, durch das der DB in den Jahren 1973 bis 1982 im Jahresdurchschnitt rd. 200 Mio DM Erträge zugeflossen sind[109]. Sowohl dem Schienenverkehr als auch dem DB-Lkw-Verkehr führt das Unternehmen erhebliche Mengen an Beförderungsgut zu. Darüber hinaus fahren alle im nationalen Verkehr eingesetzten Fernlastzüge „im Auftrag der DB". 1982 lieferte Schenker etwa 38 300 t Bahnsammelgut auf und brachte 23 900 t in den Stückgutverkehr ein. Neben einer beachtlichen Tonnage im inländischen Wagenladungsverkehr, insbesondere im Zulauf zu den Seehäfen, wurden im internationalen Wagenladungsverkehr 961 900 t abgefertigt.

Zu 33,4 v. H. ist die DB an der Transthermos GmbH, Bremen, beteiligt, deren Gegenstand die Spedition, Beförderung und Lagerung von Gütern, insbesondere temperaturempfindlicher Art, sowie Handel vornehmlich mit Geräten und Stoffen zur Erzeugung von Wärme und Kälte ist. Sie fungiert als kommerzielle Generalvertretung der INTERFRIGO für die Bundesrepublik Deutschland. Mit 50 v. H. ist die DB ferner an der TRANSA Transport- und Abfertigungsgemeinschaft GmbH, Offenbach, beteiligt. Aufgabe dieser Gesellschaft ist es, die Leistungspalette der DB so zu erweitern, daß den Kunden bei Bedarf speditionelle Leistungen, insbesondere im Bereich von Gesamttransportangeboten, innerhalb der eigenen Organisation angeboten werden können. An der Bahnhof-Kühlhaus AG, Basel, ist die DB mit 11,5 v. H. beteiligt. Sie unterhält Tiefkühllager in Basel und Möhlin. Eine Beteiligung von 10,1 v. H. hält die DB an der Internationalen Gesellschaft der Eisenbahnen für Kühltransporte INTERFRIGO, Brüssel. Die INTERFRIGO unterhält einen eigenen Wagenpark, der sich im Jahr 1982 auf 6824 Einheiten belief. Mit diesen wurden 55,8 v. H. aller von der INTERFRIGO betreuten Transporte durchgeführt. Mit 10 v. H. ist die DB an der CARGOTRANS Umschlags- und Speditionsgesellschaft mbH, Duisburg, beteiligt. Diese Gesellschaft betreibt in Duisburg-Ruhrort Hafen ein umfangreiches Umschlaggeschäft mit Massengütern, die im gebrochenen Verkehr zwischen Seehäfen und den Industriezentren an Rhein, Ruhr und Saar transportiert werden. Schließlich ist in diesem Zusammenhang noch die Rhenus-WTAG, Dortmund, zu nennen, an der die DB mit 6,8 v. H. beteiligt ist.

---

[109] Vgl. die Antwort des Staatssekretärs *Bayer* am 14. 11. 1983 auf die Schriftliche Frage des Abg. *Haar* (SPD), Bundestagsdrucksache 10/619, S. 18.

d) Kombinierter Verkehr

Zu 100 % im Besitz der DB befindet sich die TRANSFRACHT Deutsche Transportgesellschaft mbH, Frankfurt/M. Gegenstand dieses Unternehmens ist die Wahrnehmung aller Aufgaben, die der DB beim Verkehr mit Großcontainern und sonstigen Transportgefäßen — soweit es sich nicht um Straßenfahrzeuge oder Wechselaufbauten handelt, die unter Konzessionseinsatz auf der Schiene befördert werden — im Verhältnis zu Kunden obliegen, sowie Wahrnehmung der Aufgaben der internationalen Gesellschaft für den Transcontainerverkehr „INTERCONTAINER" für den Bereich der Bundesrepublik.

Eine Beteiligung von 20,5 v. H. hält die DB an der KOMBIVERKEHR Deutsche Gesellschaft für kombinierten Güterverkehr mbH & Co KG, Frankfurt/M. Diese Gesellschaft — eine gemeinschaftliche Gründung von Straßentransportunternehmen, Kraftwagenspediteuren und ihren Organisationen sowie der DB — dient der Abwicklung des Huckepackverkehrs. Sie beförderte 1982 insgesamt 378 700 Sendungen mit 5,9 Mio t.

Eine Beteiligung von 5,7 v. H. schließlich hält die DB an der Internationalen Gesellschaft für den Transport in Transportcontainern TRANSCONTAINER, Brüssel, eine Beteiligung von 40 v. H. an der Deutsche Umschlag-Gesellschaft Schiene—Straße (DUSS) mbH, Frankfurt/M., und eine Beteiligung von 14,3 v. H. an der Internationale Gesellschaft für den Huckepackverkehr „INTERUNIT", Brüssel.

e) Reisebüros

Die Beteiligungen der DB an Reisebürogesellschaften erstrecken sich auf die Deutsches Reisebüro GmbH, Berlin — DER — mit 50,1 v. H., das abr-Amtliches Bayerisches Reisebüro GmbH, München, mit 55 v. H. und die Reisebüro Rominger GmbH Württembergisches Reisebüro, Stuttgart, mit 90 v. H. An dem für die Reisebüros entwickelten Informations- und Reservierungssystem START in den Händen der START-Datentechnik für Reise und Touristik GmbH, Frankfurt/M., ist die DB mit 25 v. H. beteiligt. Zum Jahresende 1982 hatten sich ihm 1320 Reisebüros mit 1994 installierten Terminals angeschlossen. Den Reisebüros eröffnet sich über START die Möglichkeit, Leistungen der DB, der Deutschen Lufthansa und der Touristikunion International (TUI) zu buchen, Reisedokumente und Verkaufsbelege zu erstellen sowie Abrechnungs- und Buchhaltungsarbeiten erledigen zu lassen. Seit dem 1. 11. 1982 können die Reisebüros auch Policen der Europäischen Reiseversicherung ausstellen.

B. Die Leistungen und Organisationsformen

4. Exkurs: Verkehrsverbünde

Formen der Zusammenarbeit im Bereich der Verkehrswirtschaft sind im Grunde genommen nichts Neues, wenn sie in der Regel zunächst auch auf die Eisenbahnen beschränkt waren und hier insbesondere in den sog. Eisenbahntarifverbänden ihren Niederschlag fanden. In deren Rahmen wurden Vereinbarungen über durchgehende Tarife im Personen- und Güterverkehr getroffen[110]. Das Bestreben, den Öffentlichen Personennahverkehr — ÖPNV — attraktiver zu gestalten, führte seit Anfang der 60er Jahre zu einer Fortentwicklung. In den Verdichtungsräumen, die eine starke verkehrliche Verflechtung aufweisen, wurden die dort tätigen Unternehmen des ÖPNV in Verkehrsverbünden zusammengeschlossen. Ihr Wesensmerkmal ist ein integriertes Leistungsangebot mit einheitlicher Tarifgestaltung, das durch eigene Organe gesteuert wird[111].

a) Bestand

Die DB ist an der Verkehrs- und Tarifverbund Stuttgart GmbH (VVS), der Frankfurter Verkehrs- und Tarifverbund GmbH (FVV) und der Münchner Verkehrs- und Tarifverbund GmbH (MVV) mit je 50 v. H., an der Verkehrsverbund Rhein-Ruhr GmbH (VRR) mit 27 v. H. und am Hamburger Verkehrsverbund (HVV) als BGB-Gesellschafterin beteiligt. Sie hat dazu Teile ihres Schienenpersonennahverkehrs, insbesondere in Gestalt der S-Bahnen, und ihren Bahnbusverkehr „eingebracht". An einzelnen Verbünden sind darüber hinaus auch Regionalverkehrsgesellschaften beteiligt[112].

Im Jahr 1983 wurden im HVV 445 Mio Personen, im MVV 474 Mio Personen, im FVV 211 Mio Personen, im VVS 188 Mio Personen und im VRR 841 Mio Personen befördert. Das Verkehrsangebot — in Platz-Kilometern ausgedrückt — belief sich im Jahr 1982 beim HVV auf 17 997 Mio, beim MVV auf 12 691 Mio, beim FVV auf 11 550 Mio, beim VVS auf 5328 Mio und beim VRR auf 33 983 Mio, mithin insgesamt auf 81 549 Mio Platz-Kilometer.

---

[110] Vgl. *Moormann*, Leitfaden für den Verkehrsdienst, 1951, S. 22 ff.

[111] Vgl. hierzu und zum folgenden *Dittmann*, Kooperation im Nahverkehr, insbesondere Verkehrsverbünde, in: Püttner (Hrsg.), Handbuch der kommunalen Wissenschaft und Praxis (HKWP) Bd. 5, 1984, S. 364 ff.; *Fromm*, Organisationsformen der Verkehrsverbünde, ZfVerkWiss. 1980, 87 ff.; *Kübler*, Die öffentlich-rechtlichen Grundlagen des öffentlichen Personennahverkehrs, in: Handbuch der Verkehrswirtschaft 1982, S. 21.

[112] Vgl. *Friedrich*, Die Einbindung des Schienen-Personennahverkehrs der Deutschen Bundesbahn in Kooperationen aller Art, Die Bundesbahn 1984, S. 595 ff.

b) Rechtsgrundlagen

Als Organisationsformen des Privatrechts basieren die Verbünde auf Vertragsrecht, das zweistufig gestaltet ist:

— durch Grundverträge (aa),

— durch Verbundverträge (bb).

aa) Grundverträge

Rechtsgrundlagen sind — als erste Stufe — *Grundverträge* — in Hamburg Rahmenvertrag genannt —, deren Partner ausschließlich öffentliche Verwaltungsträger sind: in Hamburg die DB und die Freie und Hansestadt Hamburg, in München die DB, der Freistaat Bayern und die Landeshauptstadt München, in Frankfurt und Stuttgart jeweils die Bundesrepublik Deutschland, das Land und die Stadt. Dasselbe gilt für den Rhein-Ruhr-Raum, freilich mit der Variante, daß Städte und Landkreise, die am Verkehrsverbund beteiligt sind, gemeinsam auftreten, vereint in einem Zweckverband.

Allen Grundverträgen ist gemeinsam, daß ein *Vertragsziel* postuliert wird — die Förderung des Nahverkehrs im Verbundraum — und dafür Grundsätze aufgestellt werden, die wiederum in allen Verträgen im wesentlichen übereinstimmen. Die wichtigsten seien hier genannt:

— Bei der *Bauleitplanung* sollen die Bedürfnisse des ÖPNV angemessen berücksichtigt werden;

 so übereinstimmend Art. 2 Abs. 1 Nr. 1 Grundvertrag München, Art. 3 Abs. 2 Nr. 1 Grundvertrag Frankfurt und Art. 3 Abs. 1 Nr. 1 Grundvertrag Stuttgart. z. T. Art. 2 Nr. 1 Verbundvertrag Rhein-Ruhr und Art. 3 Abs. 2 Grundvertrag Stuttgart.

— Es wird ein *Vorrang des Schienenverkehrs* innerhalb des ÖPNV statuiert;

 so übereinstimmend Art. 5 Nr. 2 Rahmenvertrag Hamburg, Art. 2 Abs. 1 Nr. 2 Grundvertrag München und Art. 3 Abs. 2 Nr. 2 Grundvertrag Frankfurt.

— *Straßenverkehrsdienste* sollen nach Möglichkeit bereits in Außenbezirken an den Schienenverkehr angeschlossen werden;

 so übereinstimmend Art. 5 Nr. 2 Rahmenvertrag Hamburg, Art. 2 Nr. 3 Grundvertrag Rhein-Ruhr, Art. 2 Abs. 1 Nr. 3 Grundvertrag München, Art. 3 Nr. 3 Grundvertrag Frankfurt und Art. 3 Abs. 1 Nr. 4 Grundvertrag Stuttgart.

— *Parallelführungen* von Verkehrslinien sind abzubauen;

 so übereinstimmend Art. 5 Nr. 4 Rahmenvertrag Hamburg, Art. 2 Abs. 1 Nr. 4 Grundvertrag München und Art. 2 Nr. 4 Grundvertrag Rhein-Ruhr.

B. Die Leistungen und Organisationsformen

— Im Verkehrsraum ist ein *Gemeinschaftstarif* einzuführen;
so übereinstimmend Art. 2 Abs. 1 Nr. 5 Grundvertrag München, Art. 3 Abs. 2 Nr. 5 Grundvertrag Frankfurt, Art. 3 Abs. 1 Nr. 5 Grundvertrag Stuttgart und Art. 2 Nr. 5 Grundvertrag Rhein-Ruhr.

Außerdem verpflichten sich die Vertragsbeteiligten, eine *Verbundgesellschaft* zu gründen oder auf die Gründung einer solchen hinzuwirken.
Vgl. Art. 3 Abs. 1 Grundvertrag München und Art. 2 Abs. 1 Grundvertrag Frankfurt; vgl. Art. 1 Rahmenvertrag Hamburg, Art. 2 Grundvertrag Stuttgart und Art. 3 Abs. 1 Grundvertrag Rhein-Ruhr.

In den neueren Grundverträgen spielt schließlich noch die *Deckung von Fehlbeträgen* eine Rolle. Eine Verpflichtung eines Vertragsbeteiligten gegenüber einem anderen, für deren Ausgleich zu sorgen, findet sich allerdings nur im Grundvertrag für den Verkehrsverbund Rhein-Ruhr[113].

bb) Verbundverträge

Auf den Grundverträgen bauen als zweite Stufe die Verbundverträge auf. In ihnen finden sich die *Verkehrsunternehmer*, die den Verbundraum bedienen, zu Gesellschaften zusammen. Sie sind mit den Partnern der Grundverträge nur insoweit identisch, als sie selbst *unternehmerisch* tätig sind. Im übrigen treten hier die städtischen Eigenbetriebe oder die in einer Rechtsform des Handelsrechts geführten Verkehrsgesellschaften in Erscheinung, die sich freilich wiederum ganz oder mehrheitlich im Besitz der öffentlichen Hand befinden.

Die Aufgaben der Verbundgesellschaften bestehen in der Planung des Verkehrs, der Vorgabe des betrieblichen Leistungsangebots, der Bildung eines Verbundtarifs und der Einnahmeaufteilung. Dafür sind die Zielsetzungen maßgebend, die in den Grundverträgen ihren Niederschlag gefunden haben[114]. Freilich verdichtet sich hier, was in den Grundverträgen nur den Charakter von Absichtserklärungen hat, zu *konkreten Verpflichtungen*. Zwar bleiben die Gesellschaften Träger der sich aus dem Gesetz und öffentlich-rechtlichen Genehmigungen ergebenden Rechte und Pflichten, bleiben — weiter — Eigentümer ihrer Anlagen und Verkehrsmittel und führen auch — im eigenen Namen — den Betrieb und tragen den Aufwand dafür[115]. Darüber, welcher beteiligte Unternehmer welche Leistung zu welchem Preis erbringt, bestimmt

---
[113] Vgl. Art. 8 daselbst.
[114] Vgl. *Petzoldt,* Der Hamburger Verkehrsverbund, Die Bundesbahn 1965, 817 ff. (819).
[115] So übereinstimmend § 4 Verbundvertrag Hamburg, § 6 Abs. 5 Verbundvertrag München, § 8 Verbundvertrag Stuttgart und § 8 Verbundvertrag Rhein-Ruhr.

jedoch der *Verbund,* und die Beteiligten sind gehalten, entsprechend diesen Vorgaben die jeweils erforderlichen Genehmigungen und Zustimmungen einzuholen[116], wenn der Verbund sich dabei nicht sogar ein Mitwirkungsrecht vorbehält[117] oder aber diese Befugnisse — wie z. T. im Tarifbereich — kurzerhand sich selbst zuweist[118].

Als Gesellschaftsorgane sind bei allen in der Rechtsform der GmbH geführten Verbünden die Gesellschafterversammlung, daneben ein Aufsichtsrat, Rat oder Präsidium und eine Geschäftsführung vorgesehen. Für die Aufgabenteilung unter den einzelnen Organen gilt das Enumerationsprinzip, was bedeutet, daß die Kompetenzen der Organe enumerativ festgelegt werden und die Geschäftsführung entscheidungskompetent ist, soweit die Aufgabe nicht ausdrücklich einem anderen Organ zugewiesen ist. Enumeration der Entscheidungskompetenz enthält aber darüber hinaus in den wichtigsten Fragen wie konzeptioneller Gestaltung des Leistungsangebots und des Verbundnetzes, Tarif und Abgeltung zumindest immer auch eine Zuweisung an die Gesellschafterversammlung, so daß eine Beschlußfassung gegen oder ohne die Stimmung aller oder einzelner Verkehrsträger nicht möglich ist. Der *Grundsatz der Einstimmigkeit* soll gewährleisten, daß sowohl der Bund als auch die DB wegen der Risiken, die mit Verbünden einhergehen, ausreichende Möglichkeiten zur Beeinflussung der Planung und zur Gestaltung des Verkehrs, der Tarife, der Einnahmeaufteilung und anderer gemeinsam geregelter Aufgaben erhalten[119].

III. Sonstige Leistungen

Nach diesem Exkurs über Verkehrsleistungen, die die Bundesbahn im Rahmen von Verkehrsverbünden erbringt, ist nun noch auf sonstige Leistungen der DB einzugehen.

1. Unternehmen mit verkehrsbezogener Aufgabenstellung

Die DB ist Alleineigentümerin von oder beteiligt an Unternehmen, die — mit den Worten des Beteiligungsberichts — nicht verkehrswirt-

---

[116] Vgl. §§ 4 Abs. 5, 8 Abs. 3 Verbundvertrag Hamburg; §§ 6 Abs. 5, 8 Abs. 4, 9 Abs. 2 Verbundvertrag München; §§ 8 Abs. 5, 10 Abs. 4, 11 Abs. 1 Verbundvertrag Stuttgart; §§ 9 Abs. 5, 11 Abs. 4, 12 Abs. 2 Verbundvertrag Frankfurt; §§ 8 Abs. 5, 11 Abs. 6, 12 Abs. 4 Verbundvertrag Rhein-Ruhr.

[117] Vgl. § 5 Abs. 3 Verbundvertrag Hamburg; § 7 Abs. 7 Verbundvertrag München.

[118] Vgl. § 8 Abs. 3 Verbundvertrag Hamburg; § 12 Abs. 4 Verbundvertrag Rhein-Ruhr.

[119] Vgl. Konzept zur Verbesserung des öffentlichen Personennahverkehrs, Heft 41 der Schriftenreihe des Bundesministers für Verkehr, 1972, S. 34.

B. Die Leistungen und Organisationsformen 51

schaftlicher Natur sind, aber Verkehrsbelangen dienen, nämlich den Bereichen „Finanzierung", „Versorgung", „Forschung" und „Sonstiges"[120].

a) Finanzierung

Auf dem Gebiet der Finanzierung tätig sind die Deutsche Verkehrs-Kredit-Bank AG, Berlin, deren alleiniger Gesellschafter die DB ist, die EUROFIMA, Europäische Gesellschaft für die Finanzierung von Eisenbahnmaterial, Basel, an der die DB mit 25 v. H. beteiligt ist, die Münchner Tunnelgesellschaft mbH (MTG), München, an der die DB ebenfalls mit 25 v. H. beteiligt ist, und die Deutsche Pfandbriefanstalt, Wiesbaden/Berlin, mit einer Beteiligung der DB in Höhe von 0,4 v. H.

b) Forschung

Forschungszwecken dienen die Beteiligungen an der MVP Versuchs- und Planungsgesellschaft für Magnetsysteme mbH, München, mit 33,3 v. H. und an der SNV-Studiengesellschaft Nahverkehr mbH, Düsseldorf, mit 4 v. H.

c) Sonstiges

Hier ist die Beteiligung an der Deutschen Eisenbahnreklame GmbH, Kassel, in Höhe von 60 v. H. zu nennen, die mit der werblichen Nutzung der DB-Anlagen beauftragt ist, und eine Beteiligung in Höhe von 49 v. H. an der Deutschen Eisenbahnconsulting GmbH, Frankfurt/M., deren Aufgabe Planung, Beratung, Überwachung und Durchführung jeglicher Art auf dem Gebiet des Eisenbahn- und Transportwesens im In- und Ausland ist mit der Hauptaufgabe, Anwendeerfahrung und Know-how der DB im Ausland zu vermitteln.

2. Sozialdienste

Die DB verfügt außerdem über eine Reihe sozialer Dienste, die sie für ihre Bediensteten erbringt. Die hier nach dem Stand vom 31. 8. 1984 tätigen 2419 Beamten, Angestellten und Arbeiter zählen in den Statistiken zu den Bediensteten der DB. Die Sozialdienste der DB gliedern sich — nach Maßgabe der §§ 26, 27 BbG — in gesetzliche Sozialeinrichtungen einerseits und betriebliche Sozialeinrichtungen sowie anerkannte Selbsthilfeeinrichtungen andererseits.

Gesetzliche Sozialeinrichtungen sind die Bundesbahn-Betriebskrankenkasse (BbKK), eine Körperschaft des öffentlichen Rechts aufgrund des

---

[120] Vgl. Beteiligungen des Bundes im Jahre 1982, S. 384 f. In der vorliegenden Aufstellung ist der Bereich „Versorgung" bereits oben unter I 4 behandelt.

Art. 87 Abs. 2 GG und der §§ 245, 246 RVO, die Bundesbahn-Ausführungsbehörde für Unfallversicherung (BUVB), die Teil der DB ist, und die Bundesbahn-Versicherungsanstalt (BVA) Abteilung A als Rentenversicherung der Arbeiter, — eine Körperschaft des öffentlichen Rechts aufgrund des Art. 87 Abs. 2 GG und des § 1360 RVO.

Betriebliche Sozialeinrichtungen sind diejenigen Institutionen, die die Verwaltung — ohne vom Gesetzgeber dazu verpflichtet zu sein — aus der Fürsorgepflicht gegenüber ihren Mitarbeitern heraus geschaffen hat. Es sind dies die Krankenversorgung der Bundesbahnbeamten (KVB), eine Körperschaft des öffentlichen Rechts, die Kleiderkasse der Deutschen Bundesbahn (KlK), eine Anstalt des öffentlichen Rechts, die Bundesbahn-Versicherungsanstalt (BVA) Abteilung B als Zusatzrentenversicherung, die den Arbeitrn und Angestellten der DB eine an die Beamtenversorgung angeglichene Gesamtversorgung sicherstellt, — eine Körperschaft des öffentlichen Rechts, das Bundesbahn-Sozialwerk (BSW), ein unselbständiger Teil der DB, jedoch mit eigener Organisationsform und eigener Wirtschafts- und Rechnungsführung, die Bundesbahn-Hausbrandversorgung (BHbV), ebenfalls eine unselbständige Einrichtung der DB, jedoch mit eigener Organisation und eigener Rechnungs- und Wirtschaftsführung, die schon erwähnten Eisenbahn-Wohnungsgesellschaften sowie schließlich die Bundesbahn-Zentralstelle gegen die Alkoholgefahren (BZAl), ein rechtsfähiger Verein.

Anerkannte *Selbsthilfeeinrichtungen* der DB sind die Eisenbahn-Spar- und Darlehnskasse (Sparda), zusammengeschlossen im Verband der Sparda-Banken, die Deutsche Eisenbahnversicherung Köln (DEVK), die Bundesbahn-Landwirtschaft (BLw), die Eisenbahnersportvereine (ESV), zusammengefaßt im Verband Deutscher Eisenbahner-Sportvereine, der Eisenbahn-Waisenhort (EWH) und schließlich die Eisenbahner-Baugenossenschaften. Für die Wohnungsfürsorge der DB sind 17 Bundesbahn-Wohnungsgesellschaften tätig, bei denen die DB mit Beteiligungen von rd. 99 v. H. am Stammkapital Hauptgesellschafterin ist, und weitere 8 Wohnungsunternehmen, an denen die DB beteiligt ist und die entweder als GmbH oder aber als e. G. arbeiten[121].

---

[121] Vgl. Beteiligungen des Bundes im Jahre 1982, S. 363 ff.

Zweiter Abschnitt

Die Pflicht des Bundes zur Aufrechterhaltung des Bundeseisenbahnsystems

Die Vorschläge, die heute zur Neubestimmung der Verkehrsaufgaben der Deutschen Bundesbahn und zu ihrer Umorganisation gemacht werden, gehen — freilich in unterschiedlichem Umfang — davon aus, daß beide Maßnahmenkomplexe mit Einschränkungen oder Umstrukturierungen des bisherigen Verkehrsangebots der Bundesbahn verbunden sein werden. Eine wichtige Grundfrage aller neuen Bundesbahnkonzepte lautet daher, ob und inwieweit der Bund *von Verfassungs wegen* verpflichtet ist, das Verkehrsangebot der Bundesbahn in überkommenem Umfang aufrechtzuerhalten. Sollte eine sehr weitreichende bahnbezogene Verkehrsbedienungspflicht des Bundes aufgrund Verfassungsrechts bejaht werden müssen, so wären einer Änderung oder gar Neubestimmung der Bahnaufgaben und auch einer Reihe von Organisationsänderungen enge Grenzen gezogen.

Als verfassungsrechtliche Basis eventueller Verkehrsbedienungspflichten des Bundes kommt vor allem Art. 87 Abs. 1 S. 1 GG in Betracht (A—C). Ob unabhängig von dieser Vorschrift etwa auch aus einer Einstandspflicht für die „Gleichwertigkeit der Lebensverhältnisse" Verkehrsbedienungspflichten des Bundes abgeleitet werden können, wird im Anschluß daran zu untersuchen sein (D).

A. Die einzelnen Garantiegehalte des Art. 87 Abs. 1 GG

Nach Art. 87 Abs. 1 S. 1 GG werden die „Bundeseisenbahnen" in bundeseigener Verwaltung mit eigenem Verwaltungsunterbau geführt. Inwieweit daraus eine Pflicht des Bundes zu einer entsprechenden Verkehrsbedienung abgeleitet werden kann, hängt davon ab, welche Garantiegehalte die Vorschrift umgreift. Für den vorliegenden Untersuchungszusammenhang sind es drei Bedeutungen des Art. 87 Abs. 1 S. 1 GG, die auseinandergehalten werden müssen:

— Der *Zuständigkeitsgehalt:* er betrifft die Frage, inwieweit der Bund im Verhältnis zu den Ländern eigene Eisenbahnen unterhalten *darf;*

— der *Aufgabengehalt:* er betrifft die Frage, inwieweit der Bund Bundeseisenbahnen unterhalten *muß;*

— der *Organisationsgehalt:* er betrifft die Frage, welche Organisationsformen unter den Begriff der bundeseigenen Verwaltung mit eigenem Verwaltungsunterbau zu fassen sind und inwieweit ein Typenzwang besteht[122].

Diese Begriffe kennzeichnen zunächst nichts anderes als Fragen, die im Wege der Auslegung des Art. 87 Abs. 1 S. 1 GG beantwortet werden müssen. Von ihrer Struktur her liegen die Fragen nach dem Zuständigkeitsgehalt und diejenige nach dem Aufgabengehalt — bei aller Unterschiedlichkeit ihrer inhaltlichen Reichweite — auf der gleichen Ebene. Sie sind, indem sie den positiven und den negativen Kompetenzkonflikt zum Thema haben, gleichsam Grundmuster grenzbestimmender Rechtsvorschriften.

Existenz und Umfang von Verkehrsbedienungspflichten des Bundes hängen vom *Aufgabengehalt* des Art. 87 Abs. 1 S. 1 GG ab (II). Wegen des aufgezeigten Zusammenhangs zwischen aufgaben- und zuständigkeitsrechtlicher Fragestellung wird jedoch auch der *Zuständigkeitsgehalt* in die Untersuchungen einzubeziehen sein (I). Der *Organisationsgehalt* dagegen zielt in eine andere Richtung: bei ihm geht es darum, was unter „bundeseigener Verwaltung mit eigenem Verwaltungsunterbau" im Blick auf die Besonderheiten einer großen Betriebsverwaltung wie der der DB zu verstehen ist. Das sind Fragen, die erst später im Zusammenhang mit einzelnen Vorschlägen zur Neuorganisation bestimmter Bahndienste behandelt werden sollen (3. Abschnitt).

I. Art. 87 Abs. 1 S. 1 GG als Zuständigkeitsnorm

Der Charakter des Art. 87 Abs. 1 S. 1 GG als Zuständigkeitsnorm *zugunsten* des Bundes steht außer Streit. Dem entspricht die systematische Stellung der Vorschrift im Kontext der Art. 83 ff. Danach ist Art. 87 Abs. 1 S. 1 eine Ausnahme von der Regel des Art. 83, derzufolge grundsätzlich die Länder die Bundesgesetze ausführen, und von der über den Gesetzesvollzug hinausreichenden Grundaussage des Art. 30 GG, derzufolge die Ausübung der staatlichen Befugnisse und die Erfüllung der staatlichen Aufgaben Sache der Länder ist, soweit das Grundgesetz keine andere Regelung trifft oder zuläßt[123].

---

[122] Außer Betracht bleibt dagegen die Frage, inwieweit Art. 87 I GG als Kompetenzvorschrift — viertens — einen *Ermächtigungsgehalt* besitzt, der zu Eingriffen in die Rechte privater Konkurrenten oder Nutzer der Bahn befugt; dazu *Bleckmann,* Zum materiell-rechtlichen Gehalt der Kompetenzbestimmungen des Grundgesetzes, DÖV 1983, S. 129 ff.

A. Art. 87 Abs. 1 S. 1 GG als Zuständigkeits- und Aufgabennorm

Auch in der Literatur dominiert die Interpretation des Art. 87 Abs. 1 S. 1 GG als Zuständigkeitsnorm zugunsten des Bundes[124]. Ebenso treffen die wenigen zu Art. 87 Abs. 1 ergangenen verfassungsgerichtlichen Urteile den zuständigkeitsrechtlichen Gehalt der Vorschriften: Es geht in ihnen um die Frage, welche Verwaltungszuständigkeiten der Bund gerade noch oder schon nicht mehr wahrnehmen darf, um nicht gegen die grundsätzlich bei den Ländern liegende Verwaltungshoheit zu verstoßen[125].

BVerfGE 12, 205 (229—230): zur Identität der Begriffe „Bundespost" i. S. Art. 87 Abs. 1 und „Post- und Fernmeldewesen" in Art. 73 Nr. 7 GG.

BVerfGE 26, 338 (367—379): Gesetzgebungs- und Verwaltungszuständigkeit des Bundes für die Planfeststellung der Bundeseisenbahnen einschließlich der Kreuzung zwischen Schienenweg und Straßen.

BVerfGE 46, 120 (151 f.): — beiläufig — zur Frage der Datenfernverarbeitung als Zuständigkeit der Bundespost.

Erst in der Entscheidung vom 12. 1. 1983, in der es um die Betrauung der Bayerischen Versicherungskammer mit Bundesaufgaben geht, gewinnt ein anderer als der zuständigkeitsrechtliche Garantiegehalt des Art. 87 Abs. 1 GG Bedeutung[126].

Die eindeutig zuständigkeitsrechtliche Ausrichtung der Interpretation ist nur allzu erklärlich, solange der Bund seine Verwaltungstitel expansiv zu handhaben trachtet und es deshalb um die Klärung des positiven Kompetenzkonflikts gehen muß. Die auch heute ungebrochene Aktualität dieses Ansatzes wird belegt etwa durch die ausführliche Behandlung, die die zuständigkeitsrechtliche Bedeutung des Begriffs „Bundespost"

---

[123] Zur Bedeutung des Art. 30 neben Art. 83 bei der Verteilung der Verwaltungskompetenzen vgl. *Stern*, Staatsrecht Bd. 2 (Fn. 5), § 41 IV 4 b, S. 782 f.; *Lerche*, in: Maunz/Dürig, Grundgesetz, Art. 83, Rdnr. 18.

[124] Vgl. *v. Mangoldt/Kein*, Das Bonner Grundgesetz, 2. Aufl., Bd. 3, 1969, Art. 87 Anm. 4 a: „In diesem Artikel werden in erster Linie Verwaltungszuständigkeiten und in zweiter Linie Verwaltungstypen verteilt". Hier wird die korrespondierende aufgabenrechtliche Fragestellung nicht einmal angesprochen. Vgl. ferner *Maunz*, in: Maunz/Dürig, Art. 87 Rdnr. 1; *Hamann/Lenz*, Das Grundgesetz für die Bundesrepublik Deutschland, 3. Aufl. 1970, Art. 87, Anm. A; *Schmidt-Bleibtreu/Klein*, Kommentar zum Grundgesetz, 6. Aufl., 1983, Art. 87 Rdnr. 1; ähnlich *Hesse*, Grundzüge des Verfassungsrechts der Bundesrepublik Deutschland, 14. Aufl., 1984, Rdnr. 247: „Ebenfalls streng begrenzt (Art. 83 GG) ist die Wahrnehmung von Verwaltungsaufgaben in Bundesverwaltung".

[125] Vgl. dazu die Darstellung von *H. H. Klein*, Verwaltungskompetenzen von Bund und Ländern in der Rechtsprechung des Bundesverfassungsgerichts, in: Festgabe für das Bundesverfassungsgericht, 1976, Bd. 2, S. 277 ff., der zutreffend darauf hinweist, daß das BVerfG bisher keine Gelegenheit gehabt habe, „das vielfältige Geflecht der Verwaltungsstrukturen in und zwischen dem Bund und den Ländern vollständig auszuleuchten" (S. 277 f.).

[126] BVerfGE 63, 1 (33—40); vgl. zu den organisationsrechtlichen Konsequenzen dieser Entscheidung unten im 3. Abschnitt unter B I 1 b.

in jüngerer Zeit durch *Ossenbühl* erfahren hat. Der expansive Duktus der Untersuchung wird hier bereits im Titel deutlich[127]. Nicht verwundern kann es daher auch, daß die Auslegung der einzelnen Tatbestandsmerkmale des Art. 87 Abs. 1 S. 1 GG — insbesondere die der vier Sachbereichsbegriffe — vor diesem Hintergrund eine gleichsam natürliche Ausweitungstendenz erfahren hat, denn es geht zuständigkeitsrechtlich immer um die Frage nach äußersten Kompetenzgrenzen. Dem braucht im einzelnen an dieser Stelle nicht weiter nachgegangen zu werden. Für spätere, im Zusammenhang mit der aufgabenrechtlichen Fragestellung vorzunehmende Auslegungsschritte ist diese Vorformung der bisherigen Interpretation jedoch im Auge zu behalten[128].

II. Art. 87 Abs. 1 S. 1 GG als Aufgabennorm

Weniger sicher ist es, inwieweit Art. 87 Abs. 1 S. 1 GG neben seinem unbestreitbaren Zuständigkeitsgehalt auch einen Aufgabengehalt besitzt, der den Bund zu einer entsprechenden Vorhaltung von Verwaltungsleistungen verpflichtet.

1. Ansätze in der Literatur

Der Stand der Literatur ist nicht leicht zu überschauen. Die Fragen des Aufgabengehalts werden oft eher beiläufig und in unterschiedlichen Zusammenhängen behandelt.

a) Stellungnahmen zur „obligatorischen Bundesverwaltung"

Am ehesten Klarheit sollte man sich dort erwarten, wo Art. 87 Abs. 1 S. 1 GG aufgrund seiner textlichen Fassung („werden geführt") als Fall der obligatorischen Bundesverwaltung eingestuft wird. So heißt es bei *Stern* im Blick auf eben diesen Verwaltungstypus: „Ohne Verfassungsänderung kann in diesen Bereichen nicht von der Wahrnehmung der Bundesverwaltung abgesehen werden[129]." Das ist, obwohl sich Stern mit Gestalt und Umfang dieser Wahrnehmungspflicht nicht weiter auseinandersetzt, eine klare Aussage. *v. Mangoldt/Klein* dagegen sprechen zwar vielfach von der obligatorischen Bundesverwaltung, stellen aber nicht den Aufgabengehalt dieses Begriffs heraus, sondern betonen die darin liegende Beschränkung der Landesverwaltung[130]. Etwas deutlicher

---

[127] *Ossenbühl*, Deutsche Bundespost (Fn. 7); differenzierend — aber ebenfalls zuständigkeitsrechtlich ausgerichtet — *Lerche/Graf von Pestalozza*, Deutsche Bundespost (Fn. 7).

[128] Vgl. dazu die Trennung von zuständigkeitsrechtlichem Begriffs*hof* und aufgabenrechtlichem Begriffs*kern* unter B I und II.

[129] *Stern*, Staatsrecht Bd. 2 (Fn. 5), § 41 VII 3 a, S. 816.

[130] *v. Mangoldt/Klein*, Art. 87 II 4 b aa, S. 2256: „Im Bereich der obligatorischen Bundesverwaltung handelt es sich um eine ausschließliche Verwal-

A. Art. 87 Abs. 1 S. 1 GG als Zuständigkeits- und Aufgabennorm 57

formuliert *Maunz* den Pflichtengehalt des Art. 87 Abs. 1 S. 1 GG; auch er steckt den Umfang dieser Pflicht jedoch nicht im einzelnen ab, sondern versteht ihn erkennbar eher organisationsrechtlich[131]. Damit wird Bezug genommen auf die Frage, inwieweit Art. 87 Abs. 1 S. 1 GG überhaupt nur zuständigkeitsrechtliche oder auch organisationsrechtliche Aussagen enthält. Für diese ältere Auseinandersetzung[132] spielt die aufgabenrechtliche Dimension des Art. 87 Abs. 1 S. 1 GG unmittelbar keine Rolle; denn die organisationsrechtliche Frage bleibt sinnvoll auch, wenn man sie nur auf die zuständigkeitsrechtliche Grundaussage des Art. 87 Abs. 1 S. 1 GG bezieht. Man wird also weder denen, die den ausschließlichen Zuständigkeitsgehalt der Vorschrift betonen, eine dezidierte Stellungnahme gegen den Aufgabencharakter zuschreiben, noch diejenigen, die den Begriff der obligatorischen Bundesverwaltung vorrangig organisationsrechtlich deuten, als Befürworter auch einer ausgeformten aufgabenrechtlichen Komponente des Art. 87 Abs. 1 S. 1 GG verbuchen dürfen. Allenfalls kann angenommen werden, daß mit dem Begriff der „obligatorischen Bundesverwaltung" der Pflichtencharakter dieses Aufgabentyps beiläufig thematisiert werden soll.

b) Stellungnahmen zu „Gemeinwirtschaftlichkeit"
und „Leistungsaufgaben" der Bundeseisenbahnen

Stärker wird der Aufgabencharakter dort herausgearbeitet, wo es — nunmehr speziell für *einen* der vier in Art. 87 Abs. 1 S. 1 GG genannten Verwaltungsbereiche, eben den der Bundeseisenbahnen — um deren Gemeinwirtschaftlichkeit geht oder der Gesichtspunkt der Leistungsaufgaben betont wird. Ausführlich hat sich *Ernst Forsthoff* mit dieser Problematik auseinandergesetzt[133]. Er sieht in der Gemeinwirtschaftlichkeit der DB ein tragendes Prinzip des deutschen Eisenbahnrechts und verpflichtet die Bahn zu einer weitreichenden Bedarfsdeckung. Aller-

---

tungszuständigkeit des Bundes mit der Folge, daß die Länder von vornherein weder eigene Behörden errichten noch Verwaltung ausüben dürfen". Vgl. dort ferner Art. 86 Anm. IV 1, S. 2240 und Vorbem. II 6 zu Art. 83.

[131] *Maunz*, in: Maunz/Dürig, Art. 87 Rdnr. 40 i. V. mit Rdnr. 9; ferner *ders.* (Fn. 4), in: Festschrift für Scupin, 1983, S. 615 ff. (616).

[132] Vgl. die Nachw. bei *Dittmann*, Bundesverwaltung (Fn. 5), S. 160 Fn. 2 und 3 und bei *v. Mangoldt/Klein*, Art. 87 Anm. II 3 Fn. 5, S. 2253; in ersterem Sinne *H. Krüger*, Die „bundeseigene Verwaltung" der Bundeseisenbahnen, DÖV 1949, 467 ff.; *E. R. Huber*, Wirtschaftsverwaltungsrecht, Bd. 1, S. 540 ff.; *Püttner*, Die öffentlichen Unternehmen (Fn. 90), S. 137 f.; ausführlich in jüngerer Zeit *Fromm* (Fn. 4), DVBl. 1982, S. 288 ff., 291 f. mit weit. Nachw. dort Fn. 31 ff.; zum Meinungsstand ferner unter Herausarbeitung auch eines organisationsrechtlichen Gehalts des Art. 87 Abs. 1 S. 1 GG *Ehlers*, Verwaltung in Privatrechtsform, 1984, S. 117 f., bes. Fn. 45—49; jüngst BVerfGE 63, 1 (33 f.).

[133] *Forsthoff*, in: Berkenkopf/Forsthoff, Die gemeinwirtschaftliche Verkehrsbedienung der Deutschen Bundesbahn, 1958, S. 21 ff., bes. 24, 25.

dings bezieht sich Forsthoff nicht auf Art. 87 GG, sondern im einzelnen auf § 4 BBahnG a. F.; demgemäß wird auch nicht zwischen Verfassungspflichten des Bundes einerseits und Gesetzespflichten der DB andererseits getrennt[134]. Diese Auffassung hat später in *Konow* einen entschiedenen Gefolgsmann gefunden, dem es allerdings ebenfalls nicht um eine verfassungsrechtliche Fundierung des Leistungsauftrags geht[135].

Eine engere Verknüpfung des Aufgabengedankens mit dem Text des Art. 87 Abs. 1 S. 1 GG findet sich dann bei *Walter Schmidt*[136]. Unter Rückgriff auf die Verfassungsentwicklung im Verkehrswesen stellt Schmidt fest: „Durch Art. 87 Abs. 1 GG hat das Grundgesetz somit im Unterschied zu der formalen Regelung des Art. 87 Abs. 3 GG dem Bund die oben umrissenen Sachaufgaben und Verantwortungsbereiche der leistenden Verwaltung zugewiesen." Er zieht daraus die Konsequenz, bei Bahn und Post habe das Leistungsangebot im Interesse der Allgemeinheit Vorrang vor ertragswirtschaftlichen Überlegungen; auch unrentable Leistungen seien zu erbringen und ihre Kosten gegebenenfalls dem Steuerzahler aufzuerlegen. Im Anschluß an diese Überlegungen ist der Art. 87 Abs. 1 S. 1 GG als Ausdruck der Unteilbarkeit von Bundeskompetenz und Bundesverantwortung angesehen und auf die Integrations-, Entlastungs- und Schutzwirkungen hingewiesen worden, die der aufgabenrechtlichen Seite dieser Bestimmung zukommen[137].

Die neuere Kommentarliteratur hat den Aufgabencharakter des Art. 87 Abs. 1 S. 1 GG im Grundgedanken übernommen. Er bildet die Basis vor allem dort, wo es um die verfassungsrechtliche Beurteilung von Leistungsreduzierungen bei Bahn und Post geht[138].

---

[134] Zu dieser Trennung erst *Forsthoff/Blümel*, Raumordnungsrecht und Fachplanungsrecht, 1971, S. 96 ff.

[135] *Konow*, Die Eigenwirtschaftlichkeit der Verwaltung, DÖV 1973, S. 78 ff., bes. 82; in ähnlicher Tendenz *Oettle*, Prinzipien der Verkehrspolitik, Zeitschrift für Verkehrspolitik, 1967, S. 133 ff.; ferner von einem eher der Staatslehre entstammenden Ansatz her *H. Krüger*, Marktwirtschaftliche Ordnung und öffentliche Vorhaltung des Verkehrswegs, DB-Schriftenreihe, Heft 16, 1969, S. 15 ff.

[136] *W. Schmidt*, Bundespost und Bundesbahn als Aufgaben der Leistungsverwaltung, NJW 1964, 2390 ff., unter Bezugnahme auf den schon von *G. Jellinek*, Allgemeine Staatslehre, 3. Aufl. 1919, S. 564 f. und *H. Krüger*, Allgemeine Staatslehre, 1. Aufl. 1964, S. 110 f. herausgearbeiteten Pflichtencharakter von Zuständigkeitsnormen.

[137] *Schmidt-Aßmann* (Fn. 4), IzR 1976, S. 175 ff.

[138] *Bross*, in: v. Münch, GG, Art. 87 Rdnr. 3: „Darüber hinaus überträgt er aber dem Bund die Pflicht, diese Aufgaben wahrzunehmen". *Bull*, in: AK/GG, Art. 87 Rdnr. 61: Leistungsaufgaben von Bahn und Post für deren Leistungsangebot und Tarifpolitik; *Seifert/Hömig* (Hrsg.), GG, 2. Aufl. 1985, Art. 87 Rdnr. 2: „Der Bund ist zur Wahrnehmung der in Satz 1 genannten Aufgaben nicht nur berechtigt, sondern grundsätzlich auch verpflichtet". *Maunz*, in: Maunz/Dürig, Art. 87 Rdnr. 40 i. V. 31, der die „Schutzfunktion"

2. Begründung des aufgabenrechtlichen Gehalts

Art. 87 Abs. 1 S. 1 GG hat neben einem zuständigkeitsrechtlichen unzweifelhaft auch einen aufgabenrechtlichen Gehalt. Schon der Wortlaut der Vorschrift, der zur Einordnung der Bundeseisenbahnen unter den Begriff der obligatorischen Bundesverwaltung geführt hat, und der sich textlich hinreichend klar von den Tatbeständen der fakultativen Bundesverwaltung (z. B. Art. 87 Abs. 1 S. 2, Abs. 3; Art. 87 b Abs. 2) absetzt, zeigt das. Bestätigt wird dieser Befund durch historische (a) und genetische Auslegungselemente (b).

a) Historische Entwicklung

Gerade die ältere Verfassungsentwicklung zeigt den aufgabenrechtlichen Gehalt recht deutlich. Das Eisenbahnwesen wurde in der deutschen Verfassungsentwicklung schon früh als ein wichtiges Mittel zur Herstellung einer Reichsstaatlichkeit im aufkommenden Industriezeitalter verstanden. In diesem Sinne ging es dem Art. VI der Reichsverfassung von 1849 weniger um eine separierende Zuständigkeitsregelung als um eine integrierende Aufgabenzuweisung, wenn er dem Reich Gesetzgebungs-, Aufsichts- und eigene Eisenbahnbaukompetenzen zuwies (§§ 28 bis 30), „soweit es der Schutz des Reiches oder das Interesse des allgemeinen Verkehrs erheischt". Die gleiche Tendenz zeigen die auf dem Hintergrund des vorgefundenen Privatbahnsystems zu deutenden Vorschriften der Reichsverfassung von 1871. Auch hier ging es um die Gewinnung und Sicherung eines die Bundesstaaten umgreifenden Verkehrssystems „im Interesse der Verteidigung Deutschlands oder im Interesse des allgemeinen Verkehrs" (Art. 41). Zu diesem Zweck wurden Kooperationspflichten der Eisenbahnverwaltungen (Art. 42—47) und ein (begrenztes) Monopol des Reiches für die Anlage neuer Bahnstrecken eingeräumt.

Ausdrückliche Erwähnung im Verfassungstext findet die aufgabenrechtliche Seite der Eisenbahnkompetenzen in Art. 89 der Reichsverfassung von 1919, wenn es dort heißt:

„Aufgabe des Reiches ist es, die dem allgemeinen Verkehre dienenden Eisenbahnen in sein Eigentum zu übernehmen und als einheitliche Verkehrsanstalt zu verwalten."

---

der Vorschrift jedoch vorrangig organisationsrechtlich versteht und daraus zu weitreichende Konsequenzen zieht; dagegen zutreffend *Ehlers* (Fn. 132), Privatrechtsform, S. 117 Fn. 46. Vom Aufgabengehalt des Art. 87 Abs. 1 S. 1 GG ausgehend auch *Bayer*, Rechtliche Kompetenzen zwischen Bund und Ländern im Verkehrsbereich, WuV 1983, S. 77 ff., 81—86; ferner — allerdings stärker organisationsrechtlich — *Dittmann* (Fn. 5), Bundesverwaltung, S. 85 und 161. Nicht ganz klar, ob den Aufgabengehalt generell oder nur gewisse Konsequenzen ablehnend *Finger* (Fn. 39), Allgemeines Eisenbahngesetz, S. 67.

Und weil es bei der Ausfüllung aufgabenrechtlicher Normen um mehr geht als um räumliche Zuständigkeitstrennungen, sieht Art. 93 WRV Formen der Kooperation zwischen Reich und Ländern vor. Daß mit der Übernahme einer Verantwortung für den allgemeinen Eisenbahnverkehr in den Aufgabenkatalog des Reiches vielfältige Einzelpflichten und finanzielle Lasten verbunden sind, wird dann sehr deutlich im Staatsvertrag über den Übergang der Staatseisenbahnen auf das Reich vom 20. 4. 1920 anerkannt:

— Die Staatseisenbahnen gehen mit allen damit verbundenen Rechten und Pflichten über (§ 1 Abs. 2 S. 1; ferner § 11 StV).

— Die Reichseisenbahnverwaltung wird das ganze Reichsbahnnetz nach gleichen Gesichtspunkten behandeln, dabei auch die verkehrs- und volkswirtschaftlichen Interessen aller Länder „unter Abwägung der verschiedenen Verhältnisse" gleichmäßig berücksichtigen (§ 16 StV).

— Das Reich verpflichtet sich, die von den Ländern begonnenen Bauten fortzuführen, soweit das Bedürfnis in unveränderter Weise fortbesteht und nicht Rücksichten auf die wirtschaftliche Lage der Reichseisenbahnen entgegenstehen (§ 17 StV). Gleiches soll nach dem Schlußprotokoll für die in der Errichtung begriffenen Kraftwagenlinien, soweit sie übernommen worden sind, gelten.

— Das Reich wird den Bau neuer, dem allgemeinen Verkehre dienender Bahnen, den Bau zweiter und weiterer Gleise sowie den Um- und Ausbau der bestehenden Anlagen nach Maßgabe verkehrs- und wirtschaftlicher Bedürfnisse der Länder und der verfügbaren Mittel ausführen (§ 18 StV).

— Das Schlußprotokoll ergänzt das um eine Rücksichtnahmepflicht des Reiches bei der Auswahl der Nebenbahnlinien.

— Rücksichtnahme und Konsultationspflichten des Reiches bei der Tarifpolitik und bei der Festlegung der Baupläne für größere Bauten runden diesen Kreis aufgabenrechtlicher Detailpflichten des Reiches ab (§§ 22, 19 StV).

Wie der Staatsvertrag von 1920 die „Geburtsurkunde" der Reichsbahn genannt werden darf, so können diese Vertragsklauseln, unbeschadet ihres rechtlichen Schicksals im einzelnen, als Elemente angesehen werden, die den historischen Hintergrund eines aufgabenrechtlichen Verständnisses der Eisenbahnkompetenzen mitprägen.

b) Vorstellungen des Grundgesetzes

Vor diesem Hintergrund und vor dem wesentlich ausgefeilteren Regelungszusammenhang der Art. 89—96, 171 WRV nimmt sich Art. 87 Abs. 1 S. 1 GG eher aussagearm aus. Die wortkarge Fassung der Bestimmung darf jedoch nicht darüber hinwegtäuschen, daß mit ihr wichtige Grundlinien des überkommenen Eisenbahnverfassungsrechts rezipiert worden sind. Das zeigen die Vorarbeiten zum Grundgesetz besser als der lapidare Verfassungstext. Im Chiemsee-Entwurf waren die Verwaltungskompetenzen des Bundes im Eisenbahnwesen nicht wie heute in Art. 87 Abs. 1 S. 1 GG in einer einzigen Bestimmung zusammengefaßt, sondern auf zwei Vorschriften aufgeteilt, in denen sich praktisch die oben getroffene Unterscheidung von zuständigkeits- und aufgabenrechtlichem Aussagegehalt wiederfindet:

— *Art. 116 Ch. E.* rechnete die Bundeseisenbahnen zu jenen Bereichen, die in bundeseigener Verwaltung mit eigenem Verwaltungsunterbau zu führen seien. Das war primär zuständigkeitsrechtlich gedacht; und in der Tat werden alle jene Auseinandersetzungen um die Frage, ob man dem Bund noch weitere Bereiche eigener Verwaltung erschließen, und in welcher Form das geschehen solle, im Rahmen des Art. 116 geführt[139].

— *Art. 117 Ch. E.* dagegen hatte eher aufgaben- und organisationsrechtliche Bedeutung. Er bestimmte:

„(1) Die Eisenbahnen des allgemeinen Verkehrs sowie das Post- und Fernmeldewesen werden als einheitliche Verkehrsanstalten des Bundes verwaltet.

(2) Die besonderen wirtschaftlichen und Verkehrsbedürfnisse der Länder sind zu berücksichtigen. Zu diesem Zweck haben die Verwaltungen der Bundesbahn und der Bundespost je einen ständigen Vertreter bei den Landesregierungen zu bestellen. Gehört das Gebiet eines Landes zu mehr als einem Eisenbahndirektionsbezirk, so sind die Einrichtungen der Bundesbahn und der Bundespost in diesem Land auf Antrag unter eine gemeinsame Verwaltungsspitze zu stellen.

(3) Wird die Bundesbahn in eine andere Verwaltungsform als die der Bundesverwaltung übergeführt, so gelten diese Bestimmungen entsprechend."

Interessant ist vor allem die in Abs. 2 statuierte Rücksichtnahmepflicht auf die wirtschaftlichen und Verkehrsbedürfnisse der Länder. Damit wurde erkennbar auf ältere Erfahrungen und Konfliktfelder zwischen Reich und Ländern Bezug genommen, wie sie schon im Staatsvertrag von 1920 bezeichnet worden waren und die auf eine angemessene zentralstaatliche Verkehrsbedienung zielten[140]. In den weiteren Beratun-

---

[139] Dazu *Doemming/Füsslein/Matz*, Entstehungsgeschichte der Artikel des Grundgesetzes, JöR Bd. 1, 1951, S. 644—652.

[140] Zu den Beratungen des Zuständigkeitsausschusses des Parlamentarischen Rates heißt es zusammenfassend (*Doemming/Füsslein/Matz* [Fn. 139], Entstehungsgeschichte, S. 645): „Es wurde darauf hingewiesen, daß die Reichsbahn sich berechtigten Ansprüchen der Länder und Gemeinden früher vielfach verschlossen habe. Die Forderung nach besonderer Berücksichtigung der wirtschaftlichen und Verkehrsbedürfnisse der Länder sei daher in das

gen des Parlamentarischen Rates wurde dann sogar vorgeschlagen, die „Eisenbahnbestimmungen" des Art. 117 noch um zwei weitere Artikel zu ergänzen, von denen sich einer den nicht vom Bunde verwalteten Eisenbahnen widmen sollte. Mit diesem Vorschlag jedoch war das Interesse des Parlamentarischen Rates wohl überzogen worden. Nicht nur die genannten Ergänzungsartikel fanden keine Mehrheit, sondern Art. 117 Ch. E. selbst verfiel plötzlich der Streichung[141]. Unzutreffend wäre es allerdings, diese Streichung als Indiz zu deuten, der Parlamentarische Rat habe den Aufgabencharakter der Eisenbahnbedienung durch den Bund damit aus dem grundgesetzlichen Gesichtskreis herausdrängen wollen. Eher umgekehrt muß davon ausgegangen werden, daß neben der zuständigkeitsrechtlichen sehr wohl auch die aufgabenrechtliche Seite der mit Art. 87 Abs. 1 GG begründeten Bundeskompetenzen gesehen worden ist.

Allerdings darf dabei ein zweiter wichtiger Punkt nicht außer Ansatz gelassen werden: Der Parlamentarische Rat ging bei alledem erkennbar davon aus, daß die Erfüllung der Verkehrsbedienung dem Bund im Ergebnis *Einnahmen* zuführen würde. Das läßt sich den Beratungen der finanzverfassungsrechtlichen Bestimmungen entnehmen. Art. 122 Ch. E. nämlich nennt die „Ablieferungen der Bundesbahn und der Bundespost" unter jenen Quellen an erster Stelle, aus denen der Bund seine Ausgaben bestreiten sollte. So umstritten die Formulierung der Finanzverfassung im übrigen war, so sind doch zu diesem Punkt erkennbar keine Zweifel angemeldet worden[142]. Wenn die Ablieferungen der Verkehrsanstalten, der Bundesbank und der Bundesunternehmen schließlich doch nicht im Grundgesetz erwähnt, sondern auf Vorschlag des Redaktionsausschusses ohne Aussprache gestrichen wurden, so wird man auch daraus nicht negativ folgern dürfen, daß die Wirtschaftlichkeit der Verkehrsanstalten des Bundes den Grundgesetzgeber nicht interessiert hätte. Für die Einnahmequelle der „Ablieferungen" stand vielmehr die Zuordnung zu den Einkünften des Bundes („Erwerbseinkünfte") und eben nicht der Länder so unbestreitbar fest, daß sich die Endfassung des Art. 122 Ch. E. (= Art. 107 GG a. F.) unter Weglassung dieses Punktes auf die schwierigen Fragen der Zwangsabgaben (Zölle, Steuern, Finanzmonopole) konzentrieren konnte[143]. Erstaunlich ist nur, daß der Bund in den folgenden Jahren auf diesen Punkt niemals zurückgekommen ist

---

GG aufzunehmen. Sie begründe jedoch keinen Rechtsanspruch, sondern stelle nur eine Bindung der Verkehrsverwaltung dar".

[141] *Doemming/Füsslein/Matz* (Fn. 139), Entstehungsgeschichte, S. 651: Art. 117 wurde auf Antrag der Abg. Zinn (SPD), Dr. Dehler (FDP) und Dr. v. Mangoldt (CDU) ohne Erörterung gestrichen.

[142] Vgl. dazu *Doemming/Füsslein/Matz* (Fn. 139), Entstehungsgeschichte, S. 748—750, 763 ff., bes. 766, 773, 777 f., 780, 785 f., 789.

[143] Vgl. *Vogel/Walter,* Bonner Kommentar, Art. 106 Rdnr. 6.

und bei späteren Verhandlungen zur Fortentwicklung der bundesstaatlichen Finanzverfassung von den Ländern erkennbar niemals einen Ausgleich dafür verlangt hat, daß sich die Vorstellung von einer einnahmestarken und ablieferungspflichtigen Bundesbahn dauerhaft als Illusion erwies.

3. Zwischenergebnis

Wortlaut und historische Interpretation weisen Art. 87 Abs. 1 S. 1 GG neben einem zuständigkeitsrechtlichen unbestreitbar auch einen aufgabenrechtlichen Gehalt zu: Der Bund kann sich der Materien der obligatorischen Bundesverwaltung weder durch Verzicht noch durch schlichte Einstellung des Leistungsangebots entledigen.

Deutlicher als es heute nach Jahren einer ausschließlich zuständigkeitsrechtlichen Deutung des Art. 87 Abs. 1 S. 1 GG der Fall ist, sind in der älteren Verfassungsentwicklung allerdings auch die Implikationen gesehen worden, zu denen ein reichs- bzw. bundeseigener Betrieb der großen Verkehrsanstalten führen kann. Wenn künftig (wieder) stärker auch auf die *Leistungspflichten* des Bundes im Eisenbahnwesen abgestellt werden soll, dann wird das — ganz anders als bei der zuständigkeitsrechtlichen Auslegung — nicht ohne Rücksicht auf diese Rückbindungen geschehen können. Die aufgabenrechtliche Interpretation von Kompetenznormen weist hier eine deutliche Parallele zum leistungsrechtlichen Verständnis der Grundrechte auf: Hier wie dort können die *Leistungsfähigkeit* der pflichtigen Institutionen und ihre organisatorischen und finanziellen Voraussetzungen nicht außer Ansatz bleiben. In Umfang und Bindungswirkung ist der Aufgabengehalt des Art. 87 Abs. 1 S. 1 GG nicht einfach der unter das umgekehrte Vorzeichen gestellte Zuständigkeitsgehalt, sondern ein aliud, das eigene Interpretationsanforderungen stellt.

B. „Bundeseisenbahn" i. S. Art. 87 Abs. 1 S. 1 GG

Das zeigt sich schon bei der Auslegung des Begriffs der „Bundeseisenbahnen". Art. 87 Abs. 1 S. 1 GG weist dem Bund für den öffentlichen Verkehr keine globale Verwaltungsverantwortung zu, sondern nennt neben der Verwaltung der Bundeswasserstraßen und der Schiffahrt in einem ganz spezifischen Sinne zwei Verkehrsträger, die „Bundeseisenbahn" und die „Bundespost". Bedienungspflichten, die aus Art. 87 Abs. 1 S. 1 GG abgeleitet werden sollen, sind folglich an den begrifflichen Umfang dieser Tatbestandsmerkmale geknüpft[144].

---

[144] Das Spezifische der Verantwortung, mit der es Art. 87 Abs. 1 S. 1 GG zu tun hat, betonen zutreffend *Hamann/Lenz* (Fn. 124), Art. 87 Anm. B 3.

Diesen Umfang zu ermitteln, fällt nicht leicht. Der Begriff der „Bundeseisenbahn" ist von generalklauselartiger Weite[145]. Hier wird ein kompliziertes technisch-ökonomisches System in seiner ganzen Vielschichtigkeit zum Verfassungsbegriff gemacht. Darin weichen die verfassungsrechtlichen Gewährleistungen von Bahn und Post entscheidend von denen der „normalen" Behörden ab, die bei aller Unterschiedlichkeit ihrer Aufgaben im einzelnen, in den Grundzügen der Organisation und in den von ihnen zu erbringenden Leistungstypen der Hoheitsverwaltung eine deutliche Standardisierung aufweisen. Bei Bahn und Post dagegen geht es nicht allein und nicht einmal vorrangig um Hoheitsverwaltungen, sondern um Betriebsverwaltungen mit einem sehr viel breiteren Organisations- und Leistungszuschnitt[146].

I. Besonderheiten der Fragestellung

Will man demgemäß den Begriff der „Bundeseisenbahnen" weiter aufhellen, so muß entsprechend den unter (A) herausgearbeiteten Garantiegehalten des Art. 87 Abs. 1 S. 1 GG genauer unterschieden werden zwischen

— einer *zuständigkeitsrechtlichen* und

— einer *aufgabenrechtlichen* Seite der Begriffsbildung.

1. Zuständigkeitsrechtliche Deutung

In der Literatur wird der Begriff der „Bundeseisenbahnen" üblicherweise aus zuständigkeitsrechtlicher Sicht definiert. Es geht dann um die Frage, welche Tätigkeiten dem Bunde unter dem Kompetenztitel *gestattet* sind.

a) Ausgangspunkt: Art. 73 Nr. 6 GG

Die Fragestellung ist vor allem durch *Art. 73 Nr. 6 GG* vorgegeben. Die Bestimmung verleiht dem Bund die ausschließliche Gesetzgebung für die „Bundeseisenbahnen". Entsprechend dem Aufbau der Art. 70—75 GG sind die Kompetenztitel des Bundes die Ausnahme, die Gesetzgebungszuständigkeit der Bundesländer die Regel. Alles, was der Bund hinsichtlich der Bundeseisenbahnen gesetzlich normieren möchte, bedarf folglich der Rechtfertigung vor dem begrifflichen Umfang dieses

---

[145] So schon *v. Mangoldt/Klein*, Art. 87 Anm. IV 5 c dd (S. 2268) und Art. 73 Anm. XII 2 c (S. 1491) unter Berufung auf Hamann: „Das generalklauselartig festgelegte (*Hamann*, S. 396) Sachgebiet ‚Bundeseisenbahnen' betrifft auch den Bereich der Verkehrswirtschaft, verknüpft diesen jedoch eng mit den Bereichen der Verkehrstechnik, des Verkehrsverhaltens, des Baues und der Unterhaltung von Verkehrswegen und Verkehrsträgern".

[146] Ebenso *Finger* (Fn. 4), DÖV 1985, S. 227 (229).

Kompetenztitels. Hier hat niemals die Frage, was der Bund notwendig tun *muß*, sondern immer nur die Frage, was er tun *darf*, eine Rolle gespielt. Diese Art der Problemstellung hat der Auslegung des Art. 73 Nr. 6 GG eine sozusagen natürliche Tendenz der Ausweitung gegeben. Die Kommentarliteratur untersucht, was der Bund, den begrifflichen Umfang der „Bundeseisenbahnen" bis an eine äußere Grenze vorschiebend, gerade noch (!) regeln darf[147]. In ähnlicher Weise prägt die zuständigkeitsrechtliche Fragestellung die Auslegung, die Art. 73 Nr. 6 GG durch das Bundesverfassungsgericht gefunden hat[148].

b) Übertragung auf Art. 87 Abs. 1 S. 1 GG

Die gleiche zuständigkeitsrechtliche Fragestellung prägt auch die überkommene Auslegung des Art. 87 Abs. 1 S. 1 GG. Das ist zum einen darauf zurückzuführen, daß die zu Art. 73 Nr. 6 GG gefundenen Auslegungsergebnisse gleichsam automatisch auf eben den Begriff der „Bundeseisenbahnen" als Verwaltungsbegriff übertragen werden. Zum anderen weist aber Art. 87 Abs. 1 S. 1 GG, insofern die zuständigkeitsrechtliche Aussage seinen primären Garantiegehalt ausmacht, auch eine eigenständige Ausdehnungstendenz aus. Auch im Rahmen der Art. 84 ff. GG geht es nämlich primär darum, was der Bund gerade noch an Verwaltungstätigkeiten entfalten darf, ohne die Regelaussage der Art. 30 und 83 GG zu verletzen. Auch hier werden dann neben der Befugnis, Eisenbahnanlagen zu errichten, und neben der eigentlichen Betriebsverwaltung auch „weitgehende Befugnisse auf dem Gebiet der Bahnpolizei, sowie Überwachungsaufgaben aus dem Gewerberecht" dem Begriff der Bundeseisenbahnen zugeordnet[149].

---

[147] Vgl. *Maunz*, in: Maunz/Dürig, Art. 73 Rdnr. 89 ff.; *v. Mangoldt/Klein*, Art. 73 Anm. XII 2 b; *v. Münch*, in: v. Münch (Hrsg.), GG, Art. 73 Rdnr. 41: „Bundeseisenbahnen im weitesten Sinne"; *Bothe*, in: AK/GG Art. 73 Rdnr. 17: auch Regelung der Bahnpolizei und der Werbung an Fahrzeugen der DB; *Finger* (Fn. 39), Allgemeines Eisenbahngesetz, S. 65: Betrieb hier „im weitesten Sinne zu verstehen".

[148] Vgl. BVerfGE 26, 338 (375): Die Kompetenzen des Bundes für die Bundeseisenbahnen betreffen also nicht nur die eigentlichen Bundeseisenbahnanlagen; sie erstrecken sich vielmehr auch auf die diese Anlagen kreuzenden Straßenstücke.

[149] Vgl. *Zielfleisch*, Landeshoheit und bundeseigene Verwaltung, Diss. München 1972, S. 78. Gefragt wird zunächst, welchen Tätigkeitskreis die DB bzw. ihre Rechtsvorgängerinnen herkömmlicherweise abgedeckt haben. Aber auch neuere Agenden werden unter der weiteren zuständigkeitsrechtlichen Fragestellung in den Begriff der Bundeseisenbahnen hineingenommen. Vgl. *v. Mangoldt/Klein*, Art. 87 Anm. III 5 c aa (S. 2267): „unter Abs. 1 S. 1 fallen daher auch alle im Rahmen des Ausbaus des Verkehrsnetzes schon vorgenommenen oder noch vorzunehmenden Erweiterungen des Bahnbetriebs". Gerade dieses Zitat belegt die auf „Wachstum" gerichtete Sicht der zuständigkeitsrechtlichen Fragestellung.

2. Aufgabenrechtliche Deutung

Die Auslegungsergebnisse, die unter dem in Literatur und Rechtsprechung dominierenden *zuständigkeits*rechtlichen Aspekt gewonnen worden sind, lassen sich nicht unbesehen auf die *aufgaben*rechtliche Fragestellung übertragen. Das Erkenntnisinteresse ist in letzterem Falle ein grundlegend anderes. Was der Bund im Kontext oder als Annex einer großen und vielgliedrigen Leistungsorganisation im Verhältnis zur Verwaltungshoheit der Länder gerade noch tun *darf*, ist nicht identisch mit jenem Tätigkeitskreis, zu dessen Aufrechterhaltung er durch den Aufgabengehalt des Art. 87 Abs. 1 S. 1 GG verfassungsrechtlich gezwungen werden *soll*. Besonders deutlich wird das bei Hoheitsaufgaben wie der Bahnpolizei oder der Planfeststellung. Daß der Bund befugt sein muß, das Planfeststellungsrecht für Anlagen der DB zu regeln und auszuüben, mag sich aus historischen und funktionalen Gründen verfassungsrechtlich einleuchtend darlegen lassen. Daß ihn die Verfassung aber dazu zwänge, dieses als seine unverzichtbare Aufgabe anzusehen, wird man nicht behaupten können. Zuständigkeitsrechtlicher und aufgabenrechtlicher Begriffsinhalt sind folglich *nicht deckungsgleich*.

Aufgabennorm ist Art. 87 Abs. 1 S. 1 GG insofern, als es um die Aufrechterhaltung eines für den Gesamtstaat unverzichtbaren spezifischen Verkehrssystems geht, aus dessen Betrieb und Finanzierung sich der Bund nicht einfach zurückziehen kann. Demgemäß wird der Verfassungsbegriff der „Bundeseisenbahnen" i. S. des Art. 87 Abs. 1 S. 1 GG *aufgabenrechtlich* danach zu bestimmen sein, welche Organisationsteile für diesen Leistungsauftrag unverzichtbar sind. Man hat es also mit einem gegenüber dem zuständigkeitsrechtlichen Begriff engeren Tatbestandsmerkmal zu tun. Zuständigkeitsrechtlicher und aufgabenrechtlicher Begriff der „Bundeseisenbahnen" verhalten sich wie zwei konzentrierte Kreise, von denen letzterer einen kleineren Radius hat. Insofern mag man auch von einer Kern-Schalen-Vorstellung ausgehen.

a) Kernbereichs-Lehre

Die von *Maunz* gegen eine solche „*Kernbereichslehre*" erhobenen Einwände überzeugen nicht[150]. Die Unterscheidung zwischen einem Begriffskern und umlagernden Zonen verminderter Zuordnungsdichte ist ein dem Verfassungsrecht auch sonst geläufiges Hilfsmittel der Interpretation[151]. Sie erweist sich gerade dort als notwendig, wo ganze Institutionen

---

[150] Vgl. *Maunz* (Fn. 4), in: Festschrift für Scupin, 1983, S. 615 (618 f.); zutreffende Kritik an Maunz bei *Ehlers*, Privatrechtsform (Fn. 132), S. 117 Fn. 46.

[151] So z. B. für die Selbstverwaltungsgarantie des Art. 28 Abs. 2 GG *Maunz*, in: Maunz/Dürig, Art. 28 Rdnr. 53; ausführlich *Blümel*, Wesensgehalt und Schranken des kommunalen Selbstverwaltungsrechts, in: Fest-

oder Großorganisationen begrifflich in die Verfassung rezipiert sind, die fortlaufendem Wandel unterliegen. Hier kann es nie um die Zementierung des im Zeitpunkt der Verfassungsgebung gerade vorgefundenen Status, sondern nur um die Bewahrung eines unverzichtbaren Kerns gehen. Daß die Fixierung desselben Schwierigkeiten machen kann und oft nicht ganz exakt zu leisten ist, ist ein bekanntes Phänomen. Trotzdem wird niemand darauf kommen, die Kernbereichsvorstellung aufzugeben und den verfassungsfesten Garantiebereich künftig mit dem eher zufälligen Zustand einer Institution in einem bestimmten historischen Zeitpunkt zu identifizieren.

Was *aufgabenrechtlich* nicht zu jenem engeren Kreis unverzichtbarer Tätigkeiten der DB gehört, zu dessen Erfüllung der Bund verfassungsrechtlich verpflichtet sein soll, wird *zuständigkeitsrechtlich* noch nicht zu einer terra incognita. Der Bund bleibt befugt, solche Tätigkeiten wahrzunehmen. Tut er das aber nicht, so gilt das, was auch sonst für Aufgaben gilt, die unter Aufbietung aller interpretatorischen Kräfte mittels ungeschriebener Zuständigkeiten dem Bund zwar noch zugerechnet werden können, von ihm aber nicht beansprucht werden: Sie sind, sofern es staatliche Aufgaben sind, nach Art. 30 GG Sache der Länder oder sie bleiben von staatlicher Verantwortung überhaupt frei, weil ein Bedürfnis nach staatlicher Erfüllung letztlich nicht oder nicht mehr besteht[152].

b) Keine Anknüpfung an das Eigentum

Zuständigkeitsrechtlich wird der Begriff der „Bundeseisenbahnen" zuweilen vom *Eigentum* an den Bahnanlagen und Betriebsmitteln her zu bestimmen versucht[153]. Aufgabenrechtlich ist dieses Kriterium da-

---

schrift für v. Unruh, 1984, S. 265 ff.; von „Kernbereichen" i. V. mit dem Schienenverkehr sprechen ausdrücklich *Finger*, Allgemeines Eisenbahngesetz (Fn. 39), S. 66 und *Ehlers*, Privatrechtsform (Fn. 132), S. 117 Fn. 46. In gleichem Sinne unterscheiden *Lerche/Graf von Pestalozza*, Deutsche Bundespost (Fn. 7), z. B. S. 29, 64 zwischen „Begriffskern" und „Begriffshof" des Verfassungsbegriffs *Bundespost*.

[152] Die *aufgabenrechtliche* Fixierung des Begriffs auf einen *Leistungskern* gilt nicht nur für die „Bundeseisenbahnen", sondern wäre ebenso vorzunehmen, wenn untersucht werden müßte, welche der vielfältigen Tätigkeiten, die die Bundespost traditionell und aktuell ausübt, vom Bund verfassungsnotwendig aufrechtzuerhalten wären. Sie gilt aber auch für den typisch behördlich-hierarchisch organisierten „Auswärtigen Dienst" und die „Bundesfinanzverwaltung". Auch hier ist der Bund gewiß nicht verpflichtet, z. B. alle Aktivitäten auswärtiger Kulturpolitik, die er unter dem Kompetenztitel des „Auswärtigen Dienstes" entfaltet hat, als *verfassungsfeste* Aufgaben zu betrachten.

[153] Vgl. *Dittmann*, Bundesverwaltung (Fn. 5), S. 164: „Der in Art. 73 Nr. 6 GG und Art. 87 Abs. 1 S. 1 GG synonym verwandte Begriff der ‚Bundeseisenbahnen' erfaßt sämtliche im Eigentum des Bundes stehende Schienenbahnen des überörtlichen Verkehrs (einschließlich der S-Bahnen), meint also derzeit in erster Linie die Deutsche Bundesbahn".

gegen ungeeignet. Das Bundeseisenbahnvermögen ist eine oft in historischer Sonderentwicklung zusammengetragene Vermögensmasse. Mit jenem Kreis von Betriebsteilen, der für die Aufrechterhaltung des Verkehrsbedienungsauftrags notwendig ist, besteht keine Identität. Historische und funktionale Betrachtung stoßen sich hier. Schon der Staatsvertrag von 1920 hatte jenseits der Schienenbahnen des allgemeinen Verkehrs, auf die sich die gesamtstaatliche Versorgungsverantwortung des Art. 89 WRV bezog, auch andere Vermögensgegenstände mit auf das Reich überführt, die sich aus unterschiedlichen Gründen im Besitze der „Staatseisenbahnen" der Länder befanden. Insofern war der Staatsvertrag von 1920 primär nicht dem Art. 89, sondern dem Art. 171 WRV zugeordnet. Daran hat auch Art. 134 GG nichts geändert. Das Vermögen des Reiches wurde danach grundsätzlich Bundesvermögen. Eine Begrenzung der Vermögensmassen des Bundes auf die für seine Verwaltungsführung unverzichtbaren Bestandteile ist weder durch Art. 134 II GG vorgezeichnet noch durch das Gesetz über die vermögensrechtlichen Verhältnisse der Deutschen Bundesbahn vom 2. 3. 1951 (BGBl. I S. 155) vorgenommen worden. Dem Eigentum an den Bahnanlagen und sonstigen Betriebsgegenständen fehlt folglich die aufgabenrechtlich spezifizierende Selektivität.

c) Zwischenergebnis

Die Elemente, die den aufgabenrechtlichen Begriffskern der „Bundeseisenbahnen" i. S. des Art. 87 Abs. 1 S. 1 GG ausmachen, sind nach alledem zwar unter Rückgriff auf die Grundlagen der tradierten Auslegungsergebnisse, im übrigen aber eigenständig zu bestimmen. Dabei wird wie stets bei der Herausarbeitung des „Kerns" institutioneller Gewährleistungen auf zwei Gesichtspunkte zu achten sein:

— Erstens muß es sich um Elemente handeln, die nach überkommenem Verständnis in einer besonders *festen Zuordnung* zu der betreffenden Institution stehen. Dagegen kann bei Akzidentalia nicht davon ausgegangen werden, daß der Verfassungsgesetzgeber gerade sie zum dauerhaften Pflichtgehalt der Garantie hat aufwerten wollen.

— Zweitens müssen es Elemente sein, die vom *spezifischen Leistungsauftrag* her funktionsprägend sind. Unter der Bezeichnung der „Bundeseisenbahnen" wird dem Bund nämlich nicht ein beliebiges, sondern ein ganz bestimmtes Verkehrssystem zur Pflicht gemacht. Als eine insoweit anknüpfungsfähige Grundaussage gilt: „Eisenbahnen sind alle Schienenbahnen, die dem überörtlichen Personen- und Güterverkehr dienen[154].

---

[154] So *Maunz*, in: Maunz/Dürig, Art. 87 Rdnr. 44; *Finger* (Fn. 4), DÖV 1985, S. 227; ähnlich *Dittmann*, Bundesverwaltung (Fn. 5), S. 164; *Bayer* (Fn. 138), WuV 1983, S. 77 ff. (84).

Danach sind als Elemente, die auch für den aufgabenrechtlichen Gehalt des Art. 87 Abs. 1 S. 1 GG bedeutsam sein können, zu untersuchen:

— die *Überörtlichkeit* der Verkehrsleistungen (II),

— die *Schienengebundenheit* des Verkehrssystems (III).

II. Die „Überörtlichkeit" der Bundeseisenbahnen

Bundeseisenbahnen i. S. des Art. 87 Abs. 1 S. 1 GG sind nur die dem „überörtlichen" Verkehr dienenden Bahnen[155]: „Die Ausrichtung der Eisenbahnen nur auf den überörtlichen Verkehr bedeutet an sich eine klare Trennlinie zu den Unternehmen des öffentlichen Personennahverkehrs, die dem örtlichen Verkehr dienen und ebenfalls Schienenbahnen (Straßenbahnen, Untergrundbahnen) sind[156]. Die Bedienung des „örtlichen" Verkehrs — in der sogleich näher zu erläuternden Fassung dieses Tatbestandsmerkmals — fällt demgemäß schon vom Begriff her nicht in die Verantwortung der Bundeseisenbahnen. Die Forderung, die DB müsse im gesamten *Nahverkehr* überall präsent sein, insbesondere dort, wo eine befriedigende Bedienung durch andere Verkehrsträger nicht gewährleistet sei, findet folglich, wie schon hier deutlich wird, in der Verfassung keine Stütze.

1. Historische Elemente der Begriffsbildung

Die Begrenzung der in der Verantwortung des Bundes bzw. Reiches zu führenden Eisenbahnen auf solche des überörtlichen Verkehrs war bereits durch die WRV vorgezeichnet und geht über sie hinausgreifend auf noch ältere Phasen der Eisenbahnentwicklung zurück[157].

a) Die Verfassungen von 1849 und 1871

Als eine erste Erkenntnis der Geschichte mag es gelten, daß die typisch zentralstaatlichen Interessen und Aufgaben niemals auf das Eisenbahnwesen im Ganzen, sondern immer nur auf jene Teile des Eisenbahnsystems gerichtet waren, die eine *mindestens* über den engeren örtlich-nachbarörtlichen Bereich hinausgehende Verkehrsbedeutung besaßen. Der ältere Sprachgebrauch nennt das den „allgemeinen" Verkehr und versteht darunter in einer ersten durch die Verfassungen von 1849 und

---

[155] Vgl. die Nachw. in Fn. 154; zu den Besonderheiten der S-Bahnen unten unter 3.

[156] *Maunz*, in: Maunz/Dürig, Art. 87 Rdnr. 44 mit anschließendem Hinweis auf die Sonderstellung der S-Bahnen.

[157] Zum folgenden Abschnitt *Kruchen*, in: Haustein, Eisenbahnen (Fn. 1), S. 12 ff.

1871 repräsentierten Phase erkennbar überhaupt nur den großräumigen — man würde nach heutigen Maßstäben sagen regionalen und überregionalen — Eisenbahnverkehr. In eben diesem Sinne sollte bereits Art. VI § 28 der Reichsverfassung von 1849 der Reichsgewalt die Oberaufsicht und das Recht der Gesetzgebung über die Eisenbahnen einräumen, „soweit es der Schutz des Reiches oder das Interesse des allgemeinen Verkehrs erheischt". Neben den wichtigen Interessen der Verteidigung ist es aber der durchgehende Verkehr, der das zentralstaatliche Regelungsbedürfnis ausmacht. Das wurde noch deutlicher in der Reichsverfassung von 1871 angesprochen: Art. 41 gab dem Reich die Befugnis, auch gegen den Widerspruch der betroffenen Bundesstaaten Eisenbahnen vorzusehen, „welche im Interesse der Verteidigung Deutschlands oder im Interesse des gemeinsamen Verkehrs für notwendig erachtet werden". Und Art. 42 verpflichtete die Regierungen der Bundesstaaten, „die deutschen Eisenbahnen im Interesse des allgemeinen Verkehrs wie ein einheitliches Netz zu verwalten"[158].

b) Trennung von Groß- und Kleinbahnen

Erst in der Folgezeit erfuhr der Begriff des „allgemeinen Verkehrs" eine gewisse räumliche Verengung, die vom Eisenbahnverwaltungsrecht der einzelnen Bundesstaaten ausging und von hier aus auf die Begriffsbildung der Reichsverfassung von 1919 ausstrahlte. Das für die Begriffsgeschichte in besonderem Maße prägende preußische Eisenbahnrecht differenzierte in der zweiten Hälfte des 19. Jahrhunderts nämlich mehr und mehr zwischen den bedeutsameren Eisenbahnlinien, die für eine Verstaatlichung interessant waren („Eisenbahnen des allgemeinen Verkehrs"), und den weniger bedeutsamen Linien („Kleinbahnen"), für deren Einstufung die Örtlichkeit der Verkehrsbedienung nicht das alleinige Kriterium, aber doch ein sehr wichtiger Gesichtspunkt war. Diese Entwicklung mündete in das preußische Kleinbahngesetz vom 28. 7. 1892 (GS S. 225) ein, dessen § 1 folgende wichtige Definition enthält:

„Kleinbahnen sind die dem öffentlichen Verkehre dienenden Eisenbahnen, welche wegen ihrer geringen Bedeutung für den allgemeinen Eisenbahnverkehr dem Gesetze über die Eisenbahnunternehmungen vom 3. November 1838 (GS S. 505) nicht unterliegen.

Insbesondere sind Kleinbahnen der Regel nach solche Bahnen, welche hauptsächlich den örtlichen Verkehr innerhalb eines Gemeindebezirks oder benachbarter Gemeindebezirke vermitteln, sowie Bahnen, welche nicht mit Lokomotiven betrieben werden."

---

[158] Zu diesen Bestimmungen *Laband*, Staatsrecht (Fn. 1), S. 109 ff.

Der örtliche und der nachbarliche Verkehr blieben daher aus dem Schlüsselbegriff des „allgemeinen Verkehrs" eindeutig ausgeklammert. Und auch darüber hinaus war nicht jede Bahnlinie, die in der Hauptsache einem über den nachbarörtlichen Bereich hinausgehenden Verkehr diente, als Eisenbahn des allgemeinen Verkehrs anzusehen. Eisenbahnen des allgemeinen Verkehrs waren nach damaligem Sprachgebrauch vielmehr identisch mit „Großbahnen"[159]. Noch weiter geht *Kruchen*, wenn er von „Fernbahnen" spricht und auf die Entsprechung der „Eisenbahnen des allgemeinen Verkehrs" mit den Bundesfernstraßen verweist[160].

Als Kleinbahnen aus dem reichsrechtlich wichtigen Begriff der Eisenbahnen des allgemeinen Verkehrs ausgeklammert waren jedenfalls die nebenbahnähnlichen Kleinbahnen und die Straßenbahnen. Die eisenbahnrechtliche Situation in Preußen stellte sich unmittelbar vor der Neuregelung durch Art. 89 ff., 171 WRV demgemäß folgendermaßen dar[161]:

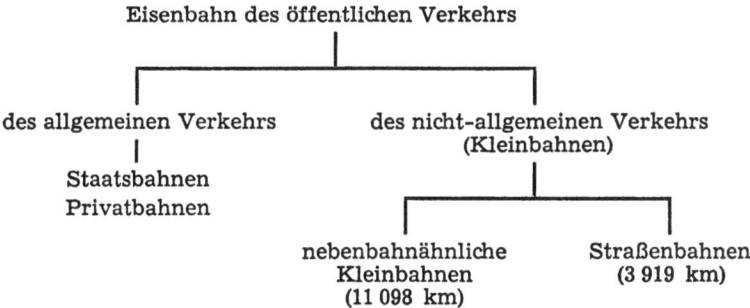

c) Bahnen des „allgemeinen Verkehrs" (Art. 89 WRV)

Die Unterscheidungen des preußischen Rechts aufnehmend, schuf die WRV keine totale, sondern eine nach der Verkehrsbedeutung der einzelnen Linien und Unternehmen differenzierte und damit *beschränkte Verantwortung* des Reiches für die Verkehrsbedienung mit Eisenbahnen des öffentlichen Verkehrs. Art. 89 WRV nannte es eine Aufgabe des

---

[159] Vgl. *Fritsch*, Eisenbahngesetzgebung (Fn. 9), S. 1, 3 Fn. 3.
[160] In: Haustein, Eisenbahnen (Fn. 1), S. 18, dort bes. Fn. 3. Diese Parallelität ist immerhin bereits in Art. VI der Reichsverfassung von 1849 vorgezeichnet, der hinsichtlich der Eisenbahnen (§§ 28—30) und der Landstraßen (§§ 31—32) die Interessen der Reichsgewalt gleichermaßen auf die Bedeutsamkeit für den „allgemeinen Verkehr" festlegte.
[161] Gliederung und Angaben nach *Kruchen*, in: Haustein, Eisenbahnen (Fn. 1), S. 19, 21; zu Zahlenangaben ferner *von der Layen*, in: Stengl/Fleischmann (Hrsg.), Wörterbuch des deutschen Staats- und Verwaltungsrechts, 2. Aufl. 1911, Art. „Eisenbahnen", S. 653 f.

Reiches, „die dem allgemeinen Verkehre dienenden Eisenbahnen" in Reichseigentum zu übernehmen und als einheitliche Verkehrsanstalt zu verwalten. Die nicht dem allgemeinen Verkehr dienenden Eisenbahnen interessierten den Zentralstaat dagegen nur am Rande (vgl. Art. 96 WRV)[162].

Diese Entwicklung des Eisenbahnwesens nach 1919 fügte sich allerdings nicht nahtlos in die Vorgaben des Art. 89 WRV ein. Das, was mit dem Staatsvertrag vom 30. 4. 1920 vollzogen wurde und zur Gründung eines einheitlichen Reichsbahn-Unternehmens führte, war in manchem weniger, in marginalen Punkten aber auch mehr als das, was Art. 89 WRV vorsah. Es war eine Übertragung der „Staatseisenbahnen", für die Art. 171 WRV ersatzweise einen automatischen Übergang auf das Reich zum 1. 4. 1921 vorgesehen hatte[163].

aa) *Weniger* als Art. 89 WRV vorsah, brachte der Staatsvertrag insofern, als er die Privatbahnen, die es auch unter den Bahnen des „allgemeinen Verkehrs" nach wie vor gab, nicht auf das Reich überführte. Dieser Umstand war in Art. 95 WRV allerdings schon vorhergesehen und es war dort für die nicht vom Reich verwalteten Eisenbahnen des allgemeinen Verkehrs eine Reichsaufsicht vorgesehen worden[164]. Noch 1936 gab es private Eisenbahnen des allgemeinen Verkehrs, die ein Schienennetz von ca. 4500 km unterhielten[165]. Das Netz der nebenbahnähnlichen Kleinbahnen, zu denen damals schon nicht mehr die Straßenbahnen gerechnet wurden, belief sich auf 9756,83 km[166].

---

[162] Unter Eisenbahnen des allgemeinen Verkehrs wurden die Eisenbahnen verstanden, deren Verkehr über Ländergrenzen und Länderinteressen hinausgeht — im Gegensatz zur Bedienung des örtlichen und innergebietlichen Verkehrs, der Gegenstand der Landesverwaltung sein sollte; vgl. *Hoff,* Eisenbahnen im Deutschen Reich, in: Handwörterbuch der Staatswissenschaften, 3. Band, 1926, S. 587 ff. (597); *Ottmann,* Albert v. Maybach, in: Männer der deutschen Verwaltung, 1963, S. 181 ff. (188); *Fritsch,* Eisenbahngesetzgebung (Fn. 9), S. 1, 3, 12; *Sarter/Kittel,* Die Deutsche Reichsbahngesellschaft (Fn. 2), S. 48; *dies.,* Die Deutsche Bundesbahn (Fn. 32), S. 263, 266; *Wahl,* in: Haustein, Eisenbahnen (Fn. 1), S. 96.

[163] Durch den Staatsvertrag übertragen wurden die Staatsbahnen von Preußen, Bayern, Sachsen, Württemberg, Baden, Hessen, Mecklenburg-Schwerin, Oldenburg: insgesamt 53 102 km Eisenbahnen, von denen Preußen 31 487 km, Bayern 8 430 km gehörten. Zur organisationsrechtlichen Entwicklung der neuen Reichsbahnen vgl. *Fromm,* 1. Abschnitt A I.

[164] In der 1933 erschienenen 14. Auflage seines Kommentars zur Reichsverfassung bemerkt *Anschütz* zu Art. 89 Anm. 2, das Reich habe die Übernahme der in Art. 89 ebenfalls gemeinten Privateisenbahnen des allgemeinen Verkehrs „noch kaum in Angriff genommen".

[165] Vgl. Statistische Angaben der Eisenbahnen im Deutschen Reiche — Band 57 A — (Berlin 1937), S. 228; *Montada,* Die nichtbundeseigenen Eisenbahnen im Jubiläumsjahr, Die Bundesbahn 1985, S. 279 ff.

[166] Vgl. Statistik der Eisenbahnen im Deutschen Reiche — Band 57 B — (Berlin 1937), S. 162.

bb) *Mehr* an Verantwortung des Reiches, als sie in Art. 89 WRV vorgesehen war, brachte der Staatsvertrag von 1920 insofern, als die auf das Reich überführten Staatsbahnen der Länder nicht ausschließlich dem „allgemeinen Verkehr" gewidmet waren, sondern außer hier nicht interessierenden Nebenbetrieben zuweilen auch lokale und nachbarörtliche Linien bedienten. Beispiele finden sich in Bayern und Sachsen, in deren Eisenbahnrecht die Unterscheidung zwischen Groß- und Kleinbahnen nicht so deutlich ausgeprägt war wie in Preußen[167].

Sieht man von diesen beiden Abweichungen, deren letztere insbesondere nur marginalen Charakter hatte, ab, so war die spezifische *Verantwortung* des Reiches am Begriff der Eisenbahnen des allgemeinen Verkehrs festgemacht. Nur auf diesen Kreis von Eisenbahnen bezog sich auch das (begrenzte) *Eisenbahnmonopol*, das Art. 94 WRV dem Reich einräumte[168]. Zur Frage, welcher Rechtskategorie eine Eisenbahn zuzuordnen war, gaben § 14 des Staatsvertrages von 1920 und § 11 des Reichsbahngesetzes vom 13. 3. 1930 (RGBl. S. 359) dem Reichsverkehrsminister die Entscheidungsbefugnis[169].

2. Begrenzungen im Nahverkehr

Das Grundgesetz hat die differenzierten Regelungen der WRV zwar nicht ausdrücklich übernommen, sondern die Positivierung dem einfachen Recht überlassen. Die begrifflichen Grundlagen jedoch dürfen wegen ihrer verfassungshistorischen Absicherung als prägend auch für das Grundgesetz selbst angesehen werden. Das gilt insbesondere für die aufgabenrechtliche Ausrichtung des Art. 87 Abs. 1 S. 1 GG auf die Eisenbahnen des allgemeinen Verkehrs, die, wie oben (vgl. A II 2 b) dargestellt, durch Art. 117 Ch. E. unmittelbar belegt wird. Auch für das Grundgesetz gibt es folglich keine Pflicht des Bundes, örtlichen oder nachbarörtlichen Schienenverkehr zu betreiben[170].

a) Verwaltung mit eigenem „Verwaltungsunterbau"

Daran ändert auch der Umstand nichts, daß die Bundeseisenbahnen mit „eigenem Verwaltungsunterbau" zu führen sind. Ein eigener Verwaltungsunterbau besteht dort, wo bundeseigene Mittel- und Unterbehörden vorhanden sind[171]. Eine Pflicht zu einer flächendeckenden

---

[167] Dazu *Sarter/Kittel*, Die Deutsche Reichsbahngesellschaft (Fn. 2), S. 42.
[168] Dazu *Badura*, Das Verwaltungsmonopol, 1963, S. 213 f.; ferner *Anschütz*, Verfassung (Fn. 14), Art. 94 Anm. 1.
[169] Dazu *Fritsch*, Eisenbahngesetzgebung (Fn. 9), S. 33 Fn. 58, der die Entscheidung als eine nicht nachprüfbare „reine Ermessensentscheidung" einstuft.
[170] Vgl. zu S-Bahnen unter 3.
[171] *v. Mangoldt/Klein*, Art. 87 Abs. III 4 a; ganz herrschende Meinung.

Eisenbahnbedienung folgt daraus jedoch nicht. Zum einen wird anerkannt, daß auf die Errichtung eines Behördenunterbaus auch in den Materien des Art. 87 Abs. 1 S. 1 GG aus Gründen der Praktikabilität verzichtet werden kann[172]. Auch die obligatorische Bundesverwaltung mit eigenem Unterbau läßt also dem Organisationsermessen des Aufgabenträgers Raum auch zur Reduzierung des Leistungsnetzes.

Zum anderen muß beachtet werden, daß die Vorstellung des eigenen Unterbaus der klassischen „behördlich gegliederten Hoheitsverwaltung" entstammt. Selbst wenn die Organisation der DB sich diesem Bilde anzupassen sucht, so läßt sich ihr Verkehrsnetz mit dem Ordnungsmodell eines dreigliedrigen Behördenaufbaus doch nur sehr eingeschränkt vergleichen. Vor allem kann aus einer Verpflichtung zur Vorhaltung eigener Unterbehörden nicht die Pflicht zu flächendeckender Verkehrsbedienung abgeleitet werden. „Hoheitsverwaltung" und „Verkehrsbedienung im Wettbewerb" sind zwei so unterschiedliche Aufgaben, daß sich dem Tatbestandsmerkmal des „eigenen Verwaltungsunterbaus" allenfalls negativ eine Tendenz der Verfassung entnehmen läßt, mit den Eisenbahnen des Bundes möchte Schienenverkehr nicht nur nationaler oder überregionaler Bedeutung betrieben, sondern ein umfassenderer Leistungsapparat bedient werden. Von einer Grundversorgung dagegen, wie man sie mit dem Begriff des eigenen Verwaltungsunterbaus vielleicht verbinden möchte, kann dagegen keine Rede sein. Dem entspricht es, daß von den ca. 25 000 Gemeinden, die in der Bundesrepublik vor der Gebietsreform bestanden, nur ca. 4300 Gemeinden einen eigenen Bahnhof hatten.

b) Lage des einfachen Rechts

Die Ausklammerung des örtlichen und nachbarörtlichen Verkehrs aus den Aufgaben der Bundeseisenbahnen, die durch die Verfassungsentwicklung vorgezeichnet ist, wird durch das einfache Gesetz bestätigt. Gerade weil das Grundgesetz selbst zum Eisenbahnwesen nur wenige Worte sagt, kann der in Übereinstimmung mit der historischen Entwicklung stehenden Lage des einfachen Rechts ein wichtiges Indiz entnommen werden[173].

---

[172] So ausdrücklich *Maunz*, in: Maunz/Dürig, Art. 87 Rdnr. 40 a i. V. 35; zustimmend *v. Mangoldt/Klein*, Art. 87 Anm. III 1 Fn. 61 (S. 2262).

[173] Unberücksichtigt bleiben darf hier die Begriffsentwicklung, die mit dem PersonenbeförderungsG vom 4. 12. 1934 begann und die zu einer Einbeziehung der nebenbahnähnlichen Kleinbahnen in den Begriff der Eisenbahnen des öffentlichen Verkehrs führte, vgl. dazu *Kruchen*, in: Haustein, Eisenbahnen (Fn. 1), S. 22 ff. Jedenfalls eine Erweiterung des Leistungsauftrages des Bundes wird durch diese Begriffsverschiebung, die die Entgegensetzung von Eisenbahnen und Straßenbahnen in das heutige Recht brachte (vgl. § 1 AEG, § 4 PBefG), nicht bewirkt.

aa) Keine vorrangige Verantwortung des Bundes

(α) Das findet, soweit der *Güterverkehr* in Betracht kommt, seinen Ausdruck darin, daß die Rechtsordnung den Schutz der DB vor dem Wettbewerb von seiten anderer Verkehrsträger in engen Grenzen hält, und zwar mit Billigung des BVerfG, wenn nicht sogar von diesem dazu angehalten. Ein Schutz wird der DB nur für den *Fernverkehr* und auch dort nur insoweit zugebilligt, als es sich um die Beförderung von Gütern handelt, die, wie der Wagenladungsverkehr, durch ihr Verkehrsaufkommen eine wesentliche Rolle spielen. Wo das nicht der Fall ist oder sich die Güter für die Beförderung auf der Schiene nicht eignen, wird ein Schutzbedürfnis verneint[174]. Dementsprechend unterliegt im Straßengüterverkehr nur der *Fernverkehr* Beschränkungen, die diesem Zweck dienen, und zwar einmal in Gestalt der Kontingentierung der Fahrzeuge des Güterfernverkehrs nach § 9 GüKG und zum anderen in dem — freilich praktisch wirkungslosen — Institut der Beförderungsbescheinigung für den Werkfernverkehr nach § 50 GüKG[175]. Auf den *Fernverkehr* beschränkt waren ebenfalls steuerliche Maßnahmen, die vorübergehend galten, nämlich die erhöhte Beförderungssteuer, die sich ausschließlich auf den Werk*fern*verkehr bezog, und die Straßengüterverkehrssteuer, die sich gleichermaßen auf den Güterfernverkehr und den Werkfernverkehr erstreckte[176].

Der *Güternahverkehr* auf der Straße — das ist die Beförderung von Gütern in einem Umkreis von 50 km um den Standort des Kraftfahrzeugs — unterliegt demgegenüber — mit Ausnahme des in der Praxis bedeutungslosen Güterliniennahverkehrs — keinerlei Beschränkungen im Interesse der Eisenbahnen. Dabei verdient Erwähnung, daß die Nahzone gerade in einem Bereich, in dem an die DB besondere Erwartungen geknüpft werden, weiter gezogen ist als im Regelfall. Im Zonenrandgebiet sowie in einem Teil des Landes Schleswig-Holstein kann sie nach § 6 a Abs. 2 GüKG erheblich erweitert werden[177].

(β) Was den *Straßenpersonenverkehr* angeht, ist § 13 Abs. 2 Nr. 2 c PBefG wichtig. Diese Vorschrift begründet im Schienenparallel- und im Schienenersatzverkehr einen gewissen Vorrang der Bedienung durch ein vorhandenes Schienenunternehmen. Ausdrücklich davon ausgenommen und damit dem Zugriff anderer Linienverkehrsunternehmen ausgesetzt werden aber der „Orts- oder Nachbarortslinienverkehr". Mit diesen Begriffen wird praktisch an die alte Unterscheidung zwischen

---

[174] Vgl. BVerwG VRS 62, 149 (151).
[175] Vgl. dazu die Erläuterungen zu den §§ 9, 50 ff. bei *Hein/Eichhoff/Pukall/Krien*, GüKG (Fn. 97).
[176] Vgl. BVerfGE 16, 147 ff. und 38, 61 ff.
[177] Vgl. *Hein/Eichhoff/Pukall/Krien*, GüKG (Fn. 97), § 6 a Anm. 2.

Eisenbahnen des allgemeinen und des nicht-allgemeinen Verkehrs angeknüpft. Orts- und Nachbarortslinienverkehr sind keine traditionellen Reservate der Schiene[178]. Folglich kann auch von einer vorrangigen Verantwortung des Bundes für diese Verkehre nicht die Rede sein. Dabei ist anerkannt, daß Nachbarorte nicht notwendig aneinandergrenzen müssen. So bilden eine Kernstadt und die ihr verkehrsmäßig zugeordneten Umlandgemeinden einen nachbarörtlichen Raum, für den Vorrechte der Schienenverkehrsunternehmen nicht existieren[179]. Der solchermaßen weit zu interpretierende Begriff schränkt damit auch den Aufgabengehalt des Begriffs der Bundeseisenbahnen ein. Auch das ist durch die Entwicklung des Eisenbahnverfassungsrechts praktisch vorgezeichnet. Eine umfassende Nahverkehrsverantwortung des Bundes besteht danach nicht.

bb) Kompetenz der Kommunalkörperschaften

Wenn heute von den Bundesländern und von den sonst auf die Verteidigung ihrer Selbstverwaltung so bedachten Gemeinden ausgerechnet im Nahverkehr eigene Positionen gern geräumt und eine Bedienungspflicht des Bundes angenommen wird, so hat das politische und finanzielle Gründe, die durch die einschlägigen Rechtsvorschriften nicht gedeckt werden. Planung, Gestaltung und Bedienung des Nahverkehrs sind — soweit es um seine Qualifikation als *öffentliche* Aufgabe geht — vorrangig eine *kommunale Aufgabe*[180].

Als eine wichtige normative Bestätigung dieser durch die Entwicklung vorgezeichneten Kompetenzverteilung kann § 1 Abs. 6 S. 2 BBauG angesehen werden. Bei der Bauleitplanung beachtlich sind danach nicht nur die Belange des Verkehrs als solche, sondern „einschließlich einer mit der angestrebten Entwicklung abgestimmten Verkehrsbedienung durch den öffentlichen Personennahverkehr". Hier geht es nicht nur darum, Flächen für Verkehrsstraßen planerisch freizuhalten, sondern um eine die Fragen der Bedienung einschließende Vorrangverantwortung der Gemeinden. Das BBauG könnte die Gemeinden unter raumplanerischen Aspekten nicht in einem so umfassenden Sinne in Pflicht nehmen, wenn ihnen nicht auch für den Sachbereich selbst eine primäre Kompetenz zukäme[181].

---

[178] *Bidinger*, Personenbeförderungsrecht, Lsbl., 23. Lief., B § 13 Anm. 65: „Im Orts- und Nachbarortslinienverkehr sind daher alle Verkehrsträger gleichberechtigt".

[179] *Bidinger*, Personenbeförderungsrecht (Fn. 178), Anm. 68; BVerwGE 30, 257 ff. (264 f.).

[180] *Fromm*, Der öffentliche Personennahverkehr in der kommunalen Verkehrspolitik, in: Festschrift für v. Unruh, 1983, S. 703 ff. mit weit. Nachw.

[181] Vgl. zur Auslegung des § 1 Abs. 6 S. 2 BBauG *Schmidt-Aßmann*, in: Ernst/Zinkahn/Bielenberg, BBauG § 1 Rdnr. 285 ff.; *Zinkahn* dort § 3 Rdnr. 8; *Bielenberg/Söfker* dort § 9 a Rdnr. 18.

B. Verfassungsbegriff der „Bundeseisenbahnen"

cc) Eingrenzungen

Freilich darf die soeben getroffene Aussage nicht mißverstanden werden. Wenn der Bund unter dem Verfassungsbegriff der „Bundeseisenbahnen" nicht verpflichtet wird, Orts- und Nachbarortsverkehr zu betreiben, so heißt das nicht, daß er solche Verkehre nicht gleichwohl nach Maßgabe des einfachen Rechts aufnehmen *dürfte*. Aufgaben- und zuständigkeitsrechtliche Fragestellung sind auch hier auseinanderzuhalten (vgl. oben B I). Die Ausklammerung des Orts- und Nachbarortslinienverkehrs aus dem aufgabenrechtlichen Begriff der Bundeseisenbahnen befreit den Bund auf der anderen Seite nicht von *jeder* Pflicht, im Nahverkehr tätig zu sein. Nachbarortsverkehr und Nahverkehr sind nicht identisch. Der aus eher beiläufigen Gründen auf die 50 km-Zone festgelegte Begriff des Nahverkehrs geht über den nachbarörtlichen Verkehr hinaus. Verfassungsrechtlich läßt sich hier eine exakte Aufgabengrenze nicht ziehen. Man kann nur nach einer „je-desto-Formel" sagen, daß, je deutlicher der Verkehr über den nachbarörtlichen Bereich hinausreicht, er desto stärker zu einem öffentlichen Interesse wird, das (auch) mit den Bundeseisenbahnen zu befriedigen ist.

c) Zwischenergebnis

Verfassungsentwicklung und Gesetzeslage zeigen danach:

— Die institutionsprägende Eisenbahnentwicklung in Deutschland kennt keine umfassende Bedienungsverantwortung des Zentralstaates für den gesamten Schienenverkehr.

— Bahnen, die hauptsächlich dem örtlichen oder nachbarörtlichen Verkehr dienten, fand schon Art. 89 WRV einer Überführung auf das Reich nicht für wert. Dabei ist es im Grundsatz für den Leistungsauftrag auch der Bundesbahn als der Rechtsnachfolgerin der seinerzeit gebildeten Reichsbahn geblieben. Soweit mit den Staatsbahnen einzelner Bundesstaaten auch Eisenbahnen nicht-allgemeinen Verkehrs auf das Reich überkamen, handelte es sich um historische Zufälligkeiten, die den Begriff der „Reichsbahn" nicht prägten.

— Die Ausklammerung der nicht dem allgemeinen Verkehr dienenden Eisenbahnen ist weit zu verstehen. Sieht man einmal von der Sonderentwicklung der S-Bahnen ab (dazu unten sub 3), so ist nicht nur der innerörtliche, sondern auch der nachbarörtliche Schienenverkehr nicht zu den Aufgaben der Bundeseisenbahnen zu zählen.

— Auf der anderen Seite bleibt nicht der gesamte Nahverkehr (50 km-Zone) aus der Bedienungspflicht der Bundeseisenbahnen ausgenommen. Je deutlicher ein Verkehrsbedürfnis über den nachbarörtlichen

Bereich hinausreicht, desto eher sind auch die „Bundeseisenbahnen" schon vom Begriff des Art. 87 Abs. 1 S. 1 GG aufgeboten, dieses Bedürfnis mit zu befriedigen.

3. Besonderheiten des S-Bahn-Verkehrs

Besonderheiten gelten für den S-Bahn-Verkehr. Hier haben eigenständige Entwicklungen stattgefunden, die nicht ohne institutionsprägende Bedeutung geblieben sind.

a) Historische Entwicklung

Schon die Staatseisenbahnen der Länder und — ihnen folgend — die Deutsche Reichsbahn engagierten sich im Vorortverkehr der *Großstädte*. Beispielhaft dafür sind die Stadt-, Ring- und Vorortbahnen in Berlin, deren erstes Teilstück 1882 eröffnet wurde, die Vorortbahnen in Hamburg, die ihren Ursprung in der Hamburg-Altonaer Verbindungsbahn hatten, und die Vorortstrecken in München und Stuttgart.

S-Bahnen dienten verschiedenen Zwecken: — einmal — so insbesondere in Berlin und Hamburg — der Verbindung zwischen verschiedenen Fernbahnhöfen, sodann dem Zubringerverkehr zu den Fernbahnhöfen und schließlich dem Orts- und Nachbarortsverkehr schlechthin. Gerade diese *Zweckvielfalt*, die ihren Schwerpunkt keineswegs in der Befriedigung des örtlichen und nachbarörtlichen Verkehrs hatte, sondern den S-Bahn-Verkehr als Annex auch des überregionalen Verkehrs ausweist, ist für die Frage der Bedienungsverantwortung des Bundes im S-Bahn-Verkehr bedeutsam.

Ein Charakteristikum des technischen Betriebs der S-Bahnen waren schon frühzeitig auch ihre *eigenen,* vom Fernverkehr getrennten Gleisanlagen. Außerdem wurde hier eher als anderwärts mit der Elektrifizierung begonnen — in Hamburg 1908 und in Berlin 1924. Die Bezeichnung „S-Bahn" erhielten die Berliner Stadt-Ring- und Vorortbahnen Ende 1930[182].

Seit Mitte der 60er Jahre kam es dann nicht nur zu wesentlichen Erweiterungen der S-Bahn in Hamburg, sondern darüber hinaus zum Bau neuer S-Bahnen in München (Eröffnung 28. 5. 1972), in Frankfurt (Eröffnung: 28. 5. 1978), in Stuttgart, Köln und im Rhein-Ruhr-Gebiet. Dabei wurde durchwegs auf den bereits bestehenden Vorortstrecken

---

[182] Vgl. dazu im einzelnen *Schreck/Meyer/Strumpf:* S-Bahnen in Deuschland — Planung, Bau, Betrieb —, 1972; *Delvendahl,* Der Ausbau von S-Bahnen in der Bundesrepublik — Erreichtes und Geplantes —, Die Bundesbahn 1972, S. 329; *Endmann,* 50 Jahre S-Bahn-Symbol — Markenzeichen und Qualitätsbegriff —, Die Bundesbahn 1980, S. 863.

B. Verfassungsbegriff der „Bundeseisenbahnen"

aufgebaut[183]. Vorläufer der S-Bahn im Rhein-Ruhr-Gebiet war der „Ruhr-Schnellverkehr", den die Deutsche Reichsbahngesellschaft 1932 eingerichtet hatte[184].

b) Heutige Zuordnung

Daß die S-Bahnen begrifflich den Eisenbahnen zugeordnet werden, ist trotzdem nicht leicht zu erklären. Schon § 3 Abs. 2 PBefG 1934 ließ als Straßenbahnen auch die „auf straßenfreiem Bahnkörper liegenden, dem öffentlichen Personenverkehr innerhalb der Orte oder dem Nachbarortsverkehr dienenden Hoch- und Untergrundbahnen" gelten, und § 4 Abs. 2 PBefG 1961 hat an dieser Begriffsbestimmung im Ergebnis festgehalten. Diese Merkmale erfüllen an sich auch die S-Bahnen. Die §§ 9 Abs. 4 Nr. 4, 10 Abs. 1 Satz 4 EBO, die Gleise, die ausschließlich dem Personennahverkehr der Eisenbahnen in den Verdichtungsgebieten dienen und auf denen Fahrzeuge verkehren, die dafür besonders gebaut sind, als „Stadtschnellbahnen" bezeichnen, stehen dem nicht entgegen[185].

Man wird deshalb nicht fehl gehen mit der Feststellung, daß die schwierige Zuordnung von Stadtschnellbahnen entweder zu den Straßenbahnen oder zu den Eisenbahnen in diesem Grenzfall ausnahmsweise davon abhängt, wer „Sachherr" ist. Da sich sowohl die vormaligen Staatseisenbahnen als auch die Deutsche Reichsbahn und die DB dazu bereit fanden, als Bauherr von S-Bahnen aufzutreten, wird man darin insofern eine Aufgabe auch des Bundes sehen müssen, deren Zuordnung zum Eisenbahnwesen des Bundes sich freilich eher aus einer überkommenen Übung als aus einer einleuchtenden Begrifflichkeit ergibt. Da daneben die Verantwortung der Gemeinden auch für den Schienenpersonenverkehr in der Gestalt des Straßenbahn- und U-Bahn-Verkehrs präsent ist, bildet das Gesamtgebiet eine *Gemengelage,* in der sich atypische Verbundformen besonders häufig finden.

c) Konsequenzen

Die Entwicklung führt zu folgenden Konsequenzen:

— In einzelnen großstädtischen Verdichtungsräumen ist — freilich lockerer als der eigentliche Leistungskern — auch der S-Bahn-Verkehr dem Begriff der „Bundeseisenbahnen" zuzuordnen[186].

---

[183] Vgl. für München *Müller,* Die Bundesbahn 1981, S. 321, für Stuttgart *Lambert/Keckeisen,* Die Bundesbahn 1956, S. 1158 und *Ziller,* Die Bundesbahn 1969, S. 1089.
[184] Dazu *Endmann* (Fn. 182), Die Bundesbahn 1980, S. 864; *Kraft,* Entwicklung des S-Bahn-Verkehrs an der Ruhr, Die Bundesbahn 1984, S. 317 ff.
[185] Vgl. auch *Greif,* PBefG (Fn. 83), § 4 Rdnr. 8, der den Übergang als „flüssig" bezeichnet und bemerkt, eindeutig seien Hoch- und Untergrundbahnen nur von den Fernbahnen zu unterscheiden.

— Da S-Bahnen ursprünglich zum Teil aus anderen Gründen (Verzahnung von Fernbahnhöfen) gebaut und eher beiläufig zu Mitteln des örtlichen und nachbarörtlichen Verkehrs geworden sind, handelt es sich jedoch um *Ausnahmen*, die eng zu handhaben sind.

— Eine *Allein- oder Vorrangverantwortung* des Bundes für den Schienenpersonennahverkehr läßt sich aus der Existenz von S-Bahnen folglich nicht ableiten.

— Einmal *aufgebaute* und von der DB betriebene S-Bahn-Netze kann der Bund gleichwohl nicht einfach aufgeben.

— Dagegen ist der Bund nicht verpflichtet, *weitere* S-Bahn-Netze zu schaffen oder sich in bisher von ihm nicht versorgten großstädtischen Räumen ersatzweise an der *Kostendeckung* anderer Verkehrsträger zu beteiligen[187].

III. Die „Schienengebundenheit" des Eisenbahnbegriffs

Eisenbahnen sind vom Wortlaut her Schienenbahnen (vgl. Art. 73 Nr. 6 i. V. Art. 74 Nr. 23 GG; § 1 Abs. 1 AEG). Die Schienengebundenheit prägt das historische Bild der Eisenbahnunternehmen. Aber auch im aktuellen Leistungsangebot der DB spielt der schienengebundene Verkehr nach wie vor die wichtigste Rolle. Die Schiene ist das Rückgrat des gesamten Verkehrssystems. Auch in der verfassungsrechtlichen Rechtsprechung geht es, wenn der Funktionsfähigkeit der DB der Rang eines überragend wichtigen Gemeinschaftsgutes zuerkannt wird, immer um Belange des Schienenverkehrs[188]. Ebenso bezieht sich die Eisenbahnhoheit, die ein Schlüsselbegriff des überkommenen Eisenbahnrechts ist, grundsätzlich nur auf den Schienenbereich und seine Anlagen[189].

Auf der anderen Seite ist es allgemein anerkannt, daß der Bund aufgrund des Kompetenztitels des Art. 87 Abs. 1 S. 1 GG gewisse nichtschienengebundene Verkehrsleistungen anbieten *darf*. Das wird üblicherweise mit dem Hinweis auf den überkommenen Aufgabenbestand der DB und ihrer Rechtsvorgängerinnen begründet[190]. In der Tat weist die

---

[186] So auch *Maunz*, in: Maunz/Dürig, Art. 87 Rdnr. 44; *Finger*, Allgemeines Eisenbahngesetz (Fn. 39), S. 14.

[187] Vgl. dazu im 3. Abschnitt unter B I 3 b.

[188] Vgl. BVerfGE 11, 168 (184): Schienenparallelverkehr; BVerfGE 16, 147 (169): allg. Schienengebundenheit; BVerfGE 38, 61 (87 ff.); ferner BVerfGE 40, 196 (218 ff.): Wagenladungsverkehr; BVerwGE 64, 70 (72).

[189] Dazu *Fritsch*, Eisenbahngesetzgebung (Fn. 9), S. 9 Anm. 6; *Kruchen*, in: Haustein, Eisenbahnen (Fn. 1), S. 41 ff.; *Badura*, Verwaltungsmonopol (Fn. 68), S. 215 ff.; BVerwGE 25, 277 (278).

[190] Vgl. *Dittmann*, Bundesverwaltung (Fn. 5), S. 164; *Finger*, Allgemeines Eisenbahngesetz (Fn. 39), S. 65; ferner *v. Mangoldt/Klein*, Art. 87 Anm. IV 5 c dd; *Schmidt-Bleibtreu/Klein*, Art. 73 Rdnr. 22.

Leistungssystematik eine nicht geringe Zahl nicht-schienengebundener Verkehrsleistungen auf, die der DB im Laufe ihrer Geschichte zugewachsen sind und die sie heute im wesentlichen unbestritten wahrnimmt. Hierher zählen vor allem die Schiffsdienste, der Speditions- und Kühlverkehr[191] sowie der gesondert zu behandelnde Kraftverkehr. Für aktuelle Fragen der Organisationsänderungen im Bahnbereich sind es zwei Fragen, die gesonderter Untersuchung bedürfen:

— Zum einen geht es darum, inwieweit der Bund durch die Schienengebundenheit der „Bundeseisenbahnen" gehindert wäre, den Schienenverkehr durch andere Verkehrsmittel zu ersetzen (1).

— Zum zweiten ist zu prüfen, inwieweit der Bund dort, wo unter dem Kompetenztitel der Bundeseisenbahnen bisher auch nicht-schienengebundene Verkehrsdienste erbracht werden, diese in eben jenem Umfange aufrechtzuerhalten verpflichtet ist, wie das für den Schienenverkehr gilt (2).

1. Umstellungen der Verkehrsarten

Umstellungen sind zum einen im Blick auf neue Verkehrstechniken (a), zum anderen durch Verlagerungen des Schienenverkehrs auf die Straße denkbar (b).

a) Neue Techniken

Zutreffend wird in der Literatur herausgearbeitet, der Begriff der „Bundeseisenbahnen" sei auch neueren Entwicklungen gegenüber offen[192]. Weit mehr als jene Verwaltungszweige, die bürokratische Behördenleistungen erbringen, ist ein hochtechnisiertes Leistungssystem von der Art der DB auf fortlaufende Anpassung seiner Verkehrstechniken angewiesen, ohne durch die „Schienengebundenheit" des Eisenbahnbegriffs daran gehindert werden zu dürfen. Auf der anderen Seite freilich leuchtet es ein, daß sich unter dem Kompetenztitel der „Bundeseisenbahnen" wohl Anpassungen, nicht aber radikale Umbrüche, mit denen der Bund sich andere Verkehrswege oder Verkehrsarten usurpierte, vollziehen dürfen. Die Frage, inwieweit der Bund auch neue Verkehrstechniken als „Bundeseisenbahnen" i. S. des Art. 87 Abs. 1 S. 1 GG führen darf, läßt sich danach nur differenziert beantworten.

Innerhalb des begrifflichen Rahmens der „Schienenbahnen" bleiben alle Veränderungen, die an die Stelle des Schienenverkehrs konventio-

---
[191] Dazu oben 1. Abschnitt B II 3.
[192] *J. H. Kaiser*, Verkehrsanlagen als Werbeträger, NJW 1976, S. 87 ff.; *Dittmann*, Bundesverwaltung (Fn. 5), S. 164; im Ansatz schon *v. Mangoldt/ Klein*, Art. 87 Anm. IV 5 c aa. Für den Begriff des „Fernmeldewesens" vgl. auch BVerfGE 46, 120 (139—144): Einbeziehung der digitalen Nachrichtenübertragung.

neller Technik andere *spurgeführte Techniken* setzen wollen[193]. Insoweit ist von einer vollen Austauschbarkeit der Verkehrstechniken auszugehen. Unproblematisch ist es ferner, wenn sich die DB neue Leistungsbereiche nicht-schienengebundener Verkehrstechniken nach den Grundsätzen einer Sachzusammenhangskompetenz angliedert. Das mag etwa für neue Umschlagtechniken bedeutsam werden können.

b) Verlagerungen auf den Straßenverkehr

Als zulässig anzusehen sind aber auch schrittweise *Fortentwicklungen vorhandener Ansätze* nicht-schienengebundener Leistungen, deren Zuordnung zu den „Bundeseisenbahnen" nach Maßgabe des oben genannten Traditionsarguments bereits abgeschlossen ist.

aa) Zulässigkeit des Kraftverkehrs

Zu den genannten Materien zählt der Kraftverkehr der DB. Daß der Bund und die DB diese nicht-schienengebundene Verkehrsart unter dem Kompetenztitel des Art. 87 Abs. 1 S. 1 GG betreiben dürfen, wird heute nicht ernstlich in Zweifel gezogen. In Einzelpunkten freilich ist manches streitig. Teilweise wird der Kraftverkehr ohne weitere Differenzierung oder Einschränkung als Gegenstand zulässiger Aktivitäten genannt[194]. Häufiger dagegen wird nur vom Linienverkehr mit Kraftfahrzeugen gesprochen[195]. Zuweilen findet sich eine Begrenzung des Linienverkehrs auf „ergänzende Bahnbuslinien", wobei hervorgehoben wird, daß die Verkehrs- und Tarifaufsicht nicht zum Begriff der Eisenbahnen zähle, sondern Ländersache sei[196]. Für den vorliegenden Untersuchungszusammenhang, in dem es um die Zulässigkeit von Verlagerungen des Bahnverkehrs auf die Straße geht, genügt die Feststellung, daß jedenfalls ein solcherweise „ergänzender" Linienverkehr unter dem Kompetenztitel der Bundeseisenbahnen betrieben werden *darf*.

---

[193] So zutreffend *v. Münch*, in: v. Münch (Hrsg.), GG, Art. 73 Rdnr. 40 für die Einbeziehung von Alweg- oder Magnetbahnen in den Begriff der Schienenbahnen. Vgl. zum einfachen Recht (§ 1 AEG) *Finger*, Allgemeines Eisenbahngesetz (Fn. 39), S. 13.

[194] So *Finger*, Allgemeines Eisenbahngesetz (Fn. 39), S. 65; *ders.* (Fn. 4), DÖV 1985, S. 226 (229); *Dittmann* (Fn. 5), S. 164; Anmerkung *Heinze*, NJW 1955, S. 77 (78).

[195] So *Weber/Haustein*, Rechtsgrundlagen des deutschen und des zwischenstaatlichen Verkehrs, 1956, S. 14; *Püttner*, Die öffentlichen Unternehmen (Fn. 90), S. 238; *Zielfleisch*, Landeshoheit (Fn. 149), S. 86; ferner *Köttgen*, Der Einfluß des Bundes auf die deutsche Verwaltung und die Organisation der bundeseigenen Verwaltung, JöR NF 3, S. 67 (77). Auch BVerwGE 10, 49 (51) bezieht sich nur auf den Linienverkehr.

[196] So *v. Mangoldt/Klein*, Art. 87 Abs. IV 5 c dd; *Maunz*, in: Maunz/Dürig, Art. 87 Rdnr. 45. Aus letzterem Grund will *Wessel*, Der Kraftomnibusverkehr der Bundespost und das Grundgesetz, DVBl. 1957, S. 477 (479) den Kraftverkehr ganz aus den Eisenbahnangelegenheiten herausnehmen.

bb) Speziell: Verlagerungen

Aufgabenrechtlich gesondert zu untersuchen ist allerdings, inwieweit der Bund nach Art. 87 Abs. 1 S. 1 GG gehalten ist, einmal gebaute und betriebene Schienenstrecken als solche weiterhin vorzuhalten und von Verlagerungen des Verkehrs auf die Straße abzusehen. Für eine solche Begrenzung des Organisationsermessens könnten einige *Zweckmäßigkeitsgründe* angeführt werden: Der Schienenverkehr gewährleistet eine höhere Stabilität der Linienbedienung. Er gilt als eine besonders sichere und — bei entsprechender Auslastung — auch als eine umweltfreundliche und energiesparende Verkehrsart. Außerdem dürften manche schienengebundene Verkehrsmittel auch einen höheren Reisekomfort bieten als Busdienste. Diese Gründe reichen aber nicht aus, von einer Verfassungspflicht zur Aufrechterhaltung des schienengebundenen Verkehrs auszugehen. Der Aufgabengehalt des Art. 87 Abs. 1 S. 1 GG, der ohnehin weniger detailliert ausgeformt ist als der Zuständigkeitsgehalt, zielt auf eine Verkehrsbedienung als solche. Techniken und Methoden sind nicht sein Thema. Folglich gibt es auch keine Verfassungspflicht des Bundes, die Vorteile von Schiene und Straße zu „optimieren"[197], gegeneinander abzuwägen und danach in gebundener Entscheidung für das eine oder andere optieren zu müssen. Selbstverständlich wird jeder öffentliche Verkehrsträger solche Erwägungen anstellen. Wer daraus aber eine (kontrollierbare) Verfassungspflicht machen will, verhüllt nur zu schlecht, daß er selbst über Existenz und Rang positiver und negativer Verlagerungseffekte verbindlich entscheiden und auf diese Weise die Verfassung mit Wünschbarkeiten befrachten möchte.

Freilich bleiben Verkehrsverlagerungen von der Schiene auf die Straße eine *Frage des Maßes*: Eine vollständige oder weitreichende Ersetzung der Schiene durch die Straße kommt nicht in Betracht. Die Schiene darf nicht aus ihrer begriffs- und institutionsprägenden Rolle verdrängt werden. Andernfalls läge keine Verwaltungstätigkeit der „Bundeseisenbahnen" mehr vor. Dagegen sperrt nicht die aufgaben-, sondern die zuständigkeitsrechtliche Seite des Art. 87 Abs. 1 S. 1 GG. So wäre eine Umstellung des großräumigen, überregionalen Schienenverkehrs, der den Kern klassischer Eisenbahndienste ausmacht, auf den Straßenverkehr nicht zulässig. Sie widerspräche auch dem traditionellen Bilde deutscher Eisenbahnen. Dagegen sind im Nahverkehr, der ohnehin nur zu einem Teil in die Verantwortung des Bundes als Träger der „Bundeseisenbahnen" gehört, selbst groß angelegte Verlagerungen des Schienenverkehrs auf die Straße zulässig.

---

[197] So aber von einem unklaren Ansatz aus *Rottmann*, Rechtslage der DB (Fn. 5), S. 28 ff.

2. Aufrechterhaltung nicht-schienengebundener Verkehrsleistungen

Eine ganz andere Frage ist es wiederum, ob Art. 87 Abs. 1 S. 1 GG den Bund verpflichtet, vorhandene nicht-schienengebundene Leistungsbereiche dauerhaft aufrechtzuerhalten.

a) Schienenverkehr als Kern

Die Frage ist im Grundsatz zu verneinen. Selbst wenn manche nicht-schienengebundene *Verkehrsleistungen* durch Tradition heute dem Begriff der Bundeseisenbahnen zuzuordnen sind, machen sie nicht dessen Kern aus. Aufgabenrechtlich sind Bundeseisenbahnen „Schienenbahnen". Die Bahn ist zur Aufrechterhaltung nicht-schienengebundener Verkehrsleistungen daher nicht verpflichtet. Schiffsdienste, Kühlverkehr und Speditionsleistungen könnten folglich ohne Verstoß gegen Art. 87 Abs. 1 S. 1 GG aufgegeben werden. Das gilt auch für den Straßengüterverkehr[198].

Ausgelagert werden können erst recht alle diejenigen Tätigkeiten der DB, die der eigenen Bedarfsdeckung, der Personalversorgung und dem Sozialwesen dienen. Selbst wenn manche dieser Tätigkeiten traditionell und funktionell eng mit dem Schienenverkehr zusammenhängen, handelt es sich um ganz anders strukturierte Arbeitsgebiete, die selbstverständlich nicht in den verfassungsrechtlichen Kerngehalt des Art. 87 Abs. 1 S. 1 GG einbezogen sind.

b) Besonderheiten des Bahnbusverkehrs

Speziell für den Omnibusverkehr der DB kann das freilich nur mit Einschränkungen gelten. Vom Wortlaut her zwar läßt sich der Bahnbusverkehr dem Begriff der Bundeseisenbahnen in Art. 87 Abs. 1 S. 1 GG nicht zurechnen. Auch spricht ein Vergleich des Art. 73 Nr. 6 mit Art. 74 Nr. 22 GG („Kraftfahrwesen") eher *gegen* als *für* eine Einbeziehung der Busdienste der DB in den Begriff der Bundeseisenbahnen. Demgemäß hebt *Finger* in seiner jüngsten Untersuchung der vorliegenden Frage nochmals deutlich hervor, daß seines Erachtens nur der Schienenverkehr den Begriff der Bundeseisenbahnen in Art. 87 Abs. 1 GG bestimme[199]. Betrachtet man die Entwicklungsgeschichte des Eisenbahnwesens, so zeigt sich jedoch eine Modifikationsnotwendigkeit dieser Aussage, die in älterer Zeit nur schwach ausgebildet war (aa), in neuerer Zeit jedoch eine erhebliche Intensivierung erfahren hat (bb).

---

[198] Vgl. zur Stellung der DB im Straßengüterverkehr oben im 1. Abschnitt unter B II 2.

[199] *Finger* (Fn. 4), DÖV 1985, S. 226 (229).

B. Verfassungsbegriff der „Bundeseisenbahnen"

aa) Ältere Entwicklung: lockerer Sachzusammenhang

Die Kraftwagenbetriebe der Staatsbahnen bildeten bereits einen eigenen Regelungsgegenstand des Staatsvertrages vom 30. 4. 1920. § 1 Nr. 3 dieses Vertrages bestimmte: „Mit den Eisenbahnen gehen auch ihre Nebenbetriebe, soweit sie nicht schon als Zubehör anzusehen sind, insbesondere die Fähren, die Bodenseedampfschiffahrt, die Häfen und die Kraftwagenbetriebe auf das Reich über. Den Regierungen der Länder bleibt vorbehalten, einzelne solcher Nebenbetriebe von dem Übergang auf das Reich auszuschließen." Damit war nur eine lockere Verbindung der Kraftwagenbetriebe der Staatsbahnen mit dem Begriff der „Eisenbahnen" indiziert. Kraftfahrbetriebe waren „Nebenbetriebe", nicht „Zubehör". Der Vorbehalt in § 1 Nr. 3 S. 2 StV zeigt zugleich, daß an einem Hineinwachsen der Buslinien in den zentralstaatlichen Leistungsauftrag der sich formierenden Reichsbahn kein durchgängiges Verfassungsinteresse bestand. Entsprechend unverbindlich wurde auch bei der Übernahmepraxis verfahren. Von dem Vorbehalt wurde in weitem Umfange Gebrauch gemacht[200]. Folglich war der Kraftomnibusverkehr der Reichsbahn in den ersten Jahrzehnten ihres Bestehens nur schwach ausgebildet. Er stellte auch noch bei Inkrafttreten des Grundgesetzes einen nur schmalen Leistungsbereich dar[201].

Jedenfalls kann man — vom Erfahrungshorizont des Verfassungsgebers aus — den Kraftomnibusverkehr nicht als einen dem Begriff der Bundeseisenbahnen integral zugewachsenen Wortbestandteil ansehen[202]. Nur so läßt sich auch die Verkehrsaufsicht der Länder in diesem Bereich erklären. Vielmehr ist es nur eine *Sachzusammenhangskompetenz*, die dem Bund den Betrieb des Kraftfahrlinienverkehrs als Zubringerverkehr sowie als Schienenersatz- oder Schienenergänzungsverkehr gestattet. Dieser Gesichtspunkt spricht wie die ältere historische Entwicklung überhaupt *gegen* die Einbeziehung der Busdienste der DB in den Leistungsauftrag des Art. 87 Abs. 1 S. 1 GG.

bb) Neuere Entwicklungen

Auf der anderen Seite ist ein Tätigkeitsfeld, das nur mittels Sachzusammenhang dem Begriff der „Bundeseisenbahnen" zugeordnet worden ist, noch nicht notwendig aus dem Aufgabengehalt der Verfassung schlechthin ausgeklammert. Denkbar wäre eine Verdichtung des Zu-

---

[200] Vgl. dazu *Heubel*, Geschichte des Bahnbusverkehrs, Die Bundesbahn 1982, S. 825 ff.; auch schon *Sarter/Kittel*, Die Deutsche Reichsbahngesellschaft (Fn. 2), S. 28.
[201] Dazu die Darstellung im 1. Abschnitt B II 1 b.
[202] Anders aber Maunz (Fn. 4), in: Festschrift für Scupin, 1983, S. 615 ff. (620): Einbeziehung der den Schienenverkehr ergänzenden Bahnbuslinien in den Begriff der Eisenbahnen, soweit es um den Betrieb der Linien geht,

sammenhangs, die — durch tatsächliche Entwicklungen bewirkt — auch rechtliche Konsequenzen haben könnte[203].

— Verkehrsumstellungen

Der noch bei Inkrafttreten des Grundgesetzes schmale Bereich hat sich in der Zwischenzeit zu einem großen und gewichtigen Leistungssektor der DB entwickelt. Auch in ihren aufgabenrechtlichen Gehalten ist die Verfassung nicht auf die Vorstellung des historischen Gesetzgebers begrenzt. Heute ist der Omnibusverkehr für das Leistungsbild der DB jedenfalls wesentlich. Dieses gilt um so mehr, als sich in den letzten Jahren zahlreiche Buslinien der DB durch Verkehrsumstellungen von der Schiene auf die Straße ergeben haben. Von seinen auf den Schienenverkehr bezogenen Aufgaben kann sich der Bund aber nicht dadurch trennen, daß er den Schienenverkehr auf Straßenverkehr umstellt.

— Überleitung des Postreisedienstes

Eine Intensivierung hat die Verantwortung der DB für den Omnibusverkehr durch die Überleitung des Postreisedienstes erfahren, die aufgrund des Beschlusses der Bundesregierung vom 1. 7. 1981 eingeleitet wurde[204]. Stärker als bei der Bahn stellt der Straßenpersonenverkehr für die *Post* einen schon traditionell bedeutsamen Aufgabenbereich dar. Das fand seinen Ausdruck bereits in § 6 der Verordnung, betreffend Kraftfahrzeuglinien vom 24. 1. 1919 (RGBl. S. 97), der jedenfalls seinem Inhalt nach so zu verstehen war, daß der Genehmigungszwang auf die Reichspost keine Anwendung fand[205]. Hieran hielt der Gesetzgeber auch beim Erlaß des Kraftfahrliniengesetzes vom 26. 8. 1925 (RGBl. I S. 319) und — später — bei der Überlandverkehrsordnung vom 6. 10. 1931 (RGBl. I S. 537) fest, als er Personenkraftfahrlinien der Deutschen Reichspost lediglich einem Anzeigeverfahren unterwarf[206].

Diese der Deutschen Reichspost eingeräumte Sonderstellung war zwar keineswegs unbestritten[207]. Indessen schloß sich der Auffassung des Reichsministers der Justiz, der in der Personenbeförderung „ein Recht und eine Aufgabe der Post" sah[208], auch die Rechtsprechung an[209]. Im

---

[203] Zur Stellung der DB als Verkehrsträger im Straßenpersonenverkehr nach Maßgabe des einfachen Rechts vgl. oben im 1. Abschnitt unter B II 1 c.
[204] Vgl. dazu *Stertkamp* (Fn. 75), Die Bundesbahn 1981, S. 703 ff.
[205] Vgl. OLG Frankfurt am Main, Beschluß vom 7. 2. 1924, Recht des Kraftfahrers (RdK) 1931, 302.
[206] Vgl. *Hein*, Der Überlandverkehr mit Kraftfahrzeugen, 1935, S. 22, 148 ff.
[207] Vgl. in diesem Zusammenhang noch den vom Verband Deutscher Verkehrsverwaltungen e. V. dem Reichsverkehrsminister unter dem 24. 6. 1930 unterbreiteten Entwurf eines Reichskraftwagenliniengesetzes nebst Begründung.

Schrifttum wird von einem „klassischen" Tätigkeitsbereich gesprochen, der zum verfassungsfesten Aufgabenbestand der Deutschen Bundespost gehört[210].

Dem entspricht die tatsächliche Entwicklung. Schon 1928 verfügte die *Deutsche Reichspost* über ein Liniennetz von 37 172 km und beförderte 68,8 Mio Personen (geleistete Pkm 619,6 Mio). Im Jahr 1950 belief sich das Liniennetz bereits wieder auf 36 238 km — das waren 11 v. H. aller vorhandenen Buslinien — und es wurden 133,8 Mio Personen — 16 v. H. aller Fahrgäste — befördert. 1974 schließlich hatte das Netz eine Ausdehnung von 64 000 km, und es wurden 425 Mio Personen befördert. Dabei ist im Laufe der Zeit die Verbindung von Postsachen- und Personenbeförderung immer mehr in den Hintergrund getreten.

Die Kraftfahrlinien der Deutschen Reichspost und ebenso später der Deutschen Bundespost waren allerdings im wesentlichen immer *Überlandlinien*. Ihr Schwergewicht lag mithin zu keiner Zeit im Orts- und Nachbarortslinienverkehr[211]. Durch die Überleitung des Postreisedienstes wird die DB also zu keiner *orts*intensiveren Verkehrsbedienung veranlaßt, als das auch ihrem eigenen Leistungsauftrag entspricht.

cc) Zwischenergebnis

Der Busverkehr ist zwar nicht in den Begriff der Bundeseisenbahnen hineingewachsen, er ist mit ihm jedoch in einigen Punkten in der neueren Entwicklung (Schienenersatzverkehr, Übernahme des Postreisedienstes) eine so enge Verbindung eingegangen, daß er aufgabenrechtlich nicht beliebig abgetrennt werden kann. Folglich ist es dem Bund verwehrt, sich von bestehenden Leistungsangeboten hier mit der gleichen Leichtigkeit zu trennen, wie ihm das für die *anderen* nicht-schienengebundenen Verkehrsbereiche gestattet ist (vgl. zu a). Selbstverständlich besteht eine Leistungspflicht im Busverkehr nur dort, wo es um mehr als nur örtlichen und nachbarörtlichen Verkehr geht (vgl. dazu unter II). Soweit das der Fall ist, erreicht die Pflicht für den Busverkehr die Dichte der Pflicht für den Schienenverkehr zwar nicht; doch ist ein Rückzug, mit dem dieser Leistungszweig faktisch ganz oder zu großen Teilen aufgegeben würde, verfassungsrechtlich verwehrt[212].

---

[208] Zitiert nach: Gedanken zum Kraftomnibusverkehr, herausgegeben vom Bundesministerium für das Post- und Fernmeldewesen, 1952, S. 30.
[209] Vgl. RGZ 119, 435; OLG Frankfurt am Main (Fn. 205).
[210] So *Ossenbühl*, Deutsche Bundespost (Fn. 7), S. 17 f.; *Badura*, BK, Art. 73 Nr. 7 Rdnr. 6. Schon das BVerwG sprach in der Entscheidung vom 4. 12. 1959, DÖV 1960, S. 875 (876) von einer „auf langjähriger Entwicklung beruhenden Bedeutung von Post und Bahn auch im Omnibusverkehr".
[211] Vgl. Gedanken zum Kraftomnibusverkehr (Fn. 208), S. 10, 35.
[212] Vgl. auch *Bayer* (Fn. 38), WuV 1983, S. 77 (83—85). Zu weiteren Ein-

C. Wirtschaftlichkeit und Verkehrsbedürfnis beim Betrieb der Bundeseisenbahnen

Art. 87 Abs. 1 S. 1 GG nennt keine *Grenzen* des Leistungsauftrages der Bundesverwaltung. Das hat zu dem Mißverständnis geführt, der Bund habe diese Leistungen ohne Rücksicht auf Bedürfnis, Kosten und Wirtschaftlichkeit anzubieten[213]. Die Ansicht ist falsch. Der Bund unterfällt mit *allen* seinen Verwaltungen und so auch mit dem Betrieb der DB zum einen dem allgemeinen Wirtschaftlichkeitsprinzip (I). Zum anderen ist das speziell dem Eisenbahnrecht immanente „Verkehrsbedürfnis" als Grenze jeder Anbietungspflicht beachtlich (II).

I. Das verfassungsrechtliche Wirtschaftlichkeitsgebot

Auch staatliches Entscheiden ist an den Grundsatz der Wirtschaftlichkeit gebunden. Das gilt für die parlamentarische Haushaltsaufstellung wie für die exekutivische Haushaltsausführung gleichermaßen. § 6 HGrG (§ 7 BHO) formuliert damit einen Grundsatz traditionellen deutschen Haushaltsrechts, der über den engeren Bereich der Haushaltskontrolle hinaus (Art. 114 Abs. 2 S. 1 GG) heute als verfassungskonkretisierendes Gesetzesrecht angesehen werden kann[214].

Sein verpflichtender Charakter determiniert damit auch die Ausstattung und Führung der Agenden bundeseigener Verwaltung nach Art. 87 Abs. 1 S. 1 GG. Daß es sich dabei um Materien der obligatorischen Bundesverwaltung handelt, macht davon keine Ausnahme; denn es geht bei der Bindung an den verfassungsrechtlichen Wirtschaftlichkeitsgrundsatz nicht um das *Ob* der Verwaltungstätigkeit, sondern um das *Wie* des Verwaltungszuschnitts[215]. Obligatorische Bundesverwaltung heißt nicht Garantie eines status quo der überkommenen Aufgabenorganisation. Auch ein rechtsstaatlich so unverzichtbares Institut wie z. B. die allgemeine Justizgewährungspflicht hindert den Staat nicht an einer Reform der Gerichtsorganisation und an einer Zusammenlegung von Gerichten. Nichts anderes kann für die Verwaltungsagenden des Art. 87

---

schränkungen, z. B. Streckenstillegungen aus Gründen mangelnder Verkehrsbedürfnisse, vgl. aber unter C. Zur *Organisation der Busdienste* in Regionalgesellschaften vgl. 3. Abschnitt unter A III 2 b.

[213] So durchgängig *Rottmann*, Rechtslage der DB (Fn. 5), bes. S. 7 ff.

[214] Vgl. *Fischer-Menshausen*, in: v. Münch, GG, Art. 110 Rdnr. 7 und Art. 114 Rdnr. 18; *Maunz*, in: Maunz/Dürig, Art. 110 Rdnr. 46; *Stern*, Staatsrecht Bd. 2 (Fn. 5), S. 1206 und 1251 f.

[215] Diese Ausführungen gelten unbeschadet des § 35 BbG; denn sie beziehen sich auf die Haushaltsführung des *Bundes* selbst, nicht der *DB*. Zur Geltung bestimmter Grundsätze ordnungsgemäßer Wirtschaftsführung des HGrG und der BHO auch für die DB vgl. *Finger*, Allgemeines Eisenbahngesetz (Fn. 39), S. 212 f.

C. Bedeutung von Wirtschaftlichkeit und Verkehrsbedürfnis

Abs. 1 S. 1 GG gelten. Hier wie dort ist das Wirtschaftlichkeitsprinzip ein allem staatlichen Wirken immanenter Grundsatz, der nicht vergessen läßt, „daß der Staat immer Haushalter mit fremdem Gute ist"[216].

Das Wirtschaftlichkeitsgebot verpflichtet den Staat, „auf ein angemessenes Verhältnis zwischen öffentlichem Mitteleinsatz und sozialem Nutzen hinzuwirken"[217]. Dazu gehört auch, daß zunächst einmal die jeweilige Zwecksetzung einleuchtend ist, „auch insoweit ihr eine Priorität gegenüber anderen Zwecken eingeräumt wird, die infolge der Begrenztheit der staatlichen Mittel nunmehr zurücktreten müssen"[218]. Auch die Verfassungspflicht, einen bestimmten Kreis von Verwaltungsaufgaben seitens des Bundes wahrzunehmen, heißt also nicht, ohne Rücksicht auf Kosten und Nutzen Verwaltungsleistungen anzubieten, sondern ist ihrerseits an das verfassungsrechtliche Wirtschaftlichkeitsgebot rückgebunden. Der rechte Ausgleich zwischen Verwaltungspflicht und Wirtschaftlichkeitspflicht ist zu allererst ein Problem der Verfassungsebene. Die Verwaltungstätigkeiten des Bundes im Bereich der „Bundeseisenbahnen" i. S. Art. 87 Abs. 1 S. 1 GG machen davon keine Ausnahme. Der Bund beansprucht, wenn er sich über die Wirtschaftlichkeit der DB Gedanken macht, folglich keine Sonderposition. Er tut vielmehr das, wozu er — wie jeder andere staatliche Aufgabenträger — berechtigt und verpflichtet ist, nämlich seine Haushalts- und Organisationsentscheidungen am Maßstab des Wirtschaftlichkeitsgebots zu orientieren[219].

Darüber hinaus darf noch einmal an die Verfassungsgeschichte erinnert werden: Art. 87 Abs. 1 S. 1 GG nennt mit der „Bundespost" und den „Bundeseisenbahnen" zwei Bereiche, die nach den ursprünglichen Vorstellungen im Parlamentarischen Rat einen *Überschuß* erwirtschaften und ihn an den Bundeshaushalt abführen sollten[220]. Wenn sich die Erwartung bei der DB in der Folgezeit nicht nur nicht erfüllte, sondern in ihr Gegenteil verkehrte, der Bund aber gleichwohl bei der Neugestaltung der föderalen Finanzverfassung in diesem Punkte keinen Ausgleich verlangte, so wird man ihn um so eher für legitimiert und verpflichtet halten müssen, in dem solchermaßen defizitären Verwaltungsbereich mindestens auf eine strenge Einhaltung des Wirtschaftlichkeitsprinzips zu achten. Allen Postulaten, der Bund solle gerade bei der DB ohne Rücksicht auf die Kosten wegen einer sog. Gemeinnützigkeits-

---
[216] So zutreffend *Stern*, Staatsrecht Bd. 2 (Fn. 5), S. 1251 unter Bezugnahme auf ein Wort K. S. Zachariäs.
[217] *Fischer-Menshausen*, in: v. Münch, GG, Art. 114 Rdnr. 18.
[218] So *Vogel/Kirchhof*, BK, Art. 114 Rdnr. 92.
[219] So auch *Lange*, Verkehr und öffentliches Recht, 1974, der auf den Gesichtspunkt der Schonung des Bundeshaushalts aufmerksam macht, aaO, S. 112 und *Bayer* (Fn. 138), WuV 1983, S. 77 ff. (83 ff.).
[220] Vgl. oben A II 2 b.

bindung nur darauflosverwalten[221], gehen folglich an den verfassungsrechtlichen Determinanten jedes Leistungsauftrages des Bundes vorbei.

II. Das Verkehrsbedürfnis

Als eine besondere Ausprägung des Wirtschaftlichkeitsgrundsatzes hat das „Verkehrsbedürfnis" zu gelten. Dieses Kriterium stellt die für Betriebsverwaltungen vorgegebene und notwendige Verknüpfung mit dem Markt her, dessen Interessenbefriedigung die Leistungen dieser Verwaltung dienen sollen. Auf diese Weise konkretisiert es die Nutzenseite des Wirtschaftlichkeitsgrundsatzes.

Das Verkehrsbedürfnis ist ein überkommener Begriff des Eisenbahnrechts, der im Grunde schon in den „Eisenbahnen des allgemeinen Verkehrs" angelegt ist, insofern die durch das Verkehrsbedürfnis konstituierte Verkehrsbedeutung einer Bahn zum Kriterium dieser Kategorie gemacht wurde und über Art. 89 WRV Eingang in das Verfassungsrecht der Reichsbahnen fand. Dem korrespondierte die Verpflichtung des Art. 92 WRV, die Reichsbahnen als selbständiges wirtschaftliches Unternehmen zu verwalten, „das seine Ausgaben einschließlich Verzinsung und Tilgung der Eisenbahnschuld selbst zu bestreiten und eine Eisenbahnrücklage anzusammeln hat". Die hier normierten Grundsätze der Wirtschaftsführung sind ohne eine Ausrichtung des Leistungsangebots der Bahn am Verkehrsbedürfnis nicht denkbar.

Speziell im Blick auf den *Ausbau des Streckennetzes* nahm § 17 des Staatsvertrages von 1920 auf das Verkehrsbedürfnis Bezug, wenn er das Reich zur Fortsetzung begonnener Bauten nur verpflichtete, „soweit das Bedürfnis in unveränderter Weise fortbesteht", und Neu- und Ausbauten nur nach Maßgabe der Verkehrs- und wirtschaftlichen Bedürfnisse der Länder und der verfügbaren Mittel (!) vorsah.

Zusammenfassend nannte es dann § 9 RBahnG von 1930 einen Teil der Betriebspflicht der Reichsbahn-Gesellschaft, „die Reichsbahnanlagen nebst den Betriebsmitteln und dem sonstigen Zubehör auf ihre Kosten nach den Bedürfnissen des Verkehrs sowie nach dem jeweiligen Stande der Technik gut zu unterhalten, zu erneuern und weiterzuentwickeln". Daß damit nicht nur die Expansion des Betriebs, sondern ganz allgemein eine Orientierung der Betriebsentwicklung an den Verkehrsbedürfnissen gemeint war, zeigte § 31 Nr. 3 lit. a RBahnG, der sehr wohl auch Stillegungsentscheidungen kannte und für sie die Genehmigung der Reichsregierung vorschrieb[222].

---

[221] Exzessiv in diesem Sinne *Rottmann*, Rechtslage der DB (Fn. 5), S. 1 ff., 24 ff.; ferner *Haar*, Der gemeinwirtschaftliche Auftrag der Deutschen Bundesbahn, ZögU 1982, S. 151 ff.; dagegen zutreffend *Finger* (Fn. 4), DÖV 1985, S. 226 (229).

III. Konsequenzen für den Leistungsauftrag des Art. 87 Abs. 1 GG

Das verfassungsrechtliche Wirtschaftlichkeitsgebot und das Verkehrsbedürfnis sind so elementar mit dem Betrieb von Eisenbahnen verbunden, daß sie als Essentialia der in Art. 87 Abs. 1 S. 1 GG angelegten Verkehrsbedienungspflicht des Bundes anzusehen sind. Diese Verankerung auf der Verfassungsebene ist wichtig. Die Ausrichtung des Leistungsauftrags an diesen Fixpunkten ist nicht erst ein Problem zwischen dem zur Verkehrsbedienung verpflichteten Zentralstaat einerseits und einer ihm gegenüber mehr oder weniger verselbständigten Unternehmensorganisation andererseits und damit primär auch nicht ein Thema des einfachen Gesetzesrechts oder der zweckmäßigen Aufteilung von Entscheidungskompetenzen[223], sondern eine Frage des *Verfassungsrechts*. Es geht um Elemente der grundgesetzlichen Leistungspflicht selbst. Jenseits des Rationalprinzips der Wirtschaftlichkeit und jenseits eines erkennbaren Verkehrsbedürfnisses besteht schon für den *Bund* keine Verpflichtung, die als „Bundeseisenbahnen" i. S. des Art. 87 Abs. 1 S. 1 GG bezeichneten Verwaltungsleistungen vorzuhalten.

Diese verfassungsimmanente Schranke der Verkehrsbedienungspflicht wird übersehen, wenn die Fragen der Wirtschaftlichkeit und des Verkehrsbedürfnisses erst auf der Ebene des einfachen Rechts ins Spiel gebracht werden.

Auf dem Boden eines solchen Mißverständnisses läßt sich dann trefflich z. B. eine verabsolutierte Verwaltungspflicht des Art. 87 Abs. 1 S. 1 GG gegen die Grundsätze der Wirtschaftsführung nach § 28 BbG ausspielen[224]. Allen Bestrebungen, die DB den geänderten Bedingungen anzupassen, wird dann gern eine „Gemeinnützigkeitsbindung" entgegengesetzt, die erkennbar aus Art. 87 Abs. 1 S. 1 GG abgeleitet werden soll. Soweit damit gesagt werden soll, daß staatliches Verwalten öffentlichen

---

[222] Eine besondere Ausprägung hat das Verkehrsbedürfnis im Planfeststellungsrecht für Bahnanlagen (§ 36 BbG) gefunden. Es dient hier — wie bei anderen Verkehrsanlagen auch (vgl. BVerwG NJW 1979, 64 ff., 66; ferner *Fromm*, Die Bad Dürkheimer Gondelbahn, UPR 1983, S. 46 ff.; *Badura* und *Schmidt-Aßmann*, Hafenentwicklung in Hamburg, S. 54, 57, 60 f., 116 f. mit weit. Nachw.) — zur planerischen Rechtfertigung der durch den Bau und Betrieb der Verkehrsanlagen bewirkten Eigentumsbeeinträchtigungen. Für die Fragen eines neuen DB-Konzepts ist dieser Aspekt nur ein Nebenpunkt. Wenn es jedoch um die Aufrechterhaltung oder Stillegung einer einzelnen Strecke geht, gewinnt die eingriffslegitimierende Funktion des Verkehrsbedürfnisses konkrete Bedeutsamkeit: Die Aufrechterhaltung der Verkehrsbedienung mit ihren Immissionen für die Anlieger der Bahnstrecke läßt sich planerisch-eigentumsrechtlich nicht mehr legitimieren, wenn ein Verkehrsbedürfnis nicht mehr vorhanden ist.

[223] Vgl. dazu unten 3. Abschnitt A II 3 c.

[224] Ein extremes Beispiel für ein solches Argumentieren bietet *Rottmann*, Rechtslage der DB (Fn. 5), pass.; vgl. ferner — freilich ohne Bezugnahme auf das Verfassungsrecht — *Haar* (Fn. 221), ZögU 1982, S. 151 ff.

Zwecken verpflichtet und insofern „gemeinnützig" ist, wird mit dieser Erkenntnis kaum Neues geboten. Sofern aber eine sozusagen „reine" Verwaltungspflicht ohne Rücksicht auf Nutzen, Kosten und Bedürfnis postuliert werden soll, geht die Aussage an den verfassungsimmanenten Grenzen jeden staatlichen Verwaltens vorbei: Gemeinnützigkeit verpflichtet nicht zu einem Verwalten ohne Rücksicht auf Kosten, Nutzen und Bedürfnis. Folglich sind auch eine „bedarfsbefriedigende" und eine „flächendeckende" Verkehrsbedienung nicht identisch. Art. 87 Abs. 1 S. 1 GG wird mißverstanden, wenn man in ihm, was Schienennetz und Betriebsumfang der DB anbelangt, die Gewährleistung eines — noch dazu fälschlich ausgeweiteten — status quo sieht: Weder der Bund noch die DB und ihre Rechtsvorgängerinnen haben je „flächendeckende" Verkehrsbedienung betrieben. Und schon gar nicht läßt sich „flächendeckend" als Garantie des überkommenen Streckennetzes mißdeuten.

Wirtschaftlichkeitsmaßstäbe und Verkehrsbedürfnis sind keine festen Größen, sondern ständigem Wandel unterworfen. Das gilt insbesondere, wenn sie wie hier als verfassungsrechtliche Begriffe verwandt und damit aus dem überschaubaren Bezugsrahmen verwaltungsrechtlicher Einzelmaßnahmen herausgenommen werden[225]. Besonders deutlich läßt sich das am Verkehrsbedürfnis zeigen, das maßgeblich von der strukturellen und konjunkturellen Entwicklung der Volkswirtschaft bestimmt wird. Dazu treten raum- und siedlungsstrukturelle Vorgaben und Ziele. In einen noch größeren Rahmen werden diese Faktoren gestellt, wenn man ihre Verflechtung mit der Umwelt-, Energie- und Verteidigungspolitik herausarbeitet. Das Verkehrsbedürfnis erhält so mehrere Schichten: neben dem aktuellen Verkehrsbedürfnis i. S. einer nachweisbaren Nachfrage nach Verkehrsleistungen erscheint ein potentielles Verkehrsbedürfnis, das z. B. von Vorsorgeüberlegungen der Landesverteidigung gespeist wird. Von hier aus wiederum sind die Übergänge gleitend zu jenen Situationen, in denen von einem Verkehrsbedürfnis selbst nicht mehr gesprochen werden kann, in denen sich aber die Aufrechterhaltung einer überkommenen Verkehrsleistung aus anderen Gründen als nützlich erweisen mag.

Dem allen ist hier nicht im einzelnen nachzugehen. Vielmehr ist zu fragen, wie die verfassungsrechtliche Verkehrsbedienungspflicht des Art. 87 Abs. 1 S. 1 GG auf die Vielschichtigkeit und erschwerte Bestimm-

---

[225] Vgl. zur Wirtschaftlichkeit *Vogel/Kirchhof*, BK, Art. 114 Rdnr. 91: kein axiomatisches Entscheidungskriterium; ferner *Heuer/Dommach*, Handbuch der Finanzkontrolle, § 7 BHO Rdnr. 3. Zum Verkehrsbedürfnis BVerwGE 30, 251 ff. (254 f.); für großdimensionierte Beurteilungsvorgänge im EG-Bereich vgl. den Vorschlag für eine Verordnung (EWG) des Rates zur Änderung der Verordnung (EWG) Nr. 1191/69 über das Vorgehen der Mitgliedsstaaten bei mit dem Begriff des öffentlichen Dienstes verbundenen Verpflichtungen auf dem Gebiet des Eisenbahn-, Straßen- und Binnenschiffsverkehrs vom 9. 1. 1981 (= Bundesratsdrucksache 82/81).

C. Bedeutung von Wirtschaftlichkeit und Verkehrsbedürfnis 93

barkeit ihrer immanenten Tatbestandsgrenzen zu reagieren hat. Zwei Konsequenzen dürften unausweichlich sein:

1. Anpassung statt status-quo-Garantie

Wenn der Leistungsauftrag des Art. 87 Abs. 1 S. 1 GG in der dargelegten Weise notwendig auf das verfassungsrechtliche Wirtschaftlichkeitsgebot und auf die Erfüllung von Verkehrsbedürfnissen ausgerichtet ist, dann kann er sich nicht in der Gewährleistung eines status quo erschöpfen. Die Faktoren, die über diese Schlüsselbegriffe auf den Gehalt des Art. 87 Abs. 1 S. 1 GG einwirken, sind zu vielgestaltig und zu sehr dem ökonomischen, technischen und sozialen Wandel unterworfen, als daß sie sich mit der Bedarfsdeckung durch eine Organisation in ihrem traditionellen Zuschnitt zufriedengeben könnten. Der überkommene Bestand einer Organisation ist die Antwort auf eine bestimmte Anforderungssituation der Vergangenheit. Es widerspricht allen Entwicklungsgesetzen von Großorganisationen, daß sie sich angesichts einer schnell wandelnden Umwelt auf eine Position der Statik zurückziehen könnten. Für diejenigen Organisationen, die ihre Leistungen auf dem Markt erbringen, gilt das in noch sehr viel höherem Maße als für klassische Hoheitsverwaltungen. Insofern sind die einzelnen Tätigkeitsbereiche des Art. 87 Abs. 1 S. 1 GG nicht vollständig vergleichbar. Die Interpretation der Begriffe „Bundeseisenbahnen" und „Bundespost" und des ihnen zugeordneten Leistungsauftrags hat dieses mit zu bedenken. Die Notwendigkeit der Anpassung ist folglich kein von außen an ein „fertiges" Auslegungsergebnis herangetragener Fremdkörper, sondern eine aus der Natur der Sache folgende immanente Pflichtigkeit. Die Tatbestandsmerkmale des Art. 87 Abs. 1 S. 1 GG (vgl. oben B) und die immanenten Bindungen der Verkehrsbedienungspflicht an das Wirtschaftlichkeitsprinzip und das Verkehrsbedürfnis (vgl. oben I und II) verpflichten den Bund zu nicht mehr und nicht weniger als zu einer Anpassung des Leistungsangebots an die Gegebenheiten des Verkehrsmarktes. In Zeiten hoher Nachfrage nach schienengebundenen Verkehrsleistungen hat das zur Expansion des Streckennetzes geführt — und auch heute wird Streckenneubau mit diesem Anpassungszweck betrieben. Ebenso ist es dem Bund aber auch nicht verwehrt, Streckenstilllegungen vorzunehmen, wo von einem Verkehrsbedürfnis nicht mehr gesprochen werden kann.

2. Entscheidungsprärogative des Aufgabenträgers

Die Vielschichtigkeit und erschwerte Bestimmbarkeit der dem Art. 87 Abs. 1 S. 1 GG immanenten Leistungsschranken nötigen ferner zur Anerkennung einer speziellen Entscheidungsprärogative in Zweifelsfällen. Die Frage, was noch als ein vertretbarer wirtschaftlicher Aufwand, was noch als ein hinreichendes Verkehrsbedürfnis gesehen werden kann, darf nicht endlosen Auseinandersetzungen der in dieser oder jener Weise beteiligten Instanzen, Verbände, Gruppen überlassen bleiben, sondern bedarf, gerade weil eine vollständig objektivierbare Entscheidung nicht in allen Punkten erwartet werden kann, verbindlicher Beantwortung.

Die Befugnis, den Umfang der Leistungspflicht letztverbindlich im einzelnen festzulegen und die erforderlichen organisatorischen Voraussetzungen zu schaffen, liegt verfassungsrechtlich beim *Bund* als dem verantwortlichen Aufgabenträger — nicht bei den Ländern oder den Kommunalverbänden und erst recht nicht bei den Gerichten[226].

Das Recht einer solchen Entscheidungsprärogative des Zentralstaates ist, wie schon § 14 des Staatsvertrages vom 30. 4. 1920 zeigt, in der Geschichte des Eisenbahnrechts nicht ohne Beispiel[227]. Es ist auch unter funktionalen Gesichtspunkten in der *Bundes*verantwortung richtig angesiedelt, denn der Bund ist nicht nur der Aufgabenträger für das Eisenbahnwesen, sondern er ist auch diejenige Entscheidungsinstanz, die die meisten anderen Einflußfaktoren des Wirtschaftlichkeitsgebots und des Verkehrsbedürfnisses (Haushalts-, Wirtschafts-, Energie- und Verteidigungspolitik) im wesentlichen bestimmt. Ebenso selbstverständlich ist es allerdings, daß diejenigen Aufgabenträger, die durch Veränderungen des Leistungsangebots der DB beeinträchtigt werden, an den Entscheidungsverfahren zu beteiligen sind. Auch das hat seine Vorbilder in der Entwicklung des Eisenbahnrechts, die in §§ 43—52 BbG eingeflossen sind, und entspricht der Bedeutung des Verfahrensgedankens im neueren Staats- und Verwaltungsrecht.

Inwieweit diese Entscheidungsprärogative des Bundes sozusagen „bundesintern" nach Art einer inneradministrativen Gewaltenteilung zwischen politischer Führung und Bundesorganen aufgeteilt werden darf, bleibt den Untersuchungen des 3. Abschnitts vorbehalten.

D. Das Bundeseisenbahnsystem und die „Einheitlichkeit der Lebensverhältnisse"

Die politische Diskussion bringt die Pflicht des Bundes zur Aufrechterhaltung eines möglichst engmaschigen Netzes der Bundeseisenbahnen gern in Zusammenhang mit dem Postulat „der Einheitlichkeit der

---

[226] Von dieser elementaren Rollenverteilung zwischen Aufgabenträger und Gerichtsbarkeit macht § 52 Abs. 2 BbG keine Ausnahme. Vgl. zu ihm auch BVerfGE 31, 371 (377 ff.).

[227] Vgl. dazu oben B II 1 c.

Lebensverhältnisse". Bezug genommen wird damit auf eine Formel, von der *Lerche* schon 1973 mit zutreffend kritischem Unterton bemerkte, sie habe „eine Art magischen Glanz angenommen"[228]. Der konkrete verfassungsrechtliche Bindungsgehalt des Postulats dagegen ist bisher eher blaß geblieben und steht insofern in einem merkwürdigen Kontrast zur landläufigen Beliebtheit der Formel[229].

I. Die Frage der verfassungsrechtlichen Grundlagen

Offen ist schon, aus welchen verfassungsrechtlichen Grundlagen die Forderung nach „Einheitlichkeit der Lebensverhältnisse" abgeleitet werden soll. Das Grundgesetz kennt jedenfalls eine ausdrückliche Formulierung eines solchen Prinzips nicht, sondern erwähnt die „Einheitlichkeit der Lebensverhältnisse" nur an zwei eher versteckten Stellen:

— Art. 72 Abs. 2 Nr. 3 GG nennt den Begriff als eine jener Voraussetzungen, unter denen der Bund die ihm verliehenen Kompetenzen konkurrierender Gesetzgebung überhaupt nur ausüben darf. In diesem Kontext hat der Begriff folglich gerade keinen aktivierenden, sondern eher einen limitierenden Charakter[230].

— Art. 106 Abs. 3 S. 4 Nr. 2 GG reiht die Einheitlichkeit der Lebensverhältnisse unter jene Kriterien ein, nach denen sich Bund und Länder das Aufkommen der Umsatzsteuer zu teilen haben. Dieser Zusammenhang deutet schon eher einen egalisierenden, aktivierenden Sinn des Begriffs an. Doch bleibt er eingebunden in einen konkreten Regelungsauftrag.

In anderen Zusammenhängen, in denen man einen Hinweis auf die Einheitlichkeit der Lebensverhältnisse erwarten würde, findet er sich dagegen nicht. In Art. 104 a Abs. 4 S. 1 GG wird in einem spezifischen Sinne von einem „Ausgleich unterschiedlicher Wirtschaftskraft im Bundesgebiet" gesprochen, während die Regelung des Länderfinanzausgleichs in Art. 107 Abs. 2 GG auf einen angemessenen „Ausgleich unterschiedlicher Finanzkraft der Länder" abhebt. Der Rekurs auf die „Ein-

---

[228] *Lerche*, Finanzausgleich und Einheitlichkeit der Lebensverhältnisse, in: Festschrift für Berber, 1973, S. 299.

[229] Schon der Sprachgebrauch selbst ist nicht eindeutig: neben „Einheitlichkeit" der Lebensverhältnisse wird oft auch von ihrer „Gleichwertigkeit", zuweilen von „gleichmäßigen Lebensverhältnissen" gesprochen. Eng verwandt sind Begriffe wie: „gleiche Lebensqualität" u. ä. Vgl. zur Vagheit der Begriffsverwendung *Hübler/Scharmer/Weichtmann/Wirz*, Zur Problematik der Herstellung gleichwertiger Lebensverhältnisse, 1980, S. 20 ff.

[230] Vgl. *Stern*, Das Staatsrecht der Bundesrepublik Deutschland Bd. 1, 2. Aufl. 1984, S. 678 f., 750: mehr als „Limitationsfaktor".

heitlichkeit der Lebensverhältnisse" als Verfassungsbegriff ist in den parlamentarischen Beratungen dieser Vorschriften bewußt nicht vorgenommen worden[231].

Wenn der „Einheitlichkeit der Lebensverhältnisse" trotzdem eine über die genannten Einzelpunkte hinausgreifende Bedeutung beigelegt werden soll, so bedarf es eines Rückgriffs auf verfassungsrechtliche Grundprinzipien. Hier sind es dann vor allem die Sozialstaatsforderung (Art. 20 Abs. 1, Art. 28 Abs. 1 S. 1 GG)[232] und die Grundrechte, aus denen Grundlinien eines Postulats „Einheitlicher Lebensverhältnisse" abgeleitet werden[233]. Meistens werden diese Grundlagen kombiniert[234].

Insgesamt ist die verfassungsrechtliche Verankerung des Postulats einer „Einheitlichkeit der Lebensverhältnisse" also weder in einer einzelnen Bestimmung des Grundgesetzes noch in einem einzelnen, in sich strukturierten Verfassungsprinzip zu sehen. Ein allgemeiner Verfassungsauftrag im Sinne der genannten Forderung existiert nicht[235]. Seine Basis ist nur in einer Zusammenschau mehrerer verfassungsimmanenter Leitprinzipien zu suchen: „Soziale Bundesstaatlichkeit". Nur ein sehr grober Ableitungszusammenhang — eine Tendenz mehr als ein Dogma — ist es folglich, der der Forderung nach einer „Einheitlichkeit der Lebensverhältnisse" ihre verfassungsrechtliche Rückbindung verschafft.

---

[231] Vgl. *Kirchhof*, Der Verfassungsauftrag zum Länderfinanzausgleich als Ergänzung fehlender und als Garant vorhandener Finanzautonomie, 1982, S. 15 f.

[232] So vorrangig *Ernst*, Gleichwertige Lebensbedingungen — Aufgabe der Raumordnung?, in: Ernst u. a. (Hrsg.), Beiträge zum Konzept der ausgeglichenen Funktionsräume, 1977, S. 9 ff., bes. 15—18; *Hübler/Scharmer/Weichtmann/Wirz*, Lebensverhältnisse (Fn. 229), S. 28 f., 34 ff.

[233] In letzterem Sinne, gestützt vor allem auf Art. 3 Abs. 1 GG, *Kirchhof*, Verfassungsauftrag (Fn. 231), S. 20 f.; *Ossenbühl*, Die verfassungsrechtliche Bedeutung des Postulats nach gleichwertigen Lebensverhältnissen für Raumordnung und Landesentwicklungspolitik, Der Landkreis 1982, S. 550 f.: „Reflex aus den Grundrechtsvorschriften in Anlehnung an deren Deutung als wertentscheidende Grundsatznormen".

[234] Vgl. *Cholewa/Dyong/v. d. Heide*, Raumordnung in Bund und Ländern, Lsbl., Stand: Dezember 1983, Vorbem. IX Rdnr. 7 ff. Zuweilen wird das Postulat dabei als „hintergründiges Konstitutionsprinzip" (Ossenbühl) bezeichnet. Vgl. die Darstellung des Meinungsstandes bei *Hübler/Scharmer/Weichtmann/Wirz*, Lebensverhältnisse (Fn. 229), S. 27 ff., die selbst aber feststellen, die Berufung auf allgemeine Grundsätze oder auf die Gesamtkonzeption des Grundgesetzes führe zu „unpräzisen Ergebnissen" (S. 35); weit. Nachw. bei *Stern*, Staatsrecht Bd. 1 (Fn. 230), S. 750 Fn. 648—651.

[235] So auch *Ossenbühl*, Verfassungsrechtliche Grundfragen des Länderfinanzausgleichs gem. Art. 107 II GG, 1984, S. 25; zurückhaltend auch *Lerche*, in: Maunz/Dürig, Art. 83 Rdnr. 10, 45.

II. Der Aussagegehalt des Postulats

Es verwundert daher nicht, daß auch der *verfassungsfeste* Aussagegehalt des Postulats nur entsprechend vorsichtig ermittelt werden darf. Autoren, die sich der verfassungsrechtlichen Interpretation verpflichtet fühlen und Verfassungsauslegung klar von politischer Programmatik trennen, stellen das zutreffend deutlich heraus. Hier sind es zunächst zwei Leitlinien eher ausgrenzenden Charakters, die den Aussagegehalt des Postulats umreißen:

1. Gleichwertigkeit, nicht Gleichartigkeit

„Einheitlichkeit der Lebensverhältnisse" zielt nicht auf eine möglichst weitreichende Egalisierung. Es geht überhaupt nur um Gleichwertigkeit, nicht Gleichartigkeit[236].

Auf die Vorhaltung des Eisenbahnsystems übertragen heißt das: Gleichwertigkeit der Lebensverhältnisse setzt nicht voraus, daß jedermann unmittelbar in seiner Wohnsitzgemeinde einen Bahnhof vorfinden muß. Die Gleichwertigkeit läßt sich nicht auf das Medium des Schienenverkehrs fixieren. Soweit überhaupt die Erreichbarkeit eines öffentlichen Verkehrssystems in „angemessener" (?) Entfernung als Wertigkeitsindikator der Lebensverhältnisse anerkannt werden soll, geht es um öffentliche Verkehrsbedienung allgemein, nicht speziell um eine bahnbezogene Bedienungspflicht des Bundes. Schon hier zeigt sich, daß der Text des Art. 87 Abs. 1 S. 1 GG klarere Aussagen zum Bundeseisenbahnsystem trifft, als sie sich aus dem Postulat einheitlicher Lebensverhältnisse entnehmen lassen.

2. Konkretisierungsermächtigungen

Der Begriff der „Einheitlichkeit der Lebensverhältnisse" im Sinne von Gleichwertigkeit enthält Wertungsspielräume und ist selbst nur auf einer sehr abstrakten Ebene konfliktfrei in die anderen Verfassungsziele einzuordnen. Bei näherem Zusehen zeigen sich jedoch Spannungen zwischen begriffsinternen Teilzielen und extern zu weiteren Verfassungsaufträgen. Dieser Befund steht jeder einfachen Deduktion konkreter Folgerungen als Ergebnis verbindlicher Verfassungsinterpretation entgegen. Erst der Gesetzgeber und die zu politischer Gestaltung berufene Regierung verschaffen dem Postulat weithin einen greifbaren Aussagegehalt. „Wie das Sozialstaatsgebot zu konkretisieren ist, wie die Mittel bei beschränkten Ressourcen zu verteilen sind, wie bei konfligierenden Gemeinwohlinteressen zu entscheiden ist, bleibt grundsätzlich

---

[236] Vgl. *Ernst* (Fn. 232), in: Ernst u. a. (Hrsg.), S. 18; *Hübler/Scharmer/Weichtmann/Wirz*, Lebensverhältnisse (Fn. 229), S. 27.

dem wertenden Abwägungsprozeß in den demokratisch legitimierten Entscheidungsorganen vorbehalten, ist Teil der gesetzgeberischen Gestaltungsfreiheit[237]." In diesem Sinne kann das Postulat gleichwertiger Lebensverhältnisse auch keinen Vorrang vor dem verfassungsrechtlichen Wirtschaftlichkeitsgebot[238] beanspruchen. Verbindlich ist nur etwas, was unter Abwägung mit anderen staatlichen Aktivitäten möglich und zumutbar ist[239].

Hierin liegt eine zweite, wesentliche Relativierung des Postulats, wenn es um verfassungsrechtliche Pflichten des Bundes zu einer möglichst unveränderten Aufrechterhaltung seines Eisenbahnsystems geht. Im politischen Geschäft mag hier unter Berufung auf alle möglichen Postulate mehr verlangt werden. Aus einer verfassungsrechtlichen Grundlage dagegen läßt es sich nicht ableiten, daß der Bund jenseits dessen, was durch die Tatbestandsmerkmale des Art. 87 Abs. 1 S. 1 GG vorgezeichnet ist, und jenseits aller Überlegungen zu Wirtschaftlichkeit und Verkehrsbedürfnis allein aus Gründen einer wie immer zu definierenden „Einheitlichkeits"- oder „Gleichwertigkeitsgarantie" verpflichtet wäre, eine Verkehrsbedienung der Fläche durch Bundeseisenbahnen sicherzustellen. Wenn das Postulat einer Einheitlichkeit der Lebensverhältnisse an eine auf das Verfassungsrecht ausstrahlende Erkenntnis erinnert, so an die Einsicht, daß Einheitlichkeit kein staatliches Element, sondern ihre Gewinnung eine fortlaufende Aufgabe ist. Auch hier stehen die Zeichen folglich eher auf Veränderung und Anpassung denn auf Gewährleistung eines status quo.

---

[237] So zutreffend *Hübler/Scharmer/Weichtmann/Wirz*, Lebensverhältnisse (Fn. 229), S. 43 f.

[238] Vgl. oben unter C I.

[239] So schon *Ernst* (Fn. 232), in: Ernst u. a. (Hrsg.), S. 17: Was der Staat „nach Lage der Sache leisten kann"; ähnlich *Hübler/Scharmer/Weichtmann/Wirz*, Lebensverhältnisse (Fn. 229), S. 39.

Dritter Abschnitt

Verfassungsfragen neuerer Organisations- und Kooperationsformen

Verfassungsfragen neuer oder geänderter Organisationsformen der Deutschen Bundesbahn lassen sich trotz des Variantenreichtums, in dem sie erörtert zu werden pflegen, auf zwei größere Problemkreise zurückführen: Zum einen geht es um die Frage der Verselbständigung der DB gegenüber der politischen Leitungsebene, um eine Abkoppelung vom Bilde der klassischen Behördenorganisation also, die sich in öffentlich-rechtlichen, aber auch in privatrechtlichen Organisationsformen niederschlagen kann (A). Zum zweiten laufen Organisationsüberlegungen immer wieder auf die Frage zu, inwieweit die als „bundeseigene Verwaltung" zu führenden Bundeseisenbahnen sich in einen Leistungsverbund mit anderen Verwaltungsträgern begeben dürfen oder durch das sog. Verbot der Mischverwaltung an organisatorisch verfestigten Kooperationsformen gehindert werden (B).

A. Rechtliche Verselbständigungen der Bahnorganisation

I. Die Vorgaben des Art. 87 Abs. 1 S. 1 GG

1. Organisationsrechtlicher Gehalt

Auch für die Fragen verfassungsrechtlich möglicher Verselbständigungen der DB-Organisation ist als Maßstabnorm vor allem Art. 87 Abs. 1 S. 1 GG einschlägig. Die Vorschrift hat nicht nur einen zuständigkeits- und aufgabenrechtlichen Gehalt, sondern trifft Aussagen auch zur gebotenen Organisation der genannten Verwaltungszweige. Letzteres dürfte nach der Entscheidung des Bundesverfassungsgerichts vom 12. 1. 1983 außer Streit stehen. Das Gericht sagt sehr deutlich: „Hinsichtlich der Verteilung der Verwaltungskompetenzen zwischen Bund und Ländern und der organisatorischen Ausgestaltung der bundeseigenen Verwaltung gelten die Bestimmungen des VIII. Abschnitts des Grundgesetzes (Art. 83 ff. GG)[240]."

---

[240] BVerfGE 63, 1 ff. (33). Zu den voraufgehenden Auseinandersetzungen um den organisatorischen Gehalt dieser Vorschriften vgl. nur *Dittmann*, Bundesverwaltung (Fn. 5), S. 160 mit Fn. 2 und 3; *Ehlers*, Privatrechtsform (Fn. 132), S. 117 mit Nachw. Fn. 45; vgl. auch oben 2. Abschnitt A II 1 a.

Alle Vorschläge zur Organisation der Bundesbahnverwaltung werden daher künftig gut daran tun, diese Grundaussage des Bundesverfassungsgerichts ernst zu nehmen. Dabei muß freilich beachtet werden, daß Organisationsformen hoch-komplexe Gebilde darstellen, deren Rechtsgrenzen nur schwer exakt zu ziehen sind. Die überkommenen Begriffe markieren oft nur Typen, zwischen denen sich Übergänge durch kaum merkbare Änderungen des Rechts bilden können. Vieles von dem, was mit einer bestimmten Organisationsform nach den Vorstellungen des (Verfassungs-)Gesetzgebers geleistet werden soll, ist mehr eine Frage des Maßes als eines festen Formelements. Vieles hängt vollends gar nicht von der Rechtskonstruktion, sondern von den realen Bedingungen ab, unter denen die betreffende Organisation ihre Aufgaben wahrzunehmen hat. Das erschwert es, z. B. im Wege teleologischer Verfassungs- oder Gesetzesinterpretation zu sagen, dieser oder jener Organisationsrechtstypus allein sei geeignet, diesen oder jenen Rechtswert zu erfüllen. Aussagen, die sich auf diesem Felde bewegen, sind daher oft eher Rahmen- oder Tendenzaussagen, als daß sie sich auf klare juristische Distinktionen zuspitzen ließen. Das zeigt sich schon an dem nicht immer exakten Sprachgebrauch der Verfassung selbst[241].

Das Bundesverfassungsgericht hat diese Besonderheit des Verfassungsorganisationsrechts in der zitierten Entscheidung vom 12. 1. 1983 zutreffend erkannt und trägt ihr dadurch Rechnung, daß es im Blick auf Art. 83 ff. GG einen „weiten organisatorischen Gestaltungsbereich" der zuständigen Bundesorgane annimmt[242]. Gleichwohl wäre es zu wenig, in den Art. 83 ff. nur eine grob skizzierte Aufteilung der Verwaltungskompetenzen zwischen Bund und Ländern zu sehen. Sie markieren vielmehr — bei aller Unschärfe im einzelnen — gewisse Formgrenzen für die Ausübung der Organisationsgewalt. Das gilt auch für die Tatbestandsmerkmale des Art. 87 Abs. 1 GG.

2. Ausgrenzungen

Nicht vom organisationsrechtlichen Gehalt des Art. 87 Abs. 1 S. 1 GG erfaßt werden allerdings diejenigen Tätigkeiten des Staates, die nicht unmittelbar der Verfolgung öffentlicher Aufgaben dienen[243].

---

[241] So spricht z. B. Art. 87 Abs. 2 GG — zu eng — z. B. von Körperschaften des öffentlichen Rechts, während es erkennbar mindestens auch die rechtsfähigen Anstalten des öffentlichen Rechts mit umfassen will. Vgl. *Stern*, Staatsrecht Bd. 2 (Fn. 5), § 41 VII 5 c (S. 823).

[242] So BVerfGE 63, 1 ff. (34 und 40 f.); ferner BVerfGE 37, 1 (26). Zu Inkongruenzen zwischen grundgesetzlicher Terminologie (Art. 83 ff.) und Staatspraxis *Dittmann*, Bundesverwaltung (Fn. 5), S. 81 f. Für einen weiten Gestaltungsrahmen des Gesetzgebers ferner *Kaiser* (Fn. 192), NJW 1976, S. 87 (89).

A. Die Frage der Verselbständigung der Bundesbahn 101

a) Bedarfsdeckende und erwerbswirtschaftliche Tätigkeiten

Soweit die DB bedarfsdeckende oder rein erwerbswirtschaftliche Tätigkeiten wahrnimmt, ist sie daher in ihrer organisatorischen Ausgestaltung von den Vorgaben des Art. 87 GG frei. Sie kann diese Tätigkeiten von ihren eigentlichen Verwaltungsaufgaben getrennt halten und in der Formfrage dann auch jenes Rechtsgebiet wählen, das der Erfüllung der bedarfsdeckenden und erwerbswirtschaftlichen Tätigkeit am ehesten angemessen ist: das Privatrecht. Neben der Schaffung eigener, rechtlich selbständiger Unternehmen steht das Grundgesetz insoweit auch der Kooperation mit anderen Wirtschaftssubjekten — sie mögen Zivilpersonen oder andere öffentliche Hände sein — nicht entgegen. Gleiches gilt für die vertragliche Leistungsvergabe, wie überhaupt das Schlagwort von der „Privatisierung und ihren Grenzen" kein Thema dieser originär privatrechtlichen Tätigkeitsbereiche ist. Daran ändern auch die besonderen Sicherheitsstandards nichts, die bei der bedarfsdeckenden Tätigkeit der DB beachtet werden müssen. Selbstverständlich bleibt die DB für die Sicherheit ihrer Anlagen letztendlich verantwortlich. Aber diese Verantwortung entfaltet keine verfassungsrechtlich verbindlichen Vorwirkungen für die Organisation des Beschaffungswesens; sie verlangt insbesondere keine bundeseigene Erbringung der Leistungen selbst.

b) Beispiele

Die Abgrenzung der bedarfsdeckenden und der erwerbswirtschaftlichen Tätigkeit von der unter Art. 87 Abs. 1 S. 1 GG fallenden unmittelbaren Erfüllung öffentlicher Aufgaben kann im Einzelfall schwierig sein. Manches ist hier eine Frage überkommener Anschauungen, die nicht unabänderlich sind. In einer großen Betriebsverwaltung wie der DB ist über die Jahrzehnte hin manches in eigene Regie genommen worden, was in anderen Betrieben als externe Leistung behandelt zu werden pflegt. Der Kreis derjenigen Tätigkeiten, die als bedarfsdeckend oder erwerbswirtschaftlich einzustufen sind, darf danach nicht zu eng gezogen werden. In diesem Sinne sind von den *organisationsrechtlichen* Anforderungen der Art. 83 ff. GG *u. a.* folgende Aufgaben ausgenommen:

---

[243] Die ganz h. M. gelangt zu diesem Ergebnis deshalb, weil sie solche Tätigkeiten den Vorschriften der Art. 30, 83 ff. GG insgesamt nicht unterstellt; so *Stern*, Staatsrecht Bd. 2 (Fn. 5), § 41 IV 5 b (S. 782 f.) und VII 7 b (S. 831); *Badura*, Art. „Bundesverwaltung", Evang. Staatslexikon, 2. Aufl. 1975, Sp. 292; *Maunz*, in: Maunz/Dürig, Art. 87 Rdnr. 23; *Bross*, in: v. Münch, GG, Art. 83 Rdnr. 2. Aber auch *Lerche*, in: Maunz/Dürig, Art. 83 Rdnr. 42, der unter zuständigkeitsrechtlichen Gesichtspunkten Bedenken gegen diese Aufteilung äußert, will damit nicht die Formprinzipien des Art. 87 GG auf diese nicht unmittelbar öffentlichen Zwecken dienenden Tätigkeit der öffentlichen Hand ausgedehnt wissen.

— die Beschaffung, Ausbesserung und Wartung des rollenden Materials;
— der Gleis- und Anlagenbau einschließlich der technischen Planungsarbeiten sowie die erforderlichen Ausbesserungsarbeiten;
— die Energieversorgung des Bahnbetriebs;
— die technologische bahnbezogene Forschung;
— Speditionstätigkeiten der Bahn;
— Banktätigkeiten der Bahn.

Der Kreis dieser Tätigkeiten könnte sicher noch erweitert werden. Die einzelnen Verwaltungszweige haben zwar ihre eigenen Traditionen, die einer leichtfertigen Übertragung entgegenstehen. Nimmt man aber zum Vergleich einmal die Deutsche Lufthansa, deren Aufgaben von der h. M. als erwerbswirtschaftliche Tätigkeit qualifiziert werden[244], so wird deutlich, welche Spielräume einer Umwertung und Umorganisation bestehen[245].

II. Organisationsformen des öffentlichen Rechts

Für die Organisation der *öffentlichen Aufgaben* der DB dagegen gelten unbestritten die Vorgaben des Art. 87 Abs. 1 S. 1 GG. Einschlägig ist vor allem das Tatbestandsmerkmal der „bundeseigenen Verwaltung".

1. Grundformen

Unter bundeseigener Verwaltung i. S. des Art. 87 Abs. 1 S. 1 GG werden nach heute ganz herrschender Meinung solche Verwaltungseinheiten verstanden, deren Träger unmittelbar der Bund und nicht eine dazwischengeschaltete, mit Rechtsfähigkeit ausgestattete juristische Person des öffentlichen Rechts ist[246]. Der Begriff wird als bundesunmittelbare

---

[244] Vgl. *Püttner*, Die öffentlichen Unternehmen (Fn. 90), S. 237; *v. Münch*, in: v. Münch, GG, Art. 87 d Rdnr. 3; *Maunz*, in: Maunz/Dürig, Art. 87 d Rdnr. 11.

[245] Die *organisationsrechtliche* Exemtion gilt, wie nicht noch einmal gesondert betont zu werden braucht, unbeschadet der *zuständigkeitsrechtlichen Aussage*, daß die DB befugt ist, die genannten Tätigkeiten selbst wahrzunehmen und für diese Eigenerfüllung im Rahmen ihrer Gesamtorganisation die erforderlichen Einrichtungen zu schaffen.

[246] *Lerche*, in: Maunz/Dürig, Art. 83 Rdnr. 13, 23 mit Fn. 78 f.; *Maunz*, dort Art. 87 Rdnr. 30; *v. Mangoldt/Klein*, Art. 87 Abs. III 2, S. 2263; *Bross*, in: v. Münch, GG, Art. 87 Rdnr. 2; *Stern*, Staatsrecht Bd. 2 (Fn. 5), § 41 VII 3 b; *Badura*, Bundesverwaltung (Fn. 243), Sp. 292 ff. (296); *Dittmann*, Bundesverwaltung (Fn. 5), S. 88 ff., 169 ff.; *Kirschenmann*, Zuständigkeiten und Kompetenzen im Bereich der Verwaltung nach dem 8. Abschnitt des Grundgesetzes, JuS 1977, S. 565 ff. (571). Ähnlich im Sinne einer Alternativität der Formen mittelbarer und unmittelbarer Bundesverwaltung (zu Art. 87 Abs. 2) BVerfGE 63, 1 ff. (36): „Damit ist eine mittelbare Verwaltung (durch eigenständige Körperschaften) vorgeschrieben, eine unmittelbare Verwaltung durch Bundesbehörden ist nicht zulässig". Anders früher *H. Krüger* (Fn. 132),

A. Die Frage der Verselbständigung der Bundesbahn

Eigenverwaltung dem der bundesmittelbaren Eigenverwaltung durch juristische Personen des öffentlichen Rechts entgegengesetzt. Gestützt wird diese begriffliche Trennung auf den sprachlich freilich verunglückten Art. 86 und auf die Systematik des Art. 87 GG selbst, der in Abs. 2 die Organisation juristischer Personen des öffentlichen Rechts von der Behördenorganisation abhebt[247].

Speziell für die Verwaltung von Post und Bahn wird dieses Ergebnis durch die Entstehungsgeschichte des Art. 87 GG bestätigt. War in Art. 117 Abs. 1 Ch. E. für beide Bereiche zunächst eine Verwaltung „als einheitliche Verkehrsanstalten" vorgesehen, so wurde dieser Passus vom Parlamentarischen Rat gestrichen, um eine Verwaltung in einer nichtrechtsfähigen Rechtsform des öffentlichen Rechts verbindlich zu machen[248]. Hinter dieser Festlegung auf eine bundesunmittelbare Organisation steht die Absicht, Führung und Kontrolle der Eisenbahnverwaltung in einer bestimmten Nähe zu den zentralen Entscheidungszügen der Bundesministerialorganisation zu halten, mithin das herauszustellen, was die „Staatlichkeit" der Bahn genannt worden ist[249].

Der organisationsrechtliche Gehalt des Art. 87 Abs. 1 S. 1 GG versucht danach, auf die Grundfragen nach der Verantwortung und Einbindung, wie sie für verselbständigte Verwaltungseinheiten und öffentliche Unternehmen immer wieder gestellt worden sind[250], eine spezielle Antwort zu

---

DÖV 1949, 467: Verwaltung durch Bundeskörperschaften ohne Selbstverwaltung (!) ebenfalls als bundeseigene Verwaltung; ihm folgend *H. Schneider*, DÖV 1984, S. 641 (Bspr.).

[247] Die Bedeutung der Trennung kann nicht mit dem Hinweis auf Art. 87 *Abs. 3* S. 1 GG in Zweifel gezogen werden (ebenso *Dittmann*, Bundeseigene Verwaltung durch Private?, DV 1975, S. 431 ff., 436). Diese Vorschrift stellt dem Gesetzgeber bei der Einrichtung *neuer* Einheiten der Bundesverwaltung die Wahl zwischen unmittelbarer und mittelbarer Eigenverwaltung frei. Sie zeigt damit zwar, daß die Verfassung den Unterschied zwischen beiden Formen der bundeseigenen Verwaltung nicht für so grundlegend ansieht, daß nur sie selbst über die Formenwahl entscheiden könnte. Für die vorhandenen Verwaltungszweige des Art. 87 Abs. 1 S. 1 verbleibt es jedoch auch angesichts des Abs. 3 S. 1 bei der im Grundgesetz selbst getroffenen Formenwahl.

[248] So lapidar der Berichterstatter Dr. *Laforet*, Bericht zum Entwurf des Grundgesetzes, 9. Sitzung des Parlamentarischen Rates, Anlage Drucksache Nr. 850, 854, S. 37 ff. (41).

[249] Dazu *Dittmann*, Bundesverwaltung (Fn. 5), S. 169 ff.; *Böttger/Dittmann*, Für Autonomie und Staatlichkeit der Deutschen Bundesbahn, ZfVerkWiss. 1978, S. 238 ff. (242).

[250] Dazu allgemein: *Püttner*, Die öffentlichen Unternehmen (Fn. 90), 1969, bes. S. 295 ff.; *Janson*, Rechtsformen öffentlicher Unternehmen in der Europäischen Gemeinschaft, 1980, S. 137 ff.; ferner *Ehlers*, Privatrechtsform (Fn. 132), S. 124 ff.; *Schuppert*, Die Erfüllung öffentlicher Aufgaben durch verselbständigte Verwaltungseinheiten, 1981, S. 331 ff.; speziell zum sog. ministerialfreien Raum vgl. *E. Klein*, Die verfassungsrechtliche Problematik des ministerialfreien Raumes, 1973, pass.

geben, indem er den genannten Verwaltungsaufgaben des Bundes bestimmte *Standardformen* bundesmittelbarer Verwaltung vorenthält[251]. In diesem auf die *typischen* Formelemente abstellenden Sinne läßt sich dann sagen, die Organisation der Bundeseisenbahnen in den Standardformen der mittelbaren Staatsverwaltung — vor allem also der (voll) rechtsfähigen Anstalt des öffentlichen Rechts — entspräche nicht den Vorstellungen des Art. 87 Abs. 1 GG[252]. Von dieser Grundaussage sind jedoch im einzelnen Abweichungen denkbar. Ihre Zulässigkeit folgt aus dem, was zur definitorischen Exaktheit organisationsrechtlicher Typenbegriffe (vgl. oben sub I 1) gesagt worden ist.

2. Verselbständigungen von Unternehmensteilen

Das Verbot, die Bundeseisenbahnen als (voll)rechtsfähige juristische Person des öffentlichen Rechts zu führen, kann sich sinnvoll nur auf die *zentralen Leitungs- und Betriebsbereiche* beziehen. Nur für sie besteht ein Verfassungsinteresse, sie an die politische Führung in einer bestimmten Dichte des Entscheidungszuges anzubinden. Einzelne Betriebsbereiche dagegen dürfen nach Zweckmäßigkeitserwägungen in größerer oder geringerer Distanz zu den zentralen Organisationsteilen gehalten werden[253].

---

[251] Zu den typischen Formelementen staatsmittelbarer Verwaltung: Selbstverwaltung, kein Weisungsrecht, nur Rechtsaufsicht vgl. *Maunz,* in: Maunz/Dürig, Art. 87 Rdnr. 66; *Forsthoff,* Verwaltungsrecht, 10. Aufl. 1973, S. 479 ff.

[252] So im Ergebnis auch *Maunz,* in: Maunz/Dürig, Art. 87 Rdnr. 39; *v. Mangoldt/Klein,* Art. 87 Anm. III 3 c (S. 2264); unklar *dies.,* Art. 73 Anm. XII 2 a (S. 1490); ferner *Hamann/Lenz,* Art. 87 Abs. 2 B; *Finger,* Allgemeines Eisenbahngesetz (Fn. 39), S. 66; *ders.* (Fn. 4), DÖV 1985, S. 226 (228); *Dittmann,* Bundesverwaltung (Fn. 2), S. 89; *Ehlers,* Privatrechtsform (Fn. 132), S. 119; *Voges,* Zur Verfassungsmäßigkeit der „Spitzenorganisation" nach dem Regierungsentwurf des Gesetzes über die Unternehmensverfassung der Deutschen Bundespost, DVBl. 1975, S. 972 (974) für die Bundespost; wohl auch *Bliefert,* Die Deutsche Bundesbahn und der Regierungsentwurf des Postverfassungsgesetzes, Die Bundesbahn 1971, S. 743 (744). Vgl. ferner das Gutachten des Wissenschaftlichen Beirats der Gesellschaft für öffentliche Wirtschaft und Gemeinwirtschaft: „Zum Problem der Aufgabenverlagerung auf öffentliche Unternehmen", 1984, S. 40. *Anders Giese,* Grundgesetz für die Bundesrepublik Deutschland, 1949, Art. 87 Anm. 4; *H. Krüger* (Fn. 132), DÖV 1949, 467 f.; aus neuerer Zeit *Fromm* (Fn. 4), DVBl. 1982, S. 288 (292); *Püttner/Kretschmer,* Die Staatsorganisation Bd. 1, 1978, S. 132 f.; *Bull,* AK/GG, Art. 87 Rdnr. 20: Übertragung von Aufgaben des Art. 87 Abs. 1 S. 1 an selbständige Körperschaften, die durch Aufsicht eingebunden sind, liege nicht quer zum Gesamtkonzept der Bund-Länder-Beziehungen. Gegen dieses Argument aber erkennbar *Stern,* Staatsrecht Bd. 2 (Fn. 5), § 41 VII 7 b (S. 831); zudem betreffen die von *Bull* genannten Entscheidungen den Themenbereich nicht. Offengelassen wird die Frage von *Seifert/Hömig,* GG (Fn. 138), Art. 87 Rdnr. 4 und in BVerwG VerwRspr. Bd. 28, S. 214 ff. (220).

[253] Anders *Maunz* (Fn. 4), in: Festschrift für Scupin, S. 615 ff. (618): „Alles, was Bundesbahn ist, muß im Rahmen des Sondervermögens geführt werden". Maunz überschätzt jedoch die Trennschärfe der organisationsrechtlichen Begriffe. Art. 87 Abs. 1 S. 1 GG zeichnet die Organisation der Bundeseisen-

A. Die Frage der Verselbständigung der Bundesbahn

So finden sich Formen der Körperschaften und Anstalten des öffentlichen Rechts im Organisationsbereich der DB traditionell bei den *Sozialdiensten*[254]. Sie sind unbeschadet ihrer Zuordnung zu den in Art. 87 Abs. 2 GG genannten sozialen Versicherungsträgern zulässig, weil sich aus Art. 87 Abs. 1 S. 1 GG kein Verbot jeglicher bundesmittelbarer Verwaltung im Bereich des Bundeseisenbahnwesens ableiten läßt. Die gleichen Formen könnten nach den gleichen Überlegungen für andere Aufgaben jenseits der eigentlichen Verkehrsleistungen, wie z. B. für Forschungs- oder Prüfungsaufgaben, gewählt werden.

Aber auch für einzelne Unternehmensbereiche, die *Verkehrsaufgaben* erfüllen, ist eine Verselbständigung als juristische Personen öffentlichen Rechts nicht von vornherein unzulässig. Wenn es der Sinn der in Art. 87 Abs. 1 S. 1 GG vorgegebenen Formen bundesunmittelbarer Verwaltung ist, den unmittelbaren Einfluß der politischen Führung auf die beiden großen Verkehrsanstalten des Bundes zu sichern, so geht es doch immer nur um die Hauptpunkte, die wichtigsten Bereiche, den Normalfall. Solange Verselbständigungen sich unterhalb dieser Schwelle halten, kann der Verfassung kein Formenrigorismus entnommen werden. Vieles hängt hier davon ab, wie der anstaltliche Rechtsstatus im einzelnen ausgestaltet wird. So wären Ingerenzrechte des Bundes auch bei rechtsförmlich verselbständigten Einheiten denkbar, die letztere an die unten (sub 3) behandelten „Zwischenformen" annähern[255].

Zulässig sind Ausgliederungen in dem beschriebenen Umfang nicht nur durch die Gründung rechtsfähiger Verwaltungseinheiten des öffentlichen Rechts, sondern zulässig ist auch die Betrauung *beliehener Unternehmer*. Das Institut der Beleihung führt weder zu einer materiellen Privatisierung einer öffentlichen Aufgabe, noch bewirkt es eine so starke Abkoppelung, wie es die Bildung eigenständiger Verwaltungsträger tut. Die Beleihung bedarf einer gesetzlichen Grundlage. Der Beliehene bleibt grundsätzlich unter der Rechts- und Fachaufsicht der beleihenden Institution. Deshalb ist die Beleihung auch kein Fall der Organisation einer öffentlichen Aufgabe in rechtsfähiger privatrechtlicher Rechtsform[256]. Art. 87 Abs. 1 S. 1 GG schließt nach überwiegender Ansicht die Beleihung mit Teilaufgaben folglich nicht aus[257].

---

bahnen in ihren Grundzügen, nicht aber in allen Einzelheiten vor. Wie hier im Erg. *Seifert/Hömig*, GG (Fn. 138), Art. 87 Rdnr. 4; BVerwG VerwRspr. Bd. 28, S. 214 ff. (220) für einen Fall der Beleihung.

[254] Dazu oben 1. Abschnitt B III 2.
[255] Vgl. für die in den Bereich des „Auswärtigen Dienstes" (Art. 87 Abs. 1 S. 1 GG) zu rechnende Kreditanstalt für Wiederaufbau *Dittmann*, Bundesverwaltung (Fn. 5), S. 143 f.
[256] Vgl. zu III.
[257] So BVerwG VerwRspr. Bd. 28, S. 214 ff. (220 f.); *Seifert/Hömig*, GG

3. Zwischenformen: Sondervermögen und Bundesbahnautonomie

Die Verselbständigung von Unternehmens*teilen* schöpft jedoch den Spielraum, den die Formvorgaben des Art. 87 Abs. 1 S. 1 GG dem Gesetzgeber gleichwohl belassen, nicht aus. Auch die zentralen Unternehmensbereiche von Bahn und Post müssen nicht notwendig in den eingefahrenen Formen *behördlicher Verwaltung* geführt werden. Art. 87 Abs. 1 S. 1 GG steht insofern nur einer Abkoppelung in den *Standardformen* der juristischen Person des öffentlichen Rechts mit den ihnen eigenen typischen Organisationselementen der Selbstverwaltung und einer auf die Rechtsaufsicht begrenzten Staatsaufsicht entgegen. Unterhalb dieser Standardformen verbleiben jedoch zahlreiche Varianten gestufter Verselbständigung[258].

Für die Organisation der Bundeseisenbahnen verbindet sich diese verfassungsrechtliche Formenvariabilität mit dem Begriff des *nicht rechtsfähigen Sondervermögens* mit eigener Wirtschafts- und Rechnungsführung (§ 1 BbG). Das Sondervermögen ist ein Sammelbegriff für ein Bündel relativer Verselbständigungen gegenüber dem Vermögensträger, der eine „Teilautonomie" zum Ausdruck bringt. Kennzeichnend für sie ist nach einer Auflistung von *Finger*[259]:

— ihre selbständige Stellung im Geschäftsverkehr (§ 2),

— die Vermögenstrennung zwischen Bund und DB (§ 3 Abs. 1),

— die getrennte Schuldenhaftung (§ 3 Abs. 2),

— die Beachtung wirtschaftlicher Grundsätze (§ 4),

— die Leistungsabgeltung auch im Verhältnis zum Bund (§ 5),

— das Vorhandensein besonderer „Organe" (§ 7),

— ihre Leitung durch einen „Vorstand" (§ 8),

— ihre Führung wie ein Wirtschaftsunternehmen nach kaufmännischen Grundsätzen (§ 28 Abs. 1),

— ihre eigene Kreditaufnahme (§ 28 Abs. 2, § 31),

— die Ausgleichspflicht des Bundes bei Eingriffen des BMV (§ 28 a).

(Fn. 138), Art. 87 Rdnr. 4; *Dittmann*, Bundesverwaltung (Fn. 5), S. 197 f. (am Beispiel der Binnenschiffahrtsverwaltung); im Ergebnis auch *Maunz*, in: Maunz/Dürig, Art. 87 Rdnr. 32, aber nur für eng umgrenzte Teilaufgaben.

[258] *Maunz*, in: Maunz/Dürig, Art. 87 Rdnr. 30; *v. Mangoldt/Klein*, Art. 87 Anm. III 3 c; *Finger*, Allgemeines Eisenbahngesetz (Fn. 39), S. 66; *Bliefert* (Fn. 252), Die Bundesbahn 1971, S. 743 ff. (744): teilrechtsfähige Anstalt; vgl. ferner *Köttgen* (Fn. 195), JöR NF 3, S. 67 ff. (111).

[259] Allgemeines Eisenbahngesetz (Fn. 39), S. 71.

A. Die Frage der Verselbständigung der Bundesbahn

Die damit umrissene Stellung der DB nimmt den Gedanken der Bahnautonomie auf, der schon in Art. 92 WRV vorgezeichnet war und in der Geschichte der Deutschen Reichsbahn unterschiedliche Ausformungen erhalten hatte. Die Bahnautonomie kennzeichnet freilich keine feste Rechtsstellung. Auch unter dem Grundgesetz hat ihre Ausgestaltung in den verschiedenen Fassungen des Bundesbahngesetzes geschwankt[260]. Deshalb formuliert auch die derzeitige Gesetzeslage nicht das einzig denkbare Modell dieser Autonomie. Die Verselbständigung der DB lebt aus der wechselseitigen Zuordnung der obengenannten Elemente. Erst eine „*Gesamtsaldierung*" darüber, wie *alle* diese Faktoren rechtlich geformt sind und in der Praxis gehandhabt werden, könnte Aufschluß darüber geben, inwieweit die DB von der politischen Leitungsebene abgesetzt ist. Jede Kritik, die nur ein einzelnes Element dieser Verselbständigung aus verfassungsrechtlicher Sicht angreift, ist daher wenig überzeugend[261]. Nicht die Einschränkung oder Ausdehnung eines *einzelnen* Autonomieelements kann folglich schon als Verstoß gegen Art. 87 Abs. 1 S. 1 GG angesehen werden. Eine Verfassungsverletzung ist vielmehr nur dann gegeben, wenn die selbständige Stellung des „Sondervermögens" so ausgebaut würde, daß es faktisch einer juristischen Person des öffentlichen Rechts gleichkäme. Regelungen, die sich unterhalb dieser Schwelle halten, verbietet Art. 87 Abs. 1 S. 1 GG nicht. In diesem Sinne sind auch die drei wichtigen Faktoren einer verselbständigten Stellung der DB, ihre Eigenorganschaft (a), das differenzierte Steuerungssystem (b) und die Maßstäbe ihrer Wirtschaftsführung (c) verfassungsrechtlich nicht zu beanstanden. Vielmehr sind umgekehrt — z. B. im Zuge einer europäischen Verkehrspolitik (vgl. 1. Abschnitt A II 4) — auch weitere Schritte zur Verselbständigung der DB denkbar. Daß gerade der derzeitige Regelungsbestand das Höchstmaß der vor Art. 87 Abs. 1 S. 1 GG noch zu verantwortenden Selbständigkeit indizierte, läßt sich nicht sagen.

---

[260] Vgl. zu dem allen oben 1. Abschnitt unter A und *Fromm* (Fn. 4) DVBl. 1982, S. 288 ff.; *Böttger/Dittmann* (Fn. 249), ZfVerkWiss. 1978, S. 238 ff.; ferner *Backhaus*, Öffentliche Unternehmen, 2. Aufl. 1980, S. 216 ff., bes. 224 f.

[261] Die Bedeutung einer mehrdimensionalen Beurteilung der „verfassungsstrukturellen Verträglichkeit" verselbständigter Verwaltungseinheiten gegenüber einer isolierenden Hervorhebung nur eines einzelnen Aspekts, z. B. dem der sog. ministerialfreien Räume, betont zutreffend *Schuppert*, Die Erfüllung öffentlicher Aufgaben (Fn. 250), S. 331 ff., bes. 350—358. Ähnlich prüft BVerwG DVBl. 1973, S. 854 ff. (857) die Einbindung der Bundesbank „in ein System von Abhängigkeiten persönlicher und sachlicher Art". Die Bundesbahnautonomie ist wegen der genaueren Vorgaben des Verwaltungstypus in Art. 87 Abs. 1 S. 1 zwar mit der Autonomie der nach Art. 88 GG gegründeten Bundesbank nicht direkt zu vergleichen. Das Urteil des BVerwG zeigt jedoch, daß selbst in einem so zentralen Politikbereich wie dem Währungswesen von der parlamentarisch verantwortlichen Führungsebene abgekoppelte Entscheidungsgremien existieren dürfen, ohne daß darin ein

a) Eigenorganschaft

Von der üblichen Behördenorganisation weicht die DB-Organisation zum einen durch die Existenz eigener Organe ab (§ 7 BbG), die bereits in ihren Namen (Vorstand und Verwaltungsrat) Anlehnungen an das Unternehmensrecht indizieren. Beide Organe werden zwar von der politischen Ebene eingesetzt und beschickt; doch sind diese Vorgänge deutlich abgesetzt vom Personal- und Organisationswesen der hierarchisch strukturierten Staatsverwaltung.

aa) Verwaltungsrat

Die Mitglieder des Verwaltungsrates werden von der Bundesregierung zwar ernannt, die dabei jedoch an die Vorschläge der vier vorschlagsberechtigten Instanzen gebunden ist (§ 10 Abs. 2 BbG). Nur eine dieser Instanzen, der Bundesverkehrsminister selbst, unterfällt direkter parlamentarischer Verantwortung[262], während die „Staatsferne" bei den Vorschlagsrechten der Gesamtwirtschaft und der Gewerkschaften besonders deutlich wird. Die Mitglieder des Verwaltungsrates haben ihr Amt nach bestem Wissen und Gewissen zum Nutzen des deutschen Volkes, der deutschen Wirtschaft und der DB zu versehen; an Aufträge und Weisungen sind sie nicht gebunden (§ 10 Abs. 4 BbG). Auch mit diesem Grundsatz des freien Mandats hat der Gesetzgeber die Entscheidungsprozesse der DB bewußt von denen der üblichen Staatsverwaltung abgesetzt. Bei Konflikten zwischen Interessen des Staates und eigenwirtschaftlichen Interessen der DB hat nach Ansicht der Literatur der Verwaltungsrat in erster Linie die Interessen der DB wahrzunehmen[263]. Darin wird zutreffend die Korrelation zwischen organisatorisch-personaler Verselbständigung und Eigenwirtschaftlichkeit deutlich. Wenn gerade von gewerkschaftlicher Seite heute eine strenge Anbindung der DB an die politische Ebene gefordert und die Grundsätze der Unternehmensführung in § 28 BbG in Zweifel gezogen werden, so scheint nicht klar genug erkannt zu werden, daß solche Kritik sich sehr schnell auch gegen die gesamtwirtschaftlich-gewerkschaftliche Repräsentation im Verwaltungsrat selbst kehrt. In diesem Sinne zielen etwa die Organisationsvorschläge von *Böttger/Dittmann*[264] zur Stärkung des Staatseinflusses durchaus konsequent auf ein Zurückdrängen des Verbandseinflusses im Verwaltungsrat.

Verstoß gegen Art. 20 Abs. 2 und Art. 65 GG gesehen werden kann. Vgl. zur *Bundesbank*autonomie *Stern*, Staatsrecht Bd. 2 (Fn. 5), § 35 V mit weit. Nachw. in Fn. 111, 112.

[262] Für das Vorschlagsrecht des Bundesrates ließe sich immerhin eine mittelbare Kontrolle durch die Landesparlamente ausmachen.
[263] *Finger*, Allgemeines Eisenbahngesetz (Fn. 39), S. 117.
[264] ZfVerkWiss. 1978 (Fn. 249), S. 239 ff.

A. Die Frage der Verselbständigung der Bundesbahn

bb) Vorstand

Sehr viel diffiziler, als daß sie mit einem schlichten Votum belegt werden könnte, ist die Eigenorganschaft auch hinsichtlich des Vorstandes ausgestaltet. Die Besonderheiten gegenüber der normalen Staatsverwaltung liegen hier zum einen im Status der Vorstandsmitglieder und den Regeln über ihre Ernennung und Entlassung (§§ 8—8 b BbG). Die Ernennung erfolgt durch den Bundespräsidenten auf Beschluß der Bundesregierung, dem aber i. d. R. ein vom BMV und Verwaltungsrat einvernehmlich unterbreiteter Vorschlag voraufzugehen hat (§ 8 Abs. 2 BbG). Auch hinsichtlich der Abberufung hat der Verwaltungsrat ein Antragsrecht, dem die BReg. allerdings nicht entsprechen muß[265].

b) Interorganschaftliche und externe Steuerung

In den folgenden Bestimmungen entfaltet das BbG sodann ein vielgliedriges Gefüge teils interorganschaftlicher (aa), teils unternehmensexterner (bb) Beziehungen, in denen die Elemente der Eigenständigkeit und Distanz einerseits, der Abhängigkeiten und Einflußnahmebefugnisse andererseits mit dem Ziel funktionsadäquater Organisation einander zugeordnet sind. Insgesamt ergibt sich daraus ein Bild *inneradministrativer Gewaltenteilung*, die zwar nicht bis in das Stadium der Letztentscheidung durchgehalten ist, wohl aber die Interessenartikulation und die Entscheidungsvorformung auf unternehmenseigene Organe der DB und die politische Führung des Bundes verteilt.

aa) Interorganschaftliche Beziehungen

Die Gewaltenverschränkung wird vom BbG zunächst als eine unternehmensinterne verstanden. Demgemäß ist die Entscheidungsbildung im Bereich der DB auf Vorstand und Verwaltungsrat verteilt.

— Dem Verwaltungsrat kommen wichtige Befugnisse bei der *personellen Zusammensetzung* des Vorstands zu (vgl. unter a).

— In den Fragen der *materiellen Unternehmensführung* liegt die Prärogative dagegen beim Vorstand (§ 9 Abs. 1 S. 1 BbG). Die Einflußnahme des Verwaltungsrates wird über die Bindungsklausel des § 9 Abs. 1 S. 3 BbG sichergestellt. Unter den in § 12 Abs. 1 BbG genannten grundlegenden Beschlußsachen sind es vor allem der Wirtschaftsplan (Nr. 2), die Kreditbeschlüsse (Nr. 4), die Tarifbeschlüsse (Nr. 8) und die Bau- und Organisationsbeschlüsse (Nr. 9—11). Daneben bestehen die Informationsrechte nach § 9 Abs. 4 S. 2 BbG. Die Eigenständigkeiten des Vorstandes liegen in den Vorbereitungs- und Ausführungskompetenzen und im Rahmencharakter dieser Vor-

---

[265] Vgl. *Finger*, Allgemeines Eisenbahngesetz (Fn. 39), S. 98.

gaben. Insofern ist es wichtig, daß der Zugriff des Verwaltungsrates auf Einzelfragen nach Maßgabe des § 12 Abs. 2 BbG beschränkt bleibt.

— *Einflußnahmemöglichkeiten des Vorstandes* auf den Verwaltungsrat sind dem Rechte nach zwar nur schwach ausgestaltet: Antrag auf außerordentliche Sitzungen (§ 13 Abs. 1 S. 2 BbG), Teilnahme-, Rede- und Antragsrecht in den Sitzungen des Verwaltungsrates (§ 9 Abs. 3 BbG). In der Praxis spielen jedoch die faktischen Einwirkungen, wie sie aus der Befaßtheit des Vorstandes mit den Angelegenheiten der Geschäftsleitung allgemein folgen, eine nicht zu unterschätzende Rolle.

Insgesamt ist es — auch im Blick auf die Steuerungsleistungen der politischen Ebene (bb) — bedeutsam, daß das BbG die Eigenorganschaft der DB nicht als monolithischen Entscheidungszug, sondern als dualistisches System konzipiert hat, in dem neben der Kooperation auch der interorganschaftliche Konflikt seinen Platz hat.

bb) Unternehmensexterne Steuerung

Die Hauptzüge der unternehmensexternen Steuerung verwirklichen sich in dem Aufsichtsrecht des BMV nach § 14 BbG mit einer Anzahl von Spezialbestimmungen, die Einwirkungs- und Mitwirkungsrechte des BMV, anderer Bundesminister oder der Bundesregierung vorsehen. Für die vorliegende Skizze der Entscheidungsstrukturen besonders bedeutsam sind die *Genehmigungsvorbehalte* für

— den Wirtschaftsplan,
— den Bau neuer Bahnen,
— die Strecken- und Anlagenstillegungen,
— die Erwerbs- und Beteiligungspolitik,
— die Tarife (§ 16 BbG),
— Kreditaufnahme (§ 31 BbG).

In Angelegenheiten, die nicht seiner Genehmigung unterliegen, hat der BMV das Einspruchsrecht nach § 15 BbG. Dem Vorstand der DB können Zielvorgaben und Weisungen erteilt werden[266]. Die Aufsicht geht über die reine Rechtmäßigkeitskontrolle deutlich hinaus. In ihr wird die politische Verantwortung der Führungsorgane, vor allem die Ressortverantwortung des BMV nach Art. 65 GG wirksam. Dabei geht das BbG erkennbar von einer „asymmetrischen Entscheidungsstruktur" aus:

---

[266] *Finger,* Allgemeines Eisenbahngesetz (Fn. 39), S. 135.

A. Die Frage der Verselbständigung der Bundesbahn

— In ihr liegen die Ausarbeitung und Artikulation der *unternehmenstypischen* Interessen zunächst bei den eigenen Organen der DB, unter denen noch einmal differenziert und für den Verwaltungsrat ausdrücklich auch schon die gesamtstaatliche Verantwortung ins Spiel gebracht wird (§ 10 Abs. 4 BbG).

— Der BMV hat demgegenüber zunächst die *gesamtstaatlichen Interessen* ins Spiel zu bringen. Das wird besonders deutlich in § 14 Abs. 3 S. 2 BbG ausgedrückt.

— Doch ist die politische Führung zugleich mit einer *umfassenden Interessenbestimmung* und -abwägung betraut. Sie hat sich also auch die Unternehmensinteressen der DB — u. U. sogar über den von den DB-Organen selbst formulierten Umfang hinaus — angelegen sein zu lassen. Zuständigkeitsmäßig trifft das Gesetz innerhalb der Regierung hier keine eindeutige Festlegung: Teilweise hat der BMV diese Integrationsfunktion mit zu leisten; teilweise ist die Bundesregierung als Kollegium eingeschaltet (z. B. § 15 S. 3, § 52 Abs. 1 S. 2 BbG). Eine vorsichtige *Interessenneutralisierung* versucht in diesem Punkte § 28 a Abs. 2 BbG, wenn er bei Meinungsverschiedenheiten über Ausgleichsleistungen die endgültige Entscheidung einer *Einigungsstelle* vorsieht.

c) Wirtschaftsführung nach § 28 BbG

Auf die Entscheidungsstrukturen einer inneradministrativen Gewaltenteilung abgestimmt sind die Maßstäbe der Wirtschaftsführung nach § 28 BbG und die Regelung der Ausgleichsleistungen nach § 28 a BbG. Die organisatorische Komponente der Bundesbahnautonomie (vgl. zu a und b) findet hier eine materielle Entsprechung. § 28 Abs. 1 S. 1 BbG, der sich an die eigenen Organe der DB wendet, schreibt vor, die DB wie ein Wirtschaftsunternehmen mit dem Ziel bester Verkehrsbedienung nach kaufmännischen Grundsätzen so zu führen, daß die Erträge die Aufwendungen einschließlich der erforderlichen Rückstellungen decken; eine angemessene Verzinsung des Eigenkapitals ist anzustreben. Die Vorschrift ist zuweilen scharf kritisiert worden[267].

Klarzustellen ist zunächst, daß § 28 Abs. 1 S. 1 BbG den Organen der DB nicht schlechthin eine kaufmännische Unternehmensführung zur Pflicht macht, sondern nur eine Anlehnung an kaufmännische Entscheidungskriterien meint („wie ein Wirtschaftsunternehmen"). Was das heißt, wird sogleich deutlich, wenn als oberstes Unternehmensziel das „Ziel bester Verkehrsbedienung" genannt wird. Nicht die sog. „Gewinn-

---

[267] Vgl. z. B. *Lange*, Verkehr (Fn. 219), S. 251 ff.; ferner *Rottmann*, Rechtslage der DB (Fn. 5), S. 19 ff., freilich ohne auch nur eine genauere Textanalyse zu bieten; zutreffend dagegen *Finger* (Fn. 4), DÖV 1985, 226 (229).

maximierung", sondern eine „Leistungsmaximierung" ist also anzustreben. „Lediglich der Ausgleich der Rechnung in Form der Deckung der Aufwendungen durch die Erträge soll erreicht und eine angemessene Eigenkapitalverzinsung angestrebt werden[268]."

In dieser gebändigten Form indizieren die Grundsätze der Unternehmensführung die Doppelstellung der DB als einer Betriebsverwaltung zutreffend. Sie korrespondieren der aufgezeigten Entscheidungsstruktur, innerhalb der es den Organen der DB zukommt, die unternehmensbezogenen Interessen zu formulieren und zu vertreten. Daß dieses nicht ohne Blick auf die Stellung der DB im Gefüge der Bundesverwaltung geschehen soll, belegt § 28 Abs. 1 S. 2 BbG. Doch bleibt die Frage der dort herausgestellten sog. Gemeinwirtschaftlichkeit auf dieser ersten Entscheidungsebene in die Maßstäbe der Unternehmensführung nach § 28 Abs. 1 S. 1 eingebunden („in diesem Rahmen").

Die volle Berücksichtigung der Gemeinwirtschaftlichkeit ist durch die politische Führung mit den Instrumenten der unternehmensexternen Steuerung sicherzustellen. Das ist die zweite Ebene der aufgezeigten Entscheidungsstrukturen. Auf ihr sind der Verfassungsauftrag des Art. 87 Abs. 1 S. 1 GG und sonstige politische Vorgaben der Bundesregierung einzubringen. Verfehlt ist es daher, wenn § 28 BbG mit verfassungsrechtlichen Hinweisen zu kritisieren versucht wird: Die Lockerung, die in der Anlehnung an eine kaufmännische Unternehmensführung liegt, erreicht im Konzept der inneradministrativen Gewaltenteilung die zweite Entscheidungsebene nicht. Soweit der Bund im Rahmen des Art. 87 Abs. 1 S. 1 GG Leistungen zu erbringen hat, kann und will § 28 Abs. 1 S. 1 BbG ihn aus dieser Bindung nicht entlassen. Dem BbG geht es an dieser Stelle vielmehr allein um die unternehmensinterne Interessenartikulation, die als Gegengewicht ohne Letztverbindlichkeitsanspruch im Gesamtprozeß der Eisenbahn- und Verkehrspolitik verstanden wird.

Freilich zwingt auch das Verfassungsrecht den Bund nicht dazu, Bahnleistungen ohne Rücksicht auf die Kosten aufrechtzuerhalten. Das ist jedoch kein Thema des § 28 Abs. 1 S. 1 BbG, sondern des verfassungsrechtlichen Wirtschaftlichkeitsgebots selbst[269]. Verfehlt ist daher jene Kritik, die alle Wirtschaftlichkeits- und Sparsamkeitsüberlegungen dem § 28 BbG anlasten und auf diese Weise das einfache Gesetz gegen eine angeblich unbeschränkte verfassungsrechtliche Leistungspflicht ausspielen möchte. § 28 Abs. 1 BbG hat eine wichtige, aber eine begrenzte Aufgabe im Rahmen der inneradministrativen Gewaltenteilung, wie sie mit der Bahnautonomie angestrebt wird.

---

[268] So zutreffend *Finger*, Allgemeines Eisenbahngesetz (Fn. 39), S. 180.
[269] Vgl. 2. Abschnitt C I.

Ob § 28 Abs. 1 BbG insoweit eine optimale Entscheidungsstruktur gewährleistet oder aber umgekehrt Reibungsverluste im Gefolge hat, die in einer hierarchischen Verwaltung vermeidbar wären, kann dagegen nicht Gegenstand verfassungsrechtlicher Beurteilung sein. Daß die in § 28 Abs. 1 BbG angelegte Trennung der Führungsmaßstäbe angesichts der Doppelstellung der DB als Betriebsverwaltung, die ihre Leistung anders als die klassischen Verwaltungszweige am Markt und in Konkurrenz mit anderen Verkehrsträgern erbringt, auf einer immerhin plausiblen Idee beruht, dürfte nicht zu bezweifeln sein.

d) Ergebnis

Insgesamt zeigt das interne und externe Steuerungssystem einen Detaillierungsgrad, der ein verfassungsrechtliches Verdikt über eine einzelne Regelung nicht gestattet. Demgemäß kann das System auch in einzelnen Punkten — sei es mit einer autonomiefördernden, sei es mit autonomieeinschränkender Tendenz — fortentwickelt werden. Art. 87 Abs. 1 S. 1 GG gebietet die Bahnautonomie zwar nicht. Er steht ihr aber auch nicht entgegen, solange die Verselbständigungen unterhalb derjenigen der Standardtypen bundesmittelbarer Verwaltung bleiben. Das setzt Steuerungsmöglichkeiten der politischen Führung voraus, die deutlich über eine bloße Rechtmäßigkeitskontrolle hinausgehen und in den zentralen Fragen der DB-Politik ein Letztentscheidungsrecht einschließen. Verfahrensmäßig darf dieses Letztentscheidungsrecht gestuft, in Einzelpunkten durch die Einschaltung unabhängiger Gremien sogar mediatisiert sein. So hielte sich eine gesetzliche Regelung, die die *wirtschaftlichen*, nicht die *politischen* Auswirkungen von Entscheidungen des Bundes gegenüber der DB der verbindlichen Begutachtung durch ein unabhängiges Gremium unterstellte, noch im Rahmen dessen, was Art. 87 Abs. 1 S. 1 GG an Organisationselementen für die DB vorgibt[270].

III. Juristische Personen des privaten Rechts

Umstritten ist ferner, inwieweit die Bundeseisenbahnen i. S. des Art. 87 Abs. 1 S. 1 GG als juristische Person des privaten Rechts organisiert werden dürfen. Wenn diesem Thema im folgenden nachgegangen wird, so können allerdings zwei Fragen, die dem weiteren Umfeld der hier einschlägigen Problematik zugehören, ausgeklammert bleiben:

---

[270] Vgl. dazu *Fromm*, Um die Rechtsstellung der Deutschen Bundesbahn, BB 1966, S. 297 ff. (298); enger — auf eine rechtlich gebundene Entscheidung begrenzend — *Püttner*, Die öffentlichen Unternehmen, 2. Aufl. 1985, S. 138 Fn. 70.

— *Nicht* erneut untersucht werden soll, inwieweit die Verwaltung überhaupt berechtigt ist, sich bei der Wahrnehmung öffentlicher Aufgaben privatrechtlicher Organisationsformen zu bedienen. Die Frage kann heute in dem Sinne als geklärt gelten, daß für den Staat ein allgemeines Verfassungsgebot, ausschließlich öffentlich-rechtliche Organisationsformen zu benutzen, nicht existiert[271].

— *Nicht* eigens untersucht wird ferner, inwieweit überkommene öffentliche Aufgaben aus der öffentlichen Verantwortung als solche entlassen und damit der originären Erfüllung durch Private anheimgegeben werden dürfen. Für Organisationsänderungen im Bereich der Bundeseisenbahnen entscheidend ist, wieweit die Verkehrsbedienungspflichten des Bundes nach Art. 87 Abs. 1 S. 1 GG gehen. Diese Frage ist im 2. Abschnitt beantwortet worden. Ob Tätigkeiten, die der Bund danach aufgeben darf, weil sie jenseits des aufgabenrechtlichen Garantiegehalts liegen, von den Ländern aufzunehmen sind oder künftig (wieder) von privaten Anbietern erfüllt werden, kann bei der Untersuchung von Organisationsfragen im Bahnbereich deshalb dahinstehen. Im folgenden geht es ausschließlich um die Frage, inwieweit der Bund für die ihm obliegenden Pflichten öffentlicher Verkehrsbedienung im Bahnbereich privatrechtliche Organisationsformen vorsehen darf[272].

Als allgemein anerkannt gelten kann heute, daß Art. 87 GG, selbst wenn er für die Bundesverwaltung ausdrücklich nur Organisationsformen des öffentlichen Rechts nennt, diese Formenvorgaben nicht i. S. eines numerus clausus verstanden wissen will. Die Verwendung privatrechtlicher Organisationsformen ist daher auch der Bundesverwaltung nicht schlechthin verwehrt[273].

---

[271] *Ehlers*, Privatrechtsform (Fn. 132), S. 113; *Stober*, Die privatrechtlich organisierte öffentliche Verwaltung, NJW 1984, S. 449 ff. (452); *Scholz/Pitschas*, in: Püttner (Hrsg.), Handbuch der kommunalen Wissenschaft und Praxis (HkWP) Bd. 5, 1984, S. 128 ff.; *Püttner*, Die öffentlichen Unternehmen (Fn. 270), S. 79 ff.

[272] Zur Notwendigkeit zwischen *formeller* oder Organisationsprivatisierung und *materieller* oder Funktionsprivatisierung zu trennen *Graf Vitzthum*, Gemeinderechtliche Grenzen der Privatisierung kommunaler Wirtschaftsunternehmen, AöR Bd. 104 (1979) S. 580 (586 ff.); *Scholz/Pitschas* (Fn. 271), HkWP Bd. 5, S. 131. Vgl. zu Fragen der *materiellen* Privatisierung *Bull*, AK/GG vor Art. 83 Rdnr. 45 ff. und Art. 87 Rdnr. 20; zu Nachw. auch *Stern*, Staatsrecht Bd. 1 (Fn. 230), S. 898 Fn. 132.

[273] Jeweils mit Differenzierungen im einzelnen: *v. Mangoldt/Klein*, Art. 87 Anm. III 2 b; *Maunz*, in: Maunz/Dürig, Art. 87 Rdnr. 43; *Köttgen*, Der Einfluß des Bundes auf die deutsche Verwaltung und die Organisation der bundeseigenen Verwaltung, JöR NF 11, 1962, S. 173 ff. (290 f.); *Ossenbühl*, Die Erfüllung von Verwaltungsaufgaben durch Private, VVDStRL 29, 1970, S. 137 ff. (166); *Boergen*, Die Gründung privatrechtlich organisierter bundesabhängiger Nicht-Wirtschafts-Unternehmen, DVBl. 1971, S. 869 ff. (876 f.); *Dittmann*, Bundesverwaltung (Fn. 5), S. 86—88; ders., Bundeseigene Verwaltung durch

A. Die Frage der Verselbständigung der Bundesbahn 115

1. Privatrechtsform und Gesamtorganisation

Nicht einheitlich beantwortet wird dagegen die Frage, inwieweit die in Art. 87 Abs. 1 S. 1 GG genannten Verkehrsanstalten als solche in den *Standardformen* juristischer Personen des Privatrechts — und hier vor allem der Aktiengesellschaft oder der GmbH — geführt werden dürfen[274]. Ein Teil der Literatur bejaht dieses[275]. Überwiegend wird jedoch eine privatrechtliche Organisation der DB *als solche* nicht für zulässig angesehen[276].

a) Zur Eignung der Privatrechtsform allgemein

Deutlich sein sollte zunächst, daß sich die Unzulässigkeit privatrechtlicher Organisationsformen nicht schon mit dem unbestimmten Argwohn dartun läßt, es sei das Gemeinwohl in Gefahr, wo der Staat sich des Privatrechts bediene. Das dauernde Reden von der „Flucht in das Privatrecht" ist in manchen Teilen der öffentlich-rechtlichen Literatur ein zwar häufig anzutreffender, in dieser Allgemeinheit gleichwohl nicht belegter Topos. Gewiß tragen bestimmte Dogmen des öffentlichen Rechts dem spezifischen Sicherungsinteresse des Individuums in besonderer Weise Rechnung. Doch ist auch das Privatrecht keineswegs schutzuntauglich. Wo heute noch versucht wird, das Privatrecht als ein Recht der Parteienwillkür zu brandmarken, herrschen erkennbar archaische Vorstellungen von diesem Rechtsgebiet, die dem Stand des positiven Rechts nicht entsprechen. Gerade in jüngerer Zeit ist am Beispiel des Wettbewerbsrechts der öffentlichen Hand dargetan worden, daß eine privatrechtliche Fassung dieses Gebietes und seine Überantwortung in die Zuständigkeit der Zivilgerichte vielleicht

---

Private?, DV 1975, S. 431 ff. (437); *Ehlers,* Privatrechtsform (Fn. 132), S. 115 f., jeweils mit weit. Nachw. Einen Überblick über die existierende Formenvielfalt der Privatrechtsträger in der Bundesverwaltung gibt *Becker,* Typische Eigenschaften der privatrechtlich organisierten Bundesverwaltung, DV 1979, S. 161 ff.

[274] Daß Art. 87 Abs. 1 S. 1 GG von Art. 80 Abs. 2 GG, der von „Gebühren" für die Benutzung der Bundeseisenbahnen und der Bundespost spricht, in der Frage der Organisationsform bestätigt und ergänzt wird, wie *Lerche/Graf von Pestalozza,* Deutsche Bundespost (Fn. 7), S. 31 für das Postrecht überlegen, ist angesichts des traditionell privatrechtlich verstandenen Entgelts im Eisenbahnwesen nicht anzunehmen.

[275] So nachdrücklich jüngst *Dittmann,* Bundesverwaltung (Fn. 5), S. 170; ferner *Stober* (Fn. 71), NJW 1984, S. 449 ff. (452); früher schon *Püttner,* Die öffentlichen Unternehmen, 1. Aufl. (Fn. 90), S. 137 f. und jetzt auch in der 2. Aufl. (Fn. 270), S. 86 f.

[276] So *Stern,* Staatsrecht Bd. 2 (Fn. 5), § 41 VII 7 b (S. 831 f.); *Maunz,* in: Maunz/Dürig, Art. 87 Rdnr. 32, 46; *Finger,* Allgemeines Eisenbahngesetz (Fn. 39), S. 66 f.; *ders.* (Fn. 4), DÖV 1985, S. 226 (228); *Ehlers,* Privatrechtsform (Fn. 132), S. 117; Gutachten des Wissenschaftlichen Beirats (Fn. 252), S. 40; früher schon *Konow,* Zur Frage der Privatisierung der Deutschen Bundesbahn, Die öffentliche Wirtschaft 1967, S. 33.

sogar einen besseren Schutz bieten, als ihn öffentliches Recht und Verwaltungsgerichte bisher entfaltet haben[277]. In ähnlicher Weise möchte z. B. die Nutzung öffentlicher Anstalten durch das Recht der Allgemeinen Geschäftsbedingungen heute benutzerfreundlicher ausgestaltet werden können als durch die recht undeutlichen Schranken des öffentlichen Satzungsrechts. Und schließlich belegt gerade das Eisenbahnrecht, das seine Nutzungsverhältnisse traditionell den *Handlungsformen* des Privatrechts unterstellt, daß eine solche Qualifikation den Rechtsschutz der Nutzer keineswegs mindern muß. Für die *Organisationsformen* hat in neuerer Zeit *Dittmann* am Beispiel privatrechtlicher Mittlerorganisationen im Bereich des Auswärtigen Dienstes dargetan, daß das Privatrecht hinreichende Gestaltungsmöglichkeiten bietet, um den Anforderungen des Art. 87 Abs. 1 S. 1 GG zu genügen[278].

Gerade die Elemente der Selbstverwaltung und der auf eine Rechtsaufsicht reduzierten Staatsaufsicht, die dagegen sprechen, juristische Personen des öffentlichen Rechts als Ausdruck der in Art. 87 Abs. 1 S. 1 GG gekennzeichneten Bundesverwaltung anzusehen, kommen den juristischen Personen des Privatrechts, insbes. den Kapitalgesellschaften, nicht automatisch zu. Hier können im Regelfall durch eine Ausgestaltung des Gesellschaftsvertrages (Satzung) gezielte Einflußmöglichkeiten der politischen Staatsführung geschaffen werden[279]. *Dittmann* trägt daher keine Bedenken gegen eine Verselbständigung der DB in der Form einer juristischen Person des Privatrechts[280].

b) Gegengründe

Wenn ich trotzdem eine Überführung der Gesamtorganisation der DB in eine solche Rechtsform mit Art. 87 Abs. 1 S. 1 GG nicht für vereinbar halte, so sind dafür folgende Gründe maßgebend:

---

[277] Vgl. *Ulmer*, Die Anwendung von Wettbewerbs- und Kartellrecht auf die wirtschaftliche Tätigkeit der öffentlichen Hand beim Angebot von Waren und Dienstleistungen, ZHR 1982, S. 466 ff.

[278] Vgl. *Dittmann* (Fn. 247), DV 1975, S. 431 ff. (449—457); ders., Die Bundesverwaltung (Fn. 5), S. 123—141; vgl. ferner *Ch. Lange*, Privatisierung der Rechtsform, 1984, S. 241 ff., *Ehlers*, Privatrechtsreform (Fn. 132), S. 132 ff.

[279] Vgl. dazu auch *Ehlers*, Privatrechtsform (Fn. 132), S. 132—151, der für die allgemeine staatliche Einwirkungspflicht auf die staatlichen Unternehmen ebenfalls zu dem Ergebnis gelangt, das Gesellschaftsrecht einschließlich des Aktien- und Konzernrechts biete in der Regel genügend Möglichkeiten, den notwendigen Einfluß des Staates sicherzustellen (aaO, S. 144 f.). Für die GmbH ähnlich, für die Aktiengesellschaft allerdings einschränkend *Janson*, Rechtsformen öffentlicher Unternehmen (Fn. 250), S. 142 ff.; *Scholz/Pitschas* (Fn. 271), HkWP Bd. 5, S. 128 (144—146).

[280] *Dittmann*, Bundesverwaltung (Fn. 5), S. 170; vgl. ferner die Nachw. in Fn. 275.

A. Die Frage der Verselbständigung der Bundesbahn 117

— Gerade die Typen einer dem Unternehmensrecht mindestens stark angenäherten Organisation der Eisenbahnen waren dem *Parlamentarischen Rat* aus der Geschichte hinreichend bekannt. Wenn er eine solche Organisation der Bundeseisenbahnen mit unter den Begriff der bundeseigenen Verwaltung fassen wollte, hätte es deutlicher Hinweise bedurft. Die oben[281] zitierte Äußerung des Berichterstatters Dr. Laforet weist jedoch in eine gegenläufige Richtung.

— Die Organisationsform der juristischen Person des Privatrechts — und das gilt auch für die der Formenstrenge am stärksten verpflichteten Kapitalgesellschaften — sind in der Ausgestaltung der Entscheidungszüge zwar flexibler als die Standardformen der juristischen Personen des öffentlichen Rechts. Sie stehen aber nach der *Systematik* des Organisationsrechts letzteren näher als den nicht-vollrechtsfähigen Verwaltungseinheiten, die den klassischen Typ der bundeseigenen Verwaltung repräsentieren. Entscheidendes Merkmal bleibt für alle juristischen Personen, sie mögen dem privaten oder dem öffentlichen Recht angehören, die ihnen automatisch zukommende Rechtsfähigkeit, die notwendig zu einer „natürlichen" Distanz gegenüber dem Muttergemeinwesen führt. Eben die Rechtsfähigkeit ist auch das Merkmal, das der Aufteilung der Organisationsformen in Art. 87 Abs. 1 einerseits und Abs. 2 andererseits zugrunde liegt. Im Sinne dieses von Art. 87 angestrebten Dualismus stehen die juristischen Personen des Privatrechts auf der Seite der sonst die bundesmittelbare Verwaltung ausmachenden juristischen Personen des öffentlichen Rechts.

— Gegen die Zulässigkeit eines Planes, die DB als solche in die Form einer als juristische Person des privaten Rechts verfaßten Kapitalgesellschaft zu überführen, dürften schließlich die *mitbestimmungsrechtlichen Konsequenzen* eines solchen Schrittes sprechen. Ein solches Unternehmen unterfiele nach allgemeinem Recht der (erweiterten) Unternehmensmitbestimmung nach § 1 des Mitbestimmungsgesetzes vom 4. 5. 1976 (BGBl. I S. 1153). Nun sind Einzelfragen des Gesellschafts- und Arbeitsrechts nicht Gegenstand dieser Untersuchung. Bereits ein erster Blick auf die Gewichtsverschiebungen, die durch eine Umstellung der bisherigen DB-Organisation auf diejenige eines solchermaßen mitbestimmten Unternehmens einträten, läßt jedoch erhebliche Zweifel daran aufkommen, ob dem Grundanliegen des Art. 87 Abs. 1 S. 1 GG damit noch Genüge getan wäre. Statt des Verwaltungsrates nach § 10 BbG wäre für eine in den Standardformen der Kapitalgesellschaften verfaßten DB ein Aufsichtsrat zu bilden, der sich nach § 7 MitbestG zur Hälfte aus

---

[281] Vgl. unter II 1 bei Fn. 248.

Vertretern der Arbeitnehmer zusammensetzen müßte. Es ist zwar richtig, daß die derzeitige Verantwortungsverteilung zwischen den Organen der DB untereinander (§§ 8—13 BbG) und zwischen der DB und dem Bundesminister für Verkehr (§§ 14—18, 20, 28 BbG) nicht die äußerste Schranke dessen darstellt, was nach Art. 87 Abs. 1 S. 1 GG als Eisenbahnautonomie zulässig wäre[282]. Die Adäquanz des durch das BbG vorgezeichneten — und im einzelnen sicher variablen — Modells beruht jedoch auf der *Pluralität* der im Verwaltungsrat vertretenen Gruppen und auf der Mehrschichtigkeit des Entscheidungszuges, die beide einer einseitigen Ausrichtung oder „blockhaften" Ausformung von Verselbständigungstendenzen der DB entgegenwirken. Würde dieses differenzierte Organisations- und Entscheidungsgefüge durch das sehr viel stärker auf einen Dualismus von Arbeitgebern und Arbeitnehmern ausgerichtete Modell des MitbestG ersetzt, so müßte das zu nachhaltigen Verschiebungen und zu einer stärker blockhaften Ausbildung der Interessenstrukturen führen, so daß die Einhaltung des in Art. 87 Abs. 1 S. 1 GG vorausgesetzten Maßes an Staatseinfluß nicht gesichert schiene[283].

---

[282] Vgl. oben sub II 3.
[283] Zu den mitbestimmungsbedingten Verformungen des Staatseinflusses auf öffentliche Unternehmen jüngst *Ehlers*, Privatrechtsform (Fn. 132), S. 145 ff. Schon für die allgemeine staatliche Einwirkungspflicht, die weniger ausgeprägt ist als die in Art. 87 Abs. 1 S. 1 GG vorausgesetzte Anbindung, gelangt Ehlers zu dem Ergebnis, die Minderung staatlicher Einflußnahmemöglichkeiten müsse durch andere Instrumente, z. B. durch den Vorbehalt von Weisungsrechten oder den Abschluß von Beherrschungsverträgen nach §§ 291 ff. AktG, ausgeglichen werden. Inwieweit solche Ausgleichsinstrumente nach allgemeinem Recht der öffentlichen Hand jedoch überhaupt zugänglich sind, inwieweit der Bund sich bei einer grundlegenden Organisationsänderung der DB sondergesetzlich schaffen könnte und inwieweit solche Mittel die Minderung des Staatseinflusses wirklich ausgleichen, ist außerordentlich streitig. Daß das alles dann auch noch den gesteigerten Ansprüchen des Art. 87 Abs. 1 S. 1 GG genügen würde, erscheint, ohne daß das hier endgültig beantwortet werden soll, außerordentlich zweifelhaft. Ehlers lehnt die Überführung der DB als solche in eine juristische Person demgemäß als mit Art. 87 Abs. 1 S. 1 GG unvereinbar an anderer Stelle (freilich ohne spezielle Bezugnahme auf das Mitbestimmungsrecht) ab; vgl. auch *Fastenrath/Simma*, Die Rhein-Main-Donau-Verträge, DVBl. 1983, S. 8 (14). *Dittmann*, Bundesverwaltung (Fn. 5), S. 130 f. konstatiert ebenfalls wesentliche Einschränkungen der Weisungs- und Organisationsbefugnisse des Staates durch das Betriebsverfassungs- und Mitbestimmungsrecht. Seine im Zusammenhang mit dem „Auswärtigen Dienst" getroffenen Feststellungen können die Verfassungsfrage dann jedoch wegen des „Tendenzcharakters" dieses Verwaltungszweiges (§ 118 Abs. 1 Nr. 1 BetrVG, § 1 Abs. 4 MitbestG) offen lassen. Im Zusammenhang mit der DB-Organisation, für die er eine Umstellung auf das private Gesellschaftsrecht bejaht (S. 170), kommt Dittmann dann auf die mitbestimmungsrechtlichen Konsequenzen nicht nochmals zurück, obwohl sie sich für den Leistungsbereich der DB nicht vermeiden lassen, wenn nicht eine besondere privatrechtliche Unternehmensform durch ein Sondergesetz geschaffen würde.

c) Zwischenergebnis

Insgesamt bleibt festzuhalten, daß eine in ihrer *Gesamtorganisation* als juristische Person des Privatrechts, insbesondere als Kapitalgesellschaft, verfaßte DB nicht denjenigen Organisationsvorstellungen entspricht, die Art. 87 Abs. 1 S. 1 GG als bundeseigene Verwaltung bezeichnet[284].

2. Privatrechtsformen für einzelne Unternehmensbereiche

a) Allgemeine Zulässigkeit

Kommt nach alledem eine Überführung der *Gesamt*organisation der DB in eine Standardform der juristischen Personen des Privatrechts nicht in Betracht, so ist doch die Organisation *einzelner* Tätigkeitszweige in diesen Formen mit Art. 87 Abs. 1 S. 1 GG durchaus vereinbar. Das entspricht ganz herrschender Ansicht. Neben denjenigen Autoren, die schon eine Gesamtüberführung für zulässig halten[285], sehen auch *Ehlers, Finger* und selbst *Maunz,* die eine solche Lösung in Übereinstimmung mit dem hier vertretenen Standpunkt ablehnen, in Teilüberführungen keinen Verstoß gegen Art. 87 Abs. 1 S. 1 GG[286].

Streitig ist dagegen der *Umfang* solcher Teillösungen. Hier versucht *Maunz* einen sehr restriktiven Standpunkt einzunehmen, ohne allerdings in seinen unterschiedlichen Formulierungen ganz exakt zu sein. Vor allem werden erkennbar die materielle Privatisierung, die Betrauung beliehener Unternehmer und die nur formelle Privatisierung nicht genau auseinandergehalten[287]. Zunächst heißt es, Art. 87 Abs. 1 S. 1 GG bedeute nur, „daß für alle wesentlichen Aufgaben der erfaßten Verwaltungszweige eine bundeseigene Verwaltung bestehen muß". Während diese Aussage im allgemeinen Sprachgebrauch eher auf einen „Kernbereich" ausschließlich öffentlich-rechtlicher Organisation hindeutet, wird die Ausgliederung wenig später auf „eng begrenzte Teilaufgaben" beschränkt. Noch enger heißt es an anderer Stelle, eine privatrechtliche Organisationsform sei „in jedem Fall" unvereinbar mit Art. 87 Abs. 1 GG[288]. Hinter dem allen steht die Vorstellung, die juristische Person des Privatrechts könne den in Art. 87 Abs. 1 vorausgesetzten Staatseinfluß noch weniger als die juristische Person des öffentlichen Rechts sicherstellen. Private Rechtsträger würden „zwangs-

---

[284] Zur Bedeutung des Art. 33 Abs. 4 GG für die vorliegende Problematik vgl. unten sub 3.
[285] Vgl. die Nachweise in Fn. 275.
[286] Vgl. ferner mit unterschiedlichen Einteilungen *Köttgen* (Fn. 273), JöR NF 11, 1962, S. 173 ff., 298: für die gesetzesfreie Verwaltung; *Stern,* Staatsrecht Bd. 2 (Fn. 5), § 41 VII 7 b (S. 831 f.): für Hilfs- und Ergänzungsdienste".
[287] Vgl. *Maunz,* in: Maunz/Dürig, Art. 87 Rdnr. 32.
[288] So *Maunz* (Fn. 4), in: Festschrift für Scupin, S. 615 ff. (623 Fn. 14).

läufig die wirtschaftlichen Gesichtspunkte mehr in den Vordergrund rücken"; das aber liefe dem Schutzzweck des Art. 87 Abs. 1 „noch mehr zuwider" als die Schaffung bundesmittelbarer Verwaltungsträger[289].

Nicht zutreffend an dieser Ansicht ist zweierlei: Zum einen läßt sich erkennbar auch *Maunz* von jener nicht belegten Befürchtung leiten, Privatrecht bedeute den Sieg des Privatvorteils über das allein im öffentlichen Recht gewahrte Gemeinwohl. Schon diese Annahme kann, wie oben gezeigt wurde, so nicht aufrechterhalten werden. Mindestens bedürfte es einer deutlichen Unterscheidung derjenigen Fälle, in denen über das Privatrecht eine materielle Privatisierung vollzogen wird, von den hier einzig zu begutachtenden Fällen nur formeller Privatisierung, die unbeschadet der nach wie vor bestehenden Verantwortung des Bundes vorgenommen werden kann. Zum anderen haben die Untersuchungen von *Dittmann* und *Ehlers* erwiesen, daß für juristische Personen des Privatrechts — insbesondere für die GmbH — nicht weniger, sondern mehr Möglichkeiten bestehen, sie an Entscheidungen des Unternehmensträgers zu binden, als das für die Standardformen juristischer Personen des öffentlichen Rechts möglich ist. Das Privatrecht steht den Schutzinteressen des Art. 87 Abs. 1 S. 1 GG daher aufgeschlossener gegenüber als das streng dualistische Konzept des normalen öffentlichen Organisationsrechts[290].

In privater Rechtsform dürfen folglich nicht nur jene Unternehmensteile der DB geführt werden, für die auch eine juristische Person des öffentlichen Rechts als Organisationsform in Betracht käme[291]. Vielmehr können bei entsprechender gesellschaftsrechtlicher Sicherung des staatlichen Einflußnahmerechts auch weitere und wichtigere Bereiche, z. B. die Verkaufsorganisation, als juristische Personen des Privatrechts geführt werden. In diesem Zusammenhang ist nicht ohne Bedeutung, daß das frühere Recht eine solche Möglichkeit ausdrücklich vorsah. Nach § 12 des Reichsbahngesetzes i. d. F. von 1930 konnte die Deutsche Reichsbahn in besonderen Fällen, in denen es ihr für ihren Betrieb vorteilhaft erschien, mit Zustimmung der Reichsregierung das Betriebsrecht an einzelnen Teilen ihres Netzes auf Dritte übertragen. Daß jede Überführung eines Unternehmensbereichs in Privatrechtsform dazu nötigt, auch die *steuer-*, *kartell-*, *geheimhaltungs-* und *strafrechtlichen* Folgeprobleme zu bedenken, ist selbstverständlich, bildet aber, da sich diese Fragen auf der Ebene des einfachen Rechts bewegen, nicht den Gegenstand der vorliegenden verfassungsrechtlichen Untersuchung.

[289] So nachdrücklich *Maunz*, in: Maunz/Dürig, Art. 87 Rdnr. 31.
[290] Zutreffend kritisiert *Ehlers*, Privatrechtsform (Fn. 132), S. 118 Fn. 48, *Maunz* verkenne die Schutzzeignung privatrechtlicher Organisationsformen.
[291] Vgl. oben sub II 2.

A. Die Frage der Verselbständigung der Bundesbahn 121

b) Insbesondere: Busdienste

Nach diesen Maßstäben verfassungsrechtlich nicht zu beanstanden ist die Organisation der Omnibusdienste der DB und der DBP, soweit sie in Regionalverkehrsgesellschaften mbH zusammengeführt worden sind[292]. Forderungen, die in diese Richtung zielten, wurden schon frühzeitig laut. So brachten 1953 einige Abgeordnete der CDU einen Antrag betreffend Straßenpersonenverkehr ein, mit dem die Bundesregierung ersucht wurde, alsbald einen Gesetzentwurf vorzulegen, welcher die DB und die Deutsche Bundespost verpflichtet, ihre dem Straßenpersonenverkehr dienenden Kraftfahrzeuge und Einrichtungen in ein gemeinsames oder mehrere Unternehmen zu überführen[293]. In der zweiten Wahlperiode des Deutschen Bundestages stieß die Fraktion der SPD mit einem Antrag nach, in dem sie die Bundesregierung ersuchte, dafür Sorge zu tragen, daß umgehend eine von DB und Deutscher Bundespost gemeinsam getragene Omnibus-Betriebsgesellschaft errichtet werde[294]. Auch die Prüfungskommission für die DB sprach sich in ihrem Bericht aus dem Jahre 1960 dafür aus, die Straßendienste der DB in regionalen Tochtergesellschaften zusammenzufassen[295].

Von der *Zulässigkeit* der Verselbständigung von Betriebsteilen der Bundesverkehrsanstalten ging auch die Rechtsprechung aus. So wurde schon die Betätigung der Deutschen Bundespost im Straßenpersonenverkehr mit Hilfe einer von ihr erworbenen Gesellschaft frühzeitig als zulässig angesehen und der Deutschen Bundespost zugerechnet[296]. Auch speziell die Regionalverkehrsgesellschaften werden heute von der herrschenden Ansicht als zulässig angesehen[297]. Gegen die Verfassungsmäßigkeit einer privatrechtlichen Organisation von Busdiensten hat

---

[292] Vgl. die Darstellung von *Fromm* im 1. Abschnitt unter B II 1 a bb; ferner *Irsfeld/Posselt* (Fn. 3), DV 1978, S. 335 ff.; *v. d. Heyden*, Die Postbeteiligungsgesellschaften und ihr Unternehmerrecht, Archiv für das Post- und Fernmeldewesen (ArchPf) 1980, S. 218 ff. (232 f.).
[293] Vgl. Bundestagsdrucksache I/4002 vom 16. 1. 1953.
[294] Vgl. Bundestagsdrucksache II/181 vom 13. 1. 1954.
[295] Vgl. Bundestagsdrucksache III/1602, S. 125.
[296] Vgl. OVG *Lüneburg*, OVGE 12, 432 (435 f.).
[297] *Dittmann*, Bundesverwaltung (Fn. 5), S. 170 und 180 f.; *Ehlers*, Privatrechtsform (Fn. 132), S. 118; *Finger*, Allgemeines Eisenbahngesetz (Fn. 39), S. 67; *Bull*, AK/GG Art. 87 Rdnr. 73; *Vaerst*, in: Eichhorn (Hrsg.), Auftrag und Führung öffentlicher Unternehmen, S. 128 ff. (136). Im Ergebnis ferner BAG AP § 613 BGB Nr. 2 mit zust. Anm. v. *Hoyningen-Huene*, dort Bl. 661 (663). Das Bundesverwaltungsgericht konnte in seinen Entscheidungen betr. die Dienstleistungspflichten beamteter Busfahrer der DB, die diese den Regionalverkehrsgesellschaften überlassen hatte, die Frage des Art. 87 Abs. 1 S. 1 GG offen lassen, weil es nach der konkreten Rechtslage schon die Beeinträchtigung der Rechtsstellung der Busfahrer verneinte; vgl. BVerwG, DVBl. 1984, S. 959 ff. (961).

sich insbesondere *Maunz* gewandt[298]. Seine Argumentation ist allerdings nicht ganz eindeutig. Zum einen wird auf den Umfang der Ausgliederung abgehoben[299], der bei den Busdiensten den von Maunz (zu eng) gezogenen Kreis des im übrigen auch von ihm anerkannten Ausnahmevorbehalts überschreiten soll. Zum anderen befürchtet *Maunz*, die Herauslösung der Buslinien aus der Behördenverwaltung führe dazu, daß der Bund sich mehr und mehr aus dieser Tätigkeit zurückziehe. Belegt wird dieses Argument nicht weiter; hinter ihm steht vielmehr erkennbar nur der alte Verdacht, dem die Privatrechtsformen auch sonst zuweilen ausgesetzt sind. *Maunz* übersieht dabei, daß sich der Bund selbst — möge er nun behördlich oder privatrechtlich organisiert sein — seinen Verfassungspflichten nicht entziehen kann, daß er aber andererseits weder in den Kernbereichen der Bundeseisenbahnen noch erst recht bei den Busdiensten dazu verpflichtet ist, eine einmal geschaffene Verkehrsbedienung unverändert auch künftig zu gewährleisten. Die „Gefahr" von Leistungseinschränkungen ist folglich kein Argument gerade gegen eine Verwaltung in Privatrechtsform[300].

Richtigerweise ist die privatrechtliche Organisation der Busdienste nach folgenden Gesichtspunkten zu beurteilen:

— Soweit der Bund im Bereiche des Eisenbahnwesens Omnibusverkehr betreibt, tut er das auf Grund des Kompetenztitels des Art. 87 Abs. 1 S. 1 GG und hat folglich auch den organisationsrechtlichen Gehalt dieser Vorschrift zu beachten.

— Verfassungsrechtlich unbedenklich ist es, daß an der Vereinigten Bundesverkehrsbetriebe GmbH (VBG) nicht nur die DB, sondern auch die DBP beteiligt ist. Bahn und Post sind gleicherweise Sondervermögen des Bundes, der hier nur in zwei gleichgewichtigen Kompetenztiteln des Art. 87 Abs. 1 S. 1 GG präsent ist. Folglich geht es auch hier nicht um eine materielle Privatisierung, sondern nur um eine Fassung öffentlicher Aufgabenträgerschaft in Privatrechtsform.

---

[298] *Maunz*, in: Maunz/Dürig, Art. 87 Rdnr. 31 und 45; ders. (Fn. 4), in: Festschrift für Scupin, S. 615 ff.; ähnlich *Wussow*, Privatisierung staatlicher Verwaltungsbereiche — aufgezeigt am Beispiel der Deutschen Bundespost, RiA 1981, S. 107 f.; ferner *Zuck*, Rechtsgutachten betreffend die verfassungsrechtliche Beurteilung der Regionalgesellschaften von Bahn/Post, in: Schriftenreihe des Deutschen Personenverkehrsgewerbes, 1979, S. 26 f., der Art. 87 Abs. 1 zunächst erkennbar keinen organisatorischen Gehalt beimessen will, dann aber lapidar feststellt, auch eine nur formelle Privatisierung führe dazu, daß keine bundeseigene Verwaltung mehr vorliege. Vgl. ferner — freilich ohne greifbaren verfassungsrechtlichen Gehalt — *Rottmann*, Rechtslage der DB (Fn. 5), S. 28 ff.

[299] Rdnr. 31.

[300] Gegen *Maunz* siehe auch die zutreffende Kritik bei *Ehlers*, Privatrechtsform (Fn. 132), S. 118 Fn. 49.

— Die Busdienste der Bahn haben in der Entwicklung der Bundeseisenbahnen stets eine organisatorische Sonderrolle gespielt. Schon der Staatsvertrag von 1920 führte die „Kraftwagenbetriebe" (§ 1 Abs. 3) gesondert auf und deutete damit eine gewisse Verselbständigung an.

— Aufgabenrechtlich gehören die Busdienste nicht zu jenem Kern von Verkehrsleistungen, deren Erbringung sich der Bund vorrangig angelegen sein lassen muß; die Pflicht zum Betrieb von Busdiensten erreicht die Dichte der Pflicht für den Schienenverkehr nicht[301]. Wenn es der Sinn der organisationsrechtlichen Vorgaben des Art. 87 Abs. 1 S. 1 GG ist, das Eisenbahnwesen in einer bestimmten Nähe zu den zentralen politischen Entscheidungsinstanzen zu halten, die Busdienste dagegen nicht zu jenen Hauptmaterien gehören, die den verfassungsrechtlich vorgeprägten Aufgabenbereich der DB ausmachen, dann ist ihre Organisation in den mediatisierenden, aber gleichwohl nicht „abkoppelnden" Formen juristischer Personen des Privatrechts in noch höherem Maße zulässig als das für andere Bereiche der DB anzuerkennen ist[302].

c) Modelle „doppelter" Unternehmensformen

Für größere Organisationsänderungen bleibt die Überführung von Unternehmensteilen in Privatrechtsformen freilich eine Gratwanderung, die erhebliche Gefahren eines verfassungsgerichtlichen Verdikts in sich birgt. Alles hängt hier davon ab, daß Umfang und Gewicht des ausgegliederten Unternehmensbereichs mit den Formtypen des Privatrechts und besonderen gesellschaftsvertraglichen Einflußnahmesicherungen zu einem funktionsadäquaten Ausgleich gebracht werden. Ob dieser Ausgleich verfassungsrechtlich akzeptabel ist, bleibt eine Frage des Einzelmodells, und gerade darin liegen die Risiken. Generell läßt sich sagen, daß eine Überführung der *zentralen Leistungsbereiche* der DB in die Form einer *Aktiengesellschaft* nicht in Betracht kommen dürfte, weil die gegenüber dem GmbH-Recht verminderten Einflußnahmemöglichkeiten — nicht zuletzt wegen der mitbestimmungsrechtlichen Konsequenzen — solchenfalls in eine verfehlte Korrelation zur Bedeutung der betroffenen Entscheidungsbereiche gerieten. Deshalb erscheint auch eine Aufteilung der Gesamtorganisation der DB auf zwei Gesellschaften privaten Rechts (Anlagen- und Betriebsgesellschaft), wie sie mit dem *Modell der „Doppelgesellschaft"* umschrieben wird, nicht angängig; denn angesichts des betrieblichen Umfangs käme mindestens für die Betriebsgesellschaft wohl nur die Form einer Aktiengesellschaft

---

[301] Vgl. 2. Abschnitt B III 2 b.
[302] Vgl. oben sub II 2.

in Betracht, auf deren verkehrspolitisch bedeutsame Entscheidungen der staatlichen Führungsebene zu wenig Einflußnahmemöglichkeiten verblieben[303].

Weniger einschneidend wäre es zwar, wenn nach dem *Modell einer „Trennung von Fahrweg und Betrieb"* nur die Betriebsaufgaben in Form einer Gesellschaft privaten Rechts wahrgenommen würden, das Streckennetz dagegen in bundeseigener Verwaltung verbliebe. Doch vollzöge sich angesichts der genannten Bedeutungsgewichte des Betriebsbereichs eine so nachhaltige Ausgliederung wesentlicher Leitungsbereiche der bisherigen DB-Organisation, daß die verfassungsrechtlich notwendige Rückbindung auch in diesem Modell nicht mehr ausreichte und durch das Verbleiben der Fahrwegorganisation in bundeseigener Verwaltung nicht ausgeglichen würde.

3. Bedeutung des Funktionsvorbehalts in Art. 33 Abs. 4 GG

Der Einsatz privatrechtlicher Organisationsformen könnte weiterhin eine Grenze im Funktionsvorbehalt des Art. 33 Abs. 4 GG finden. Nach dieser Bestimmung ist die Ausübung hoheitsrechtlicher Befugnisse als ständige Aufgabe in der Regel solchen Angehörigen des öffentlichen Dienstes zu übertragen, die in einem öffentlich-rechtlichen Dienst- und Treueverhältnis stehen. Da juristische Personen des Privatrechts Dienstverhältnisse dieser besonderen Art grundsätzlich nicht eingehen können, wird ihre Verwendbarkeit als Organisationsform in typischen Hoheitsbereichen durch Art. 33 Abs. 4 GG mittelbar eingeschränkt.

a) Hoheitsrechtliche Befugnisse

Inwieweit diese Schranken wirksam werden, hängt allerdings wesentlich davon ab, welche Tätigkeiten des Staates als Ausübung hoheitsrechtlicher Befugnisse einzustufen sind[304]. Als unstreitig können hierzu zunächst folgende Positionen festgehalten werden:

---

[303] Vgl. dazu — aus betriebswirtschaftlicher Sicht ablehnend — *Janson,* Möglichkeiten und Grenzen der Doppelgesellschaft für öffentliche Unternehmen, ZögU 1984, S. 190 ff. (192); Gutachten des Wissenschaftlichen Beirats pp., Zur Situation der Deutschen Bundesbahn, bes. S. 50—52.

[304] Dazu: *Maunz,* in: Maunz/Dürig, Art. 33 Rdnr. 33 ff.; *Matthey,* in: v. Münch, GG, Art. 33 Rdnr. 30; *Schuppert,* AK/GG, Art. 33 Abs. 4 und 5 Rdnr. 26 ff.; *Stern,* Staatsrecht Bd. 1 (Fn. 30), § 11 III 4 f (S. 348 f.); *Kirchhof,* Der Begriff der hoheitsrechtlichen Befugnisse in Art. 33 IV GG, Diss. München 1968; *Isensee,* Beamtenstreik, 1971; *Leisner,* Der Beamte als Leistungsträger, in: ders. (Hrsg.), Das Berufsbeamtentum im demokratischen Staat, 1975, S. 121 ff.; *Rudolf,* Der öffentliche Dienst im Staat der Gegenwart, VVDStRL 37, 1979, S. 175 ff., 200—205 mit weit. Nachw. in Fn. 151; *Benndorf,* Die Bestimmung der „hoheitsrechtlichen Befugnisse" gemäß Art. 33 Abs. 4 GG, DVBl. 1981, S. 23 ff.; *Battis,* Bundesbeamtengesetz, 1980, § 4 Anm. 2.

A. Die Frage der Verselbständigung der Bundesbahn

— Auf jeden Fall von Art. 33 Abs. 4 GG *umgriffen* ist die mit den Mitteln des öffentlichen Rechts arbeitende *Eingriffsverwaltung*. Dazu sind nicht nur die unmittelbaren Eingriffsvorgänge, sondern auch deren Planung und Programmierung, insbes. die Tätigkeit höherer, zentraler Leitungsebenen zu verstehen. Der Begriff der „Befugnisse" in Art. 33 Abs. 4 GG beschränkt sich also nicht auf den in der polizeirechtlichen Terminologie darunter subsumierten unmittelbaren Befehls- und Eingriffsakt[305].

— Ebenso eindeutig aus Art. 33 Abs. 4 GG *auszuklammern* sind die *erwerbswirtschaftlichen* und die *bedarfsdeckenden* Tätigkeiten des Staates sowie die rein technischen Hilfstätigkeiten, z. B. einfache Büro- und Telephondienste[306].

Für den dazwischenliegenden Bereich — insbesondere die *Leistungsverwaltung* — ist die Zuordnung dagegen streitig. Als immerhin herrschend kann dabei die Erkenntnis gelten, daß jedenfalls Teile auch dieser Verwaltung dem Funktionsvorbehalt unterfallen. Nach welchen Kriterien dieser Sektor aber abzugrenzen ist, wird nicht einheitlich beantwortet. Zunächst war der Kreis der einzubeziehenden Tätigkeiten recht weit gezogen worden, indem abstrakt-funktional auf die Bedeutung der Leistungsverwaltung allgemein und ihre Erfüllung durch ein durch Weisungsrecht und Streikverbot strikt gebundenes Beamtentum verwiesen wurde. Danach wären neben der Subventions- und Förderungsverwaltung auch der breite Bereich der Daseinsvorsorge in den Funktionsvorbehalt einzubeziehen[307]. In jüngerer Zeit erlangen jedoch Stimmen Gewicht, die sich um eine Eingrenzung bemühen[308]. Solche

---

[305] Allgemein zur Eingriffsverwaltung vgl. nur *Isensee*, Beamtenstreik (Fn. 304), S. 86: obrigkeitlicher Kernbereich; speziell zur Planungstätigkeit in diesem Bereich *Maunz*, in: Maunz/Dürig, Art. 33 Rdnr. 35; *Benndorf* (Fn. 304), DVBl. 1981, S. 23 ff. (28).

[306] Vgl. *Stern*, Staatsrecht Bd. 1 (Fn. 230), § 11 III 4 f. (S. 349); *Battis*, BBG (Fn. 304), § 4 Anm. 2.

[307] Zu dieser „dynamischen" Interpretation vgl. z. B. *Maunz*, in: Maunz/Dürig, Art. 33 Rdnr. 33; *Matthey*, in: v. Münch, GG, Art. 33 Rdnr. 30: „essentiell notwendige Aufgaben der Leistungsverwaltung"; *Ossenbühl* (Fn. 273), VVDStRL 29, S. 137 ff. (161 f.); *Ehlers*, Privatrechtsform (Fn. 132), S. 122 f.: für eine extensive Interpretation, aber gegen alleiniges Abstellen auf das Streikverbot; weit. Nachw. bei *Battis*, BBG (Fn. 304).

[308] Überwiegend wird dabei auf die einschlägigen *Rechtsformen* abgestellt. Art. 33 Abs. 4 GG erfaßt danach nur öffentlich-rechtliche Tätigkeiten, also solche, „die kraft öffentlich-rechtlicher Legitimation durch Verwaltungsakt oder Abschluß verwaltungsrechtlicher Verträge dem Bürger oder durch Weisung Organwaltern gegenüber zu vollziehen sind, sowie sonstige Aufgaben, die ausschließlich auf öffentlich-rechtlicher Grundlage erledigt werden"; so *Stern*, Staatsrecht Bd. 1 (Fn. 230), § 11 III 4 f (S. 349); *Battis*, BBG (Fn. 304), § 4 Anm. 2; ähnlich *Rudolph* (Fn. 304), VVDStRL 37, S. 175 ff. (203); früher schon *Lerche*, Verbeamtung als Verfassungsauftrag?, 1973, S. 22; im Ergebnis auch *Benndorf* (Fn. 304), DVBl. 1981, S. 23 ff. (27): konkret hoheitliche

Eingrenzungen erweisen sich schon deshalb als notwendig, weil weite Teile daseinsvorsorgender Tätigkeiten traditionell gar nicht vom Staat selbst wahrgenommen werden, sondern in der Hand publizistischer, gemischt-wirtschaftlicher und auch privater Unternehmen liegen, die ihre Aufgaben selbstverständlich mit Beschäftigten erfüllen, die nicht in einem besonderen Dienst- und Treueverhältnis stehen. Die wichtigen Sektoren der Energieversorgung und des Krankenhauswesens — aber auch der öffentliche Personennahverkehr bieten dafür genügend Belege. Daß solche Tätigkeiten, sobald sie ein Träger öffentlicher Verwaltung wahrnimmt, grundsätzlich dem Funktionsvorbehalt des Art. 33 Abs. 4 GG unterfallen sollten, entbehrt des einleuchtenden Grundes.

Insbesondere belegt das *beamtenrechtliche Streikverbot* nicht mit hinreichender Stringenz, daß der Gesamtbereich daseinsvorsorgender Staatstätigkeit notwendig in den Art. 33 Abs. 4 GG einzubeziehen ist. Auch die nicht-beamteten Beschäftigten unterliegen in lebenswichtigen daseinsvorsorgenden Betrieben deutlichen Einschränkungen des Arbeitskampfes. Der Unterschied zu den Beamten liegt allein darin, daß bei diesen das Streikverbot ohne Rücksicht auf die wahrgenommene Funktion, bei jenen dagegen nur funktionsdifferenziert gilt[309]. Wo eine solche Differenzierung schon für sich genommen zu Gefährdungen des Gemeinwohls führen kann, sieht das einfach-gesetzliche Beamtenrecht (§ 2 Abs. 2 HS 2 BRRG, § 4 Nr. 2 BBG) die Möglichkeit der Verbeamtung vor. Gerade diese Vorschriften belegen die Trennung zwischen einem engeren Kreis originär und verfassungsfest dem Funktionsvorbehalt unterstellter Aufgaben und einem weiteren Kreis von Tätigkeiten, denen die Vorteile des Beamtenrechts erst nach Maßgabe einer Einschätzungsprärogative des Dienstherrn erschlossen wird[310].

Unter den Aufgabengebieten der *Leistungsverwaltung* sind es danach vor allem die Sozial-, Förderungs- und Subventionsverwaltung,

---

Tätigkeit. Noch enger *Isensee,* Beamtenstreik (Fn. 304), S. 95: ausschließlich Staatsaufgaben; ihm folgend *Schuppert,* AK/GG, Art. 33 Abs. 4 und 5 Rdnr. 36: nur im Bereich des staatlichen Wahrnehmungsmonopols.

[309] Vgl. im einzelnen *Scholz,* in: Maunz/Dürig, Art. 9 Rdnr. 350, 379.

[310] In diesem Sinne auch *Schuppert,* AK/GG, Art. 33 Abs. 4 und 5 Rdnr. 38. Daß es für die Verbindlichkeit der Beamtenpflichten und -rechte keinen Unterschied macht, ob die Verbeamtung nach § 4 Nr. 1 („Wahrnehmung hoheitsrechtlicher Aufgaben") oder § 4 Nr. 2 BBG („aus Gründen der Sicherung des Staates oder des öffentlichen Lebens") vorgenommen worden ist, ist selbstverständlich und steht auf einem anderen Blatt. Dagegen existiert eine Verfassungspflicht des Dienstherrn, Tätigkeiten, die er bisher unter § 4 Nr. 2 BBG gefaßt hat, auch weiterhin nur durch beamtete Dienstkräfte erfüllen zu lassen, weder auf Grund des Art. 33 Abs. 5 noch des Art. 3 Abs. 1 GG. Die in § 4 Nr. 2 BBG genannten Sicherungsinteressen variieren nach der Zeit und dem konkreten Zuschnitt des jeweiligen Amtes. Sie festzustellen, unterfällt der Einschätzungsermächtigung des Dienstherrn. Vgl. *Battis,* BBG (Fn. 304), § 4 Anm. 3.

A. Die Frage der Verselbständigung der Bundesbahn 127

in denen konkrete Hoheitsgewalt — im Regelfall in den Formen des öffentlichen Rechts — geübt wird und die demzufolge auch dem Funktionsvorbehalt zu unterstellen sind. Für die Daseinsvorsorge wird das dagegen nur dort gelten können, wo sie vom Staat mit einem besonderen Mandat und frei von anderweitigen Substitutionsmöglichkeiten wahrgenommen wird.

b) Konsequenzen für die Organisation der DB

aa) Tätigkeitskreise

Überträgt man diese Ergebnisse auf die vielfältigen Tätigkeitsbereiche der DB, so zeigt sich, daß nur ein Teil von ihnen den in Art. 33 Abs. 4 genannten hoheitsrechtlichen Befugnissen unterfällt:

— Unstreitig hierher zu rechnen sind die Bahnpolizei und das Planfeststellungswesen. Darüber hinaus wird man aber auch die Tätigkeiten der Führungs- und Leitungsebenen einzubeziehen haben. Demgemäß ist die Änderung der Führungsstruktur der DB durch die Novelle zum BbG vom 22. 12. 1981 (BGBl. I S. 1689) auch im Lichte des Art. 33 Abs. 4 GG gesehen worden[311].

— Nicht unter Art. 33 Abs. 4 GG fallen ebenso unstreitig alle erwerbswirtschaftlich oder bedarfsdeckend ausgerichteten Unternehmensbereiche der DB[312]. Ihrer vollständigen Überführung in die Formen juristischer Personen des Privatrechts steht auch insofern nichts entgegen.

— Nicht ganz eindeutig zu charakterisieren sind dagegen die Tätigkeiten des fahrenden und stationären Personals im Schienen- und Omnibusverkehr. Traditionell sind diese Dienstverhältnisse solche des Beamtenrechts. Diese Tatsache besagt jedoch für die verfassungsrechtliche Einordnung in Art. 33 Abs. 4 GG noch nichts. Gerade diese Rechtsverhältnisse sind es, die in der Literatur als Fälle einer nach § 4 Nr. 2 BBG erfolgten, also gerade nicht verfassungsfest vorgezeichneten Verbeamtung angesehen werden[313]. Für eine solche Einstufung spricht auch die Tatsache, daß die DB ihre Beförderungsverträge nach den Vorschriften des privaten, nicht des öffentlichen Rechts schließt[314]. Auch im übrigen bildet der Ver-

---

[311] Vgl. *Battis*, Neue Führungsstruktur der Deutschen Bundesbahn durch Dienstrechtsänderung, ZBR 1982, S. 37 (38); *Finger* (Fn. 4), DÖV 1985, 226 (230 f.).
[312] Vgl. oben sub I 2 b.
[313] Vgl. *Schuppert*, AK/GG, Art. 33 Abs. 4 und 5 Rdnr. 38; *Benndorf* (Fn. 304), DVBl. 1981, S. 23 ff. (27); *Battis*, BBG (Fn. 304), § 4 Anm. 3.
[314] Auch die Pflicht der Fahrgäste, den Anweisungen des Betriebspersonals zu folgen (§§ 5 Abs. 3, 8 Abs. 2 EVO, § 14 Abs. 1 S. 2 BOKraft), begründet für

kehrsbetrieb der DB einen Bereich, der nicht als typische Erscheinungsform des hoheitlich handelnden Staates angesehen werden kann. Das gilt für den Nahverkehr mehr noch als für den Fernverkehr. Alles dieses spricht mehr dafür, die Beförderungsvorgänge schon vom Tätigkeitskreis her nicht dem Art. 33 Abs. 4 GG zu unterstellen.

bb) Intensität des Vorbehalts

Auch dort, wo Tätigkeiten in den Bereich des Art. 33 Abs. 4 GG fallen, sind andere als beamtenrechtliche Dienstverhältnisse nicht gänzlich ausgeschlossen. Der Funktionsvorbehalt greift zum einen nur dort, wo es um die Ausübung hoheitsrechtlicher Befugnisse *„als ständige Aufgabe"* geht. Ad-hoc-Aufgaben werden also nicht erfaßt und können folglich auch von Verwaltungseinheiten wahrgenommen werden, die keine Dienstherrnfähigkeit besitzen. Zum anderen soll die Zuweisung der genannten Tätigkeiten an Beamte nur *„in der Regel"* erfolgen. Das Bundesverfassungsgericht hat in einer älteren Entscheidung zwar den Ausnahmecharakter von Abweichungen betont[315], hebt aber an anderer Stelle das Ermessen, das der Staat bei der Bestimmung der Erfüllung öffentlicher Aufgaben habe[316], deutlich hervor. In der Praxis ist das Regel-Ausnahme-Verhältnis z. B. im kommunalen Dienstrecht in sein Gegenteil gekehrt worden. Diese Entwicklung sollte zwar nicht Vorbild für andere Bereiche sein. Aber für den Umfang zulässiger Ausnahmen spielt es sicher eine Rolle, inwieweit die jeweilige Tätigkeit dem eigentlichen Kern der in Art. 33 Abs. 4 GG genannten Befugnisse nahekommt. So wären, selbst wenn man abweichend von dem hier eingenommenen Standpunkt die Tätigkeit der Lokomotivführer der DB zu den Hoheitsaufgaben des Art. 33 Abs. 4 GG rechnen wollte, gerade an diesen Punkten nur lockerer Zuordnung Ausnahmen auch größeren Ausmaßes zulässig[317].

cc) Ergebnis

Insgesamt dürften sich aus Art. 33 Abs. 4 GG keine engeren Grenzen für privatrechtliche Organisationsformen im Bahnbereich ergeben, als sie schon von Art. 87 Abs. 1 S. 1 GG gezogen worden sind[318].

---

das Verkehrsunternehmen keine öffentlich-rechtliche Befugnis (so BVerwG DÖV 1984, S. 1025 f. zur BOKraft).

[315] BVerfGE 9, 268 ff., 284.

[316] BVerfGE 17, 371 ff., 377.

[317] Vgl. *Ehlers*, Privatrechtsform (Fn. 132), S. 123: für die Leistungsverwaltung seien „nicht so strenge Anforderungen" wie an die Eingriffsverwaltung zu stellen.

[318] Inwieweit die Problematik des Funktionsvorbehalts durch die *Überlassung* von Dienstleistungen von Beamten an Gesellschaften des privaten

B. Formen der Bund-Länder-Kooperation im Nahverkehr

Neben den Problemen der Verselbständigung von Unternehmensbereichen spielt für neuere Organisationsüberlegungen der DB die Frage eine Rolle, inwieweit sich der Bund mit seinen als „bundeseigene Verwaltung" zu führenden Bundeseisenbahnen in einen Leistungsverbund mit anderen Verwaltungsträgern, insbesondere den Bundesländern und den dem Landesorganisationsbereich zuzurechnenden Kommunalkörperschaften, begeben darf. Vor allem im Öffentlichen Personennahverkehr (ÖPNV) werden bestimmte Kooperationsformen schon heute praktiziert. Über weitere Formen wird nachgedacht[319].

I. Verfassungsrechtliche Grundlagen

Auch für diese Problematik sind dem Grundgesetz eine Reihe wichtiger Rahmenaussagen, nicht jedoch fest fixierte Modelle zu entnehmen. Auch hier besteht folglich ein weiter organisatorischer Gestaltungsspielraum, der in den wichtigen Punkten durch den Gesetzgeber und auf der Grundlage seiner Entscheidungen durch die Exekutive auszufüllen ist.

1. Das sog. Verbot der Mischverwaltung

Erheblich eingeschränkt würden alle Überlegungen zu einer Bund-Länder-Kooperation allerdings dann, wenn verfassungsrechtlich von einem strikten Verbot der Mischverwaltung auszugehen wäre. Der Einwand unzulässiger Mischverwaltung ist ein in bundesstaatlichen Diskussionen oft anzutreffender Argumentationstopos, der sich gelegentlich auch in der verfassungsgerichtlichen Rechtsprechung findet[320].

a) Ältere Ansätze: Blankettformel

Sucht man allerdings nach den normativen Grundlagen eines solchen Verbots und nach klaren Umschreibungen des Tatbestandes der

---

Rechts praktisch weiter entschärft werden kann, inwieweit solche Überlassungen ihrerseits verfassungsgemäß sind (vgl. BVerwG DVBl. 1984, S. 959 ff.; BAG AP § 613 Nr. 2) und inwieweit sogar die *Überleitung* von Dienstkräften zulässig wäre, ist nicht Gegenstand dieser Untersuchung.

[319] Vgl. zu den Verkehrsverbünden oben im 1. Abschnitt unter B II 4; ferner *Heinze/Herbst/Schühle*, Verkehr (Fn. 73), S. 341 ff. mit weiteren Literaturnachweisen S. 373 Fn. 2.

[320] Vgl. BVerfGE 11, 105 ff. (124 f.); E 39, 96 ff. (120); *H. Klein*, Verwaltungskompetenzen von Bund und Ländern in der Rechtsprechung des Bundesverfassungsgerichts, in: Festgabe für das Bundesverfassungsgericht Bd. 2, S. 277 ff. (286 f.): ausführlich zum Meinungsstand *Ronellenfitsch*, Die Mischverwaltung im Bundesstaat, 1975, S. 24 ff.; *Loeser*, Theorie und Praxis der

„Mischverwaltung", so zeigen sich in einem Maße fließende Grenzen, das auf die Ungesichertheit des gesamten Instituts schließen läßt. So wird man die Aussage, eine unzulässige Mischverwaltung bestehe in einer Verwaltungsorganisation, „bei der eine Bundesbehörde einer Landesbehörde übergeordnet ist, oder bei der ein Zusammenwirken von Bundes- und Landesbehörden durch Zustimmungserfordernisse erfolgt"[321], keineswegs als eine das Problem strukturell erfassende Definition ansehen können. Aber auch die Annahme, Mischverwaltung sei jede Verwaltungstätigkeit, „bei der die sachlichen Entscheidungen in einem irgendwie gearteten Zusammenwirken von Bundes- und Landesbehörden getroffen werden"[322], erweist sich als zu unscharf, um einen normativen Verbotsgehalt zu entfalten.

b) Neuere Ausrichtung: Einzelanalyse

Zutreffend hat das Bundesverfassungsgericht in seiner jüngsten Rechtsprechung dem Begriff der Mischverwaltung daher seine dogmatischen Funktionen aberkannt und einer Rückorientierung am Verfassungstext das Wort geredet. In der wichtigen Entscheidung vom 12. 1. 1983[323] heißt es dazu: „Die Verwendung des Begriffs ‚Mischverwaltung' mag zur klassifizierenden Kennzeichnung einer bestimmten Art verwaltungsorganisatorischer Erscheinungsformen sinnvoll sein. Für die Prüfung, ob ein Zusammenwirken von Bundes- und Landesbehörden bei der Verwaltung im konkreten Fall rechtlich zulässig ist, ergibt sich daraus nichts". — „Eine verwaltungsorganisatorische Erscheinungsform ist nicht deshalb verfassungswidrig, weil sie als Mischverwaltung einzuordnen ist, sondern nur, wenn ihr zwingende Kompetenz- und Organisationsnormen oder sonstige Vorschriften des Verfassungsrechts entgegenstehen." Mit dem Hinweis auf ein undifferenziertes Verbot der Mischverwaltung kann daher über Formen der Bund-Länder-Kooperation kein verfassungsrechtliches Verdikt gesprochen werden. Geboten ist vielmehr eine *Doppelanalyse:*

— Zum einen muß der Schutzbereich der einschlägigen Kompetenz- und Organisationsvorschriften ermittelt werden. Dabei hat es auch um die Analogiefähigkeit einzelner verfassungsrechtlicher Organisationsfixpunkte und um die Frage zu gehen, inwieweit gerade in ihnen ein bestimmter Schwellenwert organisatorischen Verbundes zu sehen ist.

Mischverwaltung, Diss. Göttingen, 1975, S. 65 ff.; jüngst *Lerche*, in: Maunz/Dürig, Art. 83 Rdnr. 85 mit Nachw. in Fn. 295.

[321] So BVerfGE 11, 105 ff., 124 (die herrschende Meinung referierend).
[322] So *Maunz*, in: Maunz/Dürig, Art. 83 Rdnr. 57 (Vorkommentierung).
[323] BVerfGE 63, 1 ff., 38.

— Zum anderen sind die direkten und indirekten Wirkungen und Interdependenzen eines bestimmten Kooperationsmodells genau zu analysieren. Wie bei organisationsrechtlicher Beurteilung auch sonst, so ist auch hier jede schablonenmäßige oder isolierende Aussage gefährlich, da nur eine Gesamtwürdigung eines bestimmten Entscheidungsgefüges etwas zum Maß und Übermaß von Abhängigkeiten der beteiligten Verwaltungsträger untereinander angeben kann[324].

Der Hauptgedanke einer unzulässigen Mischverwaltung beruht auf dem allgemeinen Satze, daß weder der Bund noch die Länder über ihre im Grundgesetz festgelegten Kompetenzen verfügen können: Grundsatz der Unverfügbarkeit der Kompetenzordnung[325]. Soweit dieser Grundsatz reicht, vermag weder das einfache Bundesgesetz noch der Staatsvertrag eine Grenzverschiebung zu bewirken[326].

2. Die Verwaltungstypen der Art. 83 ff. GG

Unter den zu analysierenden verfassungsgesetzlichen Kooperationsgrenzen spielen für die vorliegende Untersuchung die in Art. 83 ff. GG niedergelegten Verwaltungstypen die wichtigste Rolle[327].

a) Bundeseigene Verwaltung (Art. 87 GG)

Einschlägig ist zum einen der Typ der bundeseigenen Verwaltung (Art. 87 GG). Er ist durch zwei Grundsätze charakterisiert.

— *Grundsatz der Eigenverantwortlichkeit*

Die Materien der bundeseigenen Verwaltung sind dem Bunde grundsätzlich frei von Ingerenzrechten der Länder zugewiesen. Über Organisation und Verwaltungsführung entscheiden Bundestag und Bundesregierung nach Maßgabe ihres in Art. 86 GG ausgeformten Zusammenspiels. Nur für den Sonderfall des Art. 87 Abs. 3 S. 2 GG ist der Bundesrat zur Mitwirkung befugt. Mitentscheidungsrechte einzelner Bundesländer bestehen nicht und können, wenn sie den Verwaltungstypus verfälschen, auch bundesgesetzlich nicht eingeräumt werden[328].

---

[324] Vgl. zu diesen Vorgaben *Lerche*, in: Maunz/Dürig, Art. 83 Rdnr. 86 ff.
[325] *Lerche* (Fn. 324); BVerfGE 63, 1 ff. (39); allgemein zur Unverfügbarkeit von Kompetenzen *Stettner*, Grundfragen einer Kompetenzlehre, 1983, S. 294 f., ferner S. 299 ff. und 378 ff.
[326] *Loeser*, Die bundesstaatliche Verwaltungsorganisation in der Bundesrepublik Deutschland, 1981, S. 48 mit Nachw.
[327] Vgl. zum folgenden auch die Darstellung bei *Ronellenfitsch*, Mischverwaltung (Fn. 320), S. 156 ff.
[328] So auch *Lerche*, in: Maunz/Dürig, Art. 83 Rdnr. 86.

— *Grundsatz der Eigenorganschaft*

Bundeseigene Verwaltung verpflichtet den Bund des weiteren, die zugewiesenen Aufgaben „durch eigene Verwaltungseinrichtungen — mit eigenen personellen und sachlichen Mitteln" — wahrzunehmen[329].

b) Landeseigene Verwaltung (Art. 84, 30 GG)

Soweit Landeskompetenzen in dem hier zu untersuchenden Kooperationsbereich existieren, unterfallen sie dem Verwaltungstypus der landeseigenen Verwaltung. Materien der Bundesauftragsverwaltung (Art. 85 GG) sind dagegen nicht involviert. Das aber bedeutet, daß neben der auch für die landeseigene Verwaltung beachtlichen Pflicht zur Eigenorganisation die Ingerenzrechte des Bundes beschränkt sind:

— Für die (bundes)*gesetzesakzessorische* landeseigene Verwaltung ergibt sich das aus Art. 84 GG, der den Bund grundsätzlich auf eine Rechtmäßigkeitskontrolle festlegt. Die daneben bestehenden Steuerungsmöglichkeiten über Verwaltungsvorschriften (Abs. 2) und im Ausnahmefall über Einzelweisungen (Abs. 5) sind nur schwache zusätzliche Mittel einer Bund-Länder-Kooperation.

— Für die *gesetzesfreie* Landesverwaltung kennt das Grundgesetz überhaupt nur die noch stärker beschränkte sog. selbständige Bundesaufsicht (Art. 28 Abs. 3, Art. 37 GG), die als Ansatz für Kooperationsformen ganz außer Ansatz bleiben kann. Wegen des geringen Normierungsgrades der gesetzesfreien Verwaltung wird in diesem Bereich allerdings der Spielraum einer freiwilligen Bund-Länder-Kooperation für größer angesehen[330].

3. Die Verteilung der Finanzverantwortung

Für Fragen föderaler Kooperation im Verkehrswesen bedeutsam sind ferner die Regeln über die Verteilung der Ausgabenverantwortung zwischen Bund und Ländern. Neben der organisationsrechtlichen Typenlehre enthalten daher die finanzverfassungsrechtlichen Bestimmungen des Grundgesetzes, insbesondere die Grundsätze des Art. 104 a GG, eine Reihe von Fixpunkten, die durch Verfahren gemeinsamer Aufgabenwahrnehmung grundsätzlich nicht überspielt werden dürfen.

---

[329] So BVerfGE 63, 1 ff. (41) unter Bezugnahme auf *Grawert*, Verwaltungsabkommen zwischen Bund und Ländern in der Bundesrepublik Deutschland, 1967, S. 195, der diese Maxime als „Grundsatz eigenverantwortlicher Aufgabenwahrnehmung" bezeichnet.

[330] *Lerche*, in: Maunz/Dürig, Art. 83 Rdnr. 86; allgemein zur Anwendung der Kompetenzverteilungsregeln auf die gesetzesfreie Verwaltung *Loeser*, Mischverwaltung (Fn. 320), S. 97 (112 ff.).

a) Konnexitätsgrundsatz (Art. 104 a Abs. 1 GG)

Einschlägig ist vorrangig der in Art. 104 a Abs. 1 GG normierte Konnexitätsgrundsatz: Bund und Länder tragen gesondert die Ausgaben, die sich aus der Wahrnehmung ihrer Aufgaben ergeben. Die Vorschrift geht vom Vorrang der Aufgabenverantwortung aus; sie bestätigt und verstärkt die an anderer Stelle des Grundgesetzes getroffenen Aufgabenzuweisungen[331]. Kooperationsformen, die sich über diesen Grundsatz hinwegsetzen wollen, sind danach unzulässig. Reine Finanzierungsmodelle also, die unbeschadet originärer Aufgabenzuständigkeiten nur die Ausgaben einer gemeinsamen Trägerschaft zuführen wollen, können deshalb im Lichte des Konnexitätsgrundsatzes keinen Bestand haben. Speziell für Kooperationsformen bei der Verkehrsbedienung bedeutet das zweierlei:

aa) Bundesaufgaben: keine Kostenbeteiligung der Länder

Soweit der Bund unter dem Kompetenztitel der „Bundeseisenbahnen" Verkehrsaufgaben wahrnimmt, handelt es sich um eigene originäre Aufgaben, für die er auch die Ausgabenverantwortung trägt. Eine Beteiligung der Länder an den Kosten dieser Aufgaben kommt danach grundsätzlich nicht in Betracht[332]. Das gilt auch im Verhältnis des Bundes zu Gemeinden und Gemeindeverbänden (zum Sonderfall des § 11 Abs. 2 GVFG vgl. unten sub II 1).

bb) Landesaufgaben: keine Kostenbeteiligung des Bundes

Soweit der Bund dagegen Verkehrsaufgaben nicht wahrnimmt oder sich aus einer bisherigen Verkehrsbedienung in verfassungsrechtlich zulässiger Weise zurückzieht und damit die Wahrnehmung der Aufgabe endgültig aufgibt, besteht für ihn auch keine Aufgabenverantwortung mehr. Entschließt sich ein Land solchenfalles, seinerseits Verkehrsleistungen in dem betreffenden Gebiet zu erbringen, so nimmt es eine originäre Landesaufgabe wahr, für die es nach dem Konnexitätsgrundsatz auch die Kosten zu tragen hat. Eine Reservefinanzierungskompetenz des Bundes besteht nicht. Bund und Land können sie auch nicht vereinbaren; denn Art. 104 a Abs. 1 GG ist einer Änderung durch Vertrag nicht zugänglich.

---

[331] So zutreffend *Vogel/Kirchhof*, in: BK, Art. 104 a Rdnr. 21.
[332] So BVerfGE 26, 338 ff. (389 f.) zu der dem Art. 104 a Abs. 1 vergleichbaren Lastenverteilungsregel des Art. 106 Abs. 4 S. 2 Nr. 1 GG i.d.F. des Finanzverfassungsgesetzes vom 23. 12. 1955; BVerwGE 44, 351 ff. (364); *Fischer-Menshausen*, in: v. Münch, GG, Art. 104 a Rdnr. 4; auch *Maunz*, in: Maunz/Dürig, Art. 104 a Rdnr. 25; *Fastenrath/Simma* (Fn. 283), DVBl. 1983, S. 8 ff. (18).

b) Finanzhilfekompetenz des Bundes
(Art. 104 a Abs. 4 GG)

Der Konnexitätsgrundsatz des Art. 104 a Abs. 1 GG wird modifiziert durch die Finanzhilfekompetenz des Bundes nach Abs. 4. Die mit zahlreichen Auslegungsschwierigkeiten behaftete Bestimmung, die u. a. die Grundlage des für das Nahverkehrswesen so bedeutsamen Gemeindeverkehrsfinanzierungsgesetzes i. d. F. der Neubekanntmachung vom 13. 3. 1972 (BGBl. I S. 502) darstellt, ist im vorliegenden Zusammenhang, in dem es um kooperative Organisationsformen im Bahnbereich geht, nicht als solche, sondern eher in ihrem indiziellen Gehalt interessant. Sie zeigt nämlich zweierlei:

— Finanzhilfen des Bundes sind danach zugelassen nur für *Investitionen* der Länder und der Kommunalkörperschaften. Für Folgekosten (Unterhaltung, Betrieb, Verwaltung) bewendet es dagegen bei dem Grundsatz des Art. 104 a Abs. 1 GG[333]. Kooperationsformen, an denen sich der Bund ohne Wahrnehmung oder nach Aufgabe eigener Sachverwaltungstätigkeit beteiligt, um die *laufenden Kosten* von Verkehrseinrichtungen anteilig mitzutragen, sind daher unzulässig. Art. 104 a Abs. 4 GG bestätigt das, was oben (unter a bb) zum Fehlen einer Reservefinanzierungskompetenz des Bundes in Fällen eingestellter Bahnstrecken gesagt worden ist. Zulässig ist es dagegen, wenn der Bund sich solchenfalles an den Investitionen zum Ausbau anderer Verkehrseinrichtungen beteiligt; vgl. z. B. § 2 Abs. 1 Nr. 1 lit. e GVFG: Finanzhilfen für den Bau und Ausbau von Straßen im Zusammenhang mit der Stillegung von Eisenbahnstrecken. Die Beteiligung des Bundes folgt jedoch nicht aus einer am Veranlasserprinzip (vgl. unter c) ausgerichteten Einstandspflicht, sondern als Investitionshilfe nach Maßgabe des Art. 104 a Abs. 4 GG, d. h. der Bund „kann" diese Hilfe gewähren, er „muß" es aber von Verfassungs wegen nicht tun.

— Die Mitfinanzierungskompetenz des Bundes nach Art. 104 a Abs. 4 GG gestattet nicht beliebige *Einflußnahmen* des Bundes auf die Länder. Ihre Einzelausgestaltung ist vielmehr gem. S. 2 verfahrensmäßig beschränkt und hat sich inhaltlich unterhalb der in Art. 91 a, 91 b GG für die „Gemeinschaftsaufgaben" vorgesehenen Mitplanungsbefugnisse zu halten[334]. Jenseits seines eigenen Regelungsbe-

---

[333] So *Fischer-Menshausen*, in: v. Münch, GG, Art. 104 a Rdnr. 25; ähnlich *Vogel/Kirchhof*, in: BK, Art. 104 a Rdnr. 105: insbesondere produktive Werte (Gegensatz: „Verbrauch") und Rdnr. 65: keinen Einzelkostenausgleich; *Maunz*, in: Maunz/Dürig, Art. 104 a Rdnr. 43: nur Sachinvestitionen.

[334] Vgl. BVerfGE 39, 96 ff. (111, 120 f.); 41, 291 ff. (304 ff.); *Fischer-Menshausen*, in: v. Münch, GG, Art. 104 a Rdnr. 23 f.

reichs bestätigt Art. 104 a Abs. 4 GG damit die Grundregel, daß Geldleistungen im föderalen Zusammenspiel nur dann zu rechtsverbindlicher Einflußnahme berechtigen, wenn dieses in der Verfassung vorgesehen ist.

c) Kostenbeteiligung nach dem Veranlasserprinzip (Art. 106 Abs. 8 GG)

Weder eine Befugnis noch eine Pflicht des Bundes zu kooperativer Kostentragung für Verkehrseinrichtungen läßt sich schließlich aus dem Gedanken der Veranlassung herleiten. Die besondere Ausprägung dieses Gedankens im Sonderlastenausgleich des Art. 106 Abs. 8 GG ist ein ausdrücklich fixiertes *Ausnahmeinstitut*. Auf Sachverhalte negativer Bundesmaßnahmen (Aufhebungen eines Standorts, Stillegung einer Bahnstrecke) ist es weder direkt noch analog anwendbar[335]. Jenseits besonderer Normierungen ist das Veranlasserprinzip kein Systemgedanke für die Verteilung der Finanzierungsverantwortung. Es ist daher nicht in der Lage, den Konnexitätsgrundsatz des Art. 104 a Abs. 1 GG zu überspielen.

d) Gemeinschaftsaufgaben (Art. 91 a GG)

Die voraufgehenden Aussagen drängen zu der Frage, ob nicht die Gemeinschaftsaufgaben nach Art. 91 a GG als Basis für Kooperationsformen im Bahnbereich herangezogen werden könnten. Nun ist nicht zu übersehen, daß das mittlerweile ungeliebte Institut der Gemeinschaftsaufgaben gewiß noch nicht nach allen Seiten daraufhin ausgeleuchtet worden ist, inwieweit es die großen Gegenwartsaufgaben der Bundesrepublik (Energie, Umwelt, Verkehr) zu fördern vermag. Für den vorliegenden speziellen Untersuchungszusammenhang jedenfalls ist die Frage seiner Brauchbarkeit jedoch zu verneinen.

Zweifelhaft kann schon sein, ob die Kooperation in dem hier einschlägigen Sektor überhaupt unter einen der drei Schlüsselbegriffe des Art. 91 a GG subsumiert werden kann. Das mag indessen offenbleiben. Jedenfalls sind die Instrumente, die Art. 91 a GG zur Verfügung stellt (Rahmenplanung, Finanzbeteiligung des Bundes) nicht diejenigen Mittel, um die es bei der hier zu untersuchenden Bund-Länder-Kooperation vorrangig geht. Nicht „gemeinsame Rahmenplanungen" aller Länder mit dem Bund sind der Kern solcher Kooperationen, sondern die tagtäglichen Abstimmungs-, Beeinflussungs- und Aufsichtsvorgänge in einem bestimmten Verwaltungsraum, der durch einen Verkehrsverbund bedient werden soll. Gerade das läßt sich über

---

[335] *Maunz*, in: Maunz/Dürig, Art. 106 Rdnr. 100; *Fischer-Menshausen*, in: v. Münch, GG, Art. 106 Rdnr. 40.

Art. 91 a GG nicht erreichen. Die Gemeinschaftsaufgaben sind keine Globalermächtigung zu einem allgemeinen Miteinander von Bund und Ländern in Verwaltungs- und Finanzierungsfragen. Sie gestatten es weder, Teile von Bundesaufgaben in den „Verbund" einzubringen, noch sind sie ein Mittel gemeinsamer Detailplanung und Plandurchführung[336]. Das wird nicht zuletzt durch die verfassungsrechtlich vorgegebene Struktur der Planungsgremien („gemeinsame" Planung des Bundes mit allen Ländern) unterstrichen.

4. Modifikationen und Einschränkungen

Nach den voraufgehenden Ausführungen sind es vor allem die durch Art. 83 ff. GG vorgezeichneten Verwaltungstypen mit den Elementen der Eigenverantwortlichkeit und Eigenorganschaft (2) und die am Konnexitätsgrundsatz ausgerichteten Finanzverantwortlichkeiten (3), die die Konstruktion beliebiger Modelle einer Bund-Länder-Kooperation im Nahverkehr begrenzen. Beide Fixpunkte sind *Grundaussagen*. Nicht zutreffend wäre es, wollte man diesen Annahmen angesichts eines bestimmten Kooperationsmodells einen alle Einzelheiten ergreifenden detaillierten, „trennscharfen" Aussagegehalt beimessen. Vorgaben des Verfassungsorganisationsrechts sind, wie wir bereits einleitend betont haben, oft eher Rahmen- und Richtungsvorgaben[337]. Ihre Modifizierbarkeit an den Rändern, die wiederum den Gestaltungsspielraum unterverfassungsrechtlicher Konkretisierung erweitert, zeigt sich auch im vorliegenden Zusammenhang an einer Reihe von Einschränkungen, die sich zum Teil als immanente Vorbehalte, teils als greifbare Ausnahmen darstellen.

a) Kooperationsformen unterhalb der Beeinträchtigungsschwelle

Nicht berührt werden die Verfassungsgrenzen der Verwaltungstypen und der Finanzverantwortlichkeiten von Kooperationsformen, deren Bedeutung unterhalb einer bestimmten Beeinträchtigungsschwelle verbleibt:

— Hierher zu rechnen sind zum einen die vielfältigen Arten gegenseitiger *Information,* Anhörung oder Beratung. Dabei spielt der Verfestigungsgrad, den diese Vorgänge ihrerseits erhalten haben, keine Rolle. Neben informellen Kontakten sind folglich auch in-

---

[336] Vgl. *Liesegang,* in: v. Münch, GG, Art. 91 a Rdnr. 7, 25 ff.; *Maunz,* in: Maunz/Dürig, Art. 91 a Rdnr. 48 ff.

[337] Im gleichen Sinne *Lerche,* in: Maunz/Dürig, Art. 83 Rdnr. 109: „... verwandeln sich daher auch die Zuständigkeitsaussagen in den Zwischenbereichen zu bloßen Topoi".

stitutionalisierte Beratungsgremien und Abklärungskonferenzen zulässig[338].

— Das gilt auch für Vorgänge *technischer Koordinierungen* und überhaupt für bloß unterstützende Tätigkeiten, z. B. für gemeinsame Verrechnungsstellen.

— Unbedenklich sind des weiteren gemeinsame *Planungen* von Bund und Ländern, soweit man ihnen nicht rechtliche Verbindlichkeit beizulegen versucht und die Sachverantwortung der auf Bundes- und Landesseite beteiligten Verwaltungsträger unberührt läßt[339].

— Frei von einem verfassungsrechtlichen Verdikt bleiben aber auch solche kooperativen *Einzelentscheidungen*, die innerhalb eines größeren Entscheidungszusammenhangs von nur marginalem Gewicht sind. Die Frage des Beeinträchtigungsgehalts ist folglich auch eine solche der Quantität. Kooperationsmodelle brauchen nicht „lupenrein" frei von allen Spurenelementen verbindlicher Entscheidungskompetenz zu sein.

— Aus dem gleichen Gedanken heraus läßt es sich vertreten, *Pauschalierungen* ihrerseits zulässiger Kostenbeteiligungen als unbedenkliche Form gemeinsamer Finanzierungen anzusehen. Die Aufteilung der Finanzverantwortung nach Art. 104 a GG verlangt nicht, daß zwischen Hoheitsträgern „auf Heller und Pfennig" in getrennter Form abgerechnet werden muß.

b) Kooperation kraft ungeschriebener Vorbehalte

Aber auch dort, wo Kooperationsformen dem Rechte nach zu einer greifbaren Beeinträchtigung der unter 2 und 3 entwickelten Leitlinien führen, dürfte das nicht automatisch ihre Verfassungswidrigkeit begründen. Ähnlich den Grundrechten sind auch dem Verfassungsorganisationsrecht ungeschriebene Vorbehalte nicht gänzlich fremd. Freilich existiert bisher keine geschlossene Lehre dieser Vorbehalte und entsprechend ungesichert sind konkrete Schlußfolgerungen.

Im Blick auf die in den Verwaltungstypen angelegte Eigenorganschaft (vgl. oben unter 2 a) hat das Bundesverfassungsgericht in der schon zitierten Entscheidung vom 12. 1. 1983 ausgeführt, diese Maxime schließe die Inanspruchnahme von „Hilfe" nicht zuständiger Verwaltungsträger nicht schlechthin aus. Eine solche „Zuhilfenahme" landes-

---

[338] Vgl. *Lerche*, in: Maunz/Dürig, Art. 83 Rdnr. 108; *Loeser*, bundesstaatliche Verwaltungsorganisation (Fn. 326), S. 46; *dens.*, Mischverwaltung (Fn. 320), S. 384 ff. Zu weiteren Intensitätsstufen verwaltungsmäßigen Zusammenwirkens vgl. *Wolff/Bachof*, Verwaltungsrecht Bd. 2, 4. Aufl. 1976, § 77 V b.
[339] Vgl. *Lerche*, in: Maunz/Dürig, Art. 83 Rdnr. 105.

behördlicher Einrichtungen für Zwecke der gemäß Art. 87 GG verfassungsrechtlich vorgeschriebenen Bundesverwaltung müsse aber die Ausnahme bleiben; sie komme nur für eng umgrenzte Verwaltungsmaterien in Betracht und bedürfe eines *besonderen sachlichen Grundes*. Unter diesen Klauseln für zulässig erklärt wurde der Fall einer Organleihe in der Sozialversicherung, einem Bereich also, für den Art. 87 Abs. 2 GG an sich exakte Grenzen angibt[340].

Über diesen Ansatz hinausgehend kann sich *Lerche* besondere Kooperationsformen bei Lebenssachverhalten *übergreifender Struktur* vorstellen. Darunter versteht Lerche die Erscheinung, „daß angesichts der Entwicklung der Technik oder sonstiger Lebenssachverhalte die Art und Weise der grundgesetzlichen Zuständigkeitsverteilungen den Sachanforderungen nicht mehr voll gerecht wird und sich neue zusammenhängende Sachkomplexe bilden". Die Zusammenarbeit der beteiligten Kompetenzträger werde hier im Sinne schonenden Ausgleichs u. U. geradezu erzwungen. Als Beispiel wird die Medientechnik genannt[341]. In ähnlicher Absicht versucht *Loeser*, die Gesichtspunkte des *Sachzusammenhangs* und der *Natur der Sache*, die bisher zur Begründung ungeschriebener *Allein*kompetenzen herangezogen wurden, auch zur Rechtfertigung eines durch Ingerenzrechte gekennzeichneten ungeschriebenen *Kooperations*bereichs heranzuziehen: Die systemimmanenten Hindernisse verwobener Verwaltungsmaterien widerstreiten nach Ansicht Loesers einer trennscharfen Kompetenzzuweisung. Eine „Reduzierung und Kanalisierung des Kooperations- und Konsensbedarfs in diesen bündischen Verflechtungszonen" erscheine solchenfalles erträglicher als die sonst eintretende Verschiebung zugunsten des Einheitsstaates[342].

Die Ausführungen wären freilich mißverstanden, wollte man daraus die Befugnis ableiten, verfassungsrechtliche Kompetenzgrenzen einfach zu überspringen. Verbindlich bleiben nach wie vor die Grund-

---

[340] BVerfGE 63, 1 ff. (41). Zur Organleihe zwischen Bund und Ländern allgemein weiterhin *Lerche*, in: Maunz/Dürig, Art. 83 Rdnr. 26. Zu Kooperationsformen in der Sozialversicherung speziell *Hans Sendler*, Mischverwaltung in der Sozialversicherung?, DÖV 1981, S. 409 ff. Im Ansatz dem BVerfG (wohl) vergleichbar, wenn auch unpräzise in der Darlegung BVerwG DVBl. 1982, S. 590 ff. (591) zu § 13 Abs. 2 TWG.

[341] *Lerche*, in: Maunz/Dürig, Art. 83 Rdnr. 103 und 121; vgl. auch schon die Ansätze von *Maunz* in der Vorkommentierung des Art. 83 Rdnr. 38 und die Überlegungen von *H. Schneider*, Körperschaftliche Verbundverwaltung, AöR Bd. 83, 1958, S. 1 ff.

[342] *Loeser*, bundesstaatliche Verwaltungsorganisation (Fn. 326), S. 54 ff. Eine Variante des Sachzusammenhanggedankens dürfte z. B. der Finanzierungsregelung des § 5 a BFStrG zugrunde liegen: Zuwendungen des Bundes zum Bau von Gemeinde- und Kreisstraßen, die Zubringer zu Bundesfernstraßen sind.

aussagen des Verfassungsorganisations- und -finanzrechts. Dabei dürften sich die Typenfestlegungen des Art. 87 Abs. 1 GG als entwicklungsoffener erweisen als die Maßstäbe des Art. 104 a GG, dessen detaillierte Regelungssystematik einen strikteren Bindungsgehalt indiziert. Aber im Sinne dessen, was das Bundesverfassungsgericht zur Legitimation bereichsbegrenzter Ausnahmen festgestellt hat, dürften die Ansätze verwendbar sein: Es geht um die organisationsrechtlich notwendige Absicherung bestimmter, kraft ihrer Natur kompetenzübergreifender Aufgaben, deren entsprechend begründetes und belegtes Gewicht sich in einer *verfassungsrechtlichen Abwägung* gegenüber anderen Positionen, z. B. den Grundsätzen der Eigenverantwortlichkeit, der Eigenorganschaft oder der Konnexität, im Einzelfalle durchzusetzen vermag.

II. Die Zulässigkeit einzelner Kooperationsformen

1. Das Verkehrswesen als Verbundmaterie

Das Verkehrswesen ist ein Sektor, den man von seinen Sachstrukturen her — ähnlich der von *Lerche* als Beispielfall herausgestellten Medientechnik — als eine *Verbundmaterie* bezeichnen kann. Das gilt sowohl für die Verkehrsvorgänge, die sich vielfach mittels einer Kette von Verkehrsmitteln vollziehen, als auch für das Verhältnis der Verkehrsträger zueinander, unter denen sich ja nicht nur Bund, Länder und Kommunalkörperschaften, sondern auch private Anbieter von Verkehrsleistungen finden. Der natürliche Kooperationsbedarf ist hier ein *doppelter,* insofern es um die Koordination der Verwaltungsträger untereinander und gleicherweise um die Koordination der öffentlichen und der privaten Verkehrsträger geht. In diesem Punkte weicht die daseinsvorsorgende Verkehrsverwaltung von den klassischen Hoheitsverwaltungen, für die die föderale Trennung der Verwaltungsebenen vorrangig konzipiert ist, entscheidend ab.

Demgemäß ist die Verwaltungspraxis des Verkehrswesens — und hier wiederum vor allem *des ÖPNV* — von Vorgängen des Kooperierens in einer Weise durchsetzt, die für traditionelle Verwaltungsmaterien mindestens ungewöhnlich wäre, im Verkehrsbereich jedoch seit langem praktiziert und verfassungsorganisationsrechtlich niemals in Frage gestellt worden ist. In diesem Sinne ist über gegenseitige Informations- und Abstimmungsvorgänge, Fahrplankonferenzen, gemeinsame Verrechnungsstellen oder Tarif- und Verkehrsgemeinschaften im vorliegenden Zusammenhange nicht weiter zu reden. Sie alle sind nicht nur von der Rechtsordnung akzeptierte, sondern — wie § 8 PBefG belegt — postulierte Institute[343].

Auch speziell im *Eisenbahnrecht* finden sich gesetzlich seit langem anerkannte Kooperationsformen — vor allem solche föderaler Kooperation. Das Bundesbahngesetz widmet diesem Thema sogar einen eigenen Abschnitt. Die Palette der Formen reicht von der allgemeinen Unterrichtungspflicht des § 43 BbG über die Anhörungs- und Stellungnahmerechte der Länder zu Organisations-, Tarif- und Planungsfragen (§§ 44, 46, 48, 49 BbG) und die Herstellung des Benehmens nach § 45 BbG bis zu dem in § 51 BbG vorgesehenen Fall einer „umgekehrten Auftragsverwaltung" *(W. Weber)*[344].

Auch im Bereich der *Finanzierungskompetenzen* haben Elemente der Verbundmaterie zu Mischformen geführt. Ein Beispiel ist § 11 GVFG. Nach dieser Vorschrift erhält die DB, wenn sie Vorhaben zur Verbesserung der Verkehrsverhältnisse der Gemeinden durchführt, Investitionszuschüsse aus dem Mehraufkommen der Mineralölsteuer. Das ist an sich ein „bundesinterner" Vorgang zwischen Bund und DB. Die Zuschüsse werden nach § 11 Abs. 2 GVFG jedoch nur gewährt, wenn das beteiligte Land der Aufnahme des Vorhabens in die Programme nach § 6 GVFG zugestimmt hat. Erklärbar ist dieser Zustimmungsvorbehalt nur, weil sich die Aktivitäten der DB — insbesondere ihre S-Bahn-Vorhaben — hier in einer kompetentiellen Gemengelage befinden (vgl. 2. Abschnitt B II 3), so daß eine Mitwirkung eines Landes bei der Finanzierung dieser Aufgabe nach Maßgabe der oben herausgearbeiteten Vorbehalte (vgl. unter I 4 b) sachlich legitimiert werden kann. Einzelheiten solcher Kooperationsformen soll im vorliegenden Zusammenhang nicht weiter nachgegangen werden. Die genannten Bestimmungen dokumentieren jedoch einen für das Verkehrsrecht typischen hohen *Kooperationsstandard*, der zum Ausgangspunkt für weitere Formen einer Bund-Länder-Kooperation genommen werden kann.

---

[343] In diesen Zusammenhang gehören auch die in § 99 GWB verfügten Freistellungen des Verkehrswesens von den Vorschriften gegen Wettbewerbsbeschränkungen. Vgl. dazu *Immenga/Mestmäcker*, GWB, 1981, § 99 Rdnr. 62 ff.

[344] Zu diesen Kooperationsformen vgl. *Lange*, Verkehr (Fn. 219), S. 293; *Dittmann*, Bundesverwaltung (Fn. 5), S. 167 f. Speziell § 51 BbG und entsprechend § 5 Abs. 1 S. 2 AEG sind, ohne daß das im einzelnen dargelegt werden soll, nach der in BVerfGE 63, 1 ff. (39) entwickelten Ausnahmerechtsprechung als ein der Organleihe immerhin vergleichbarer Fall der Beauftragung für zulässig anzusehen; im Ergebnis auch *Lange*, aaO., S. 294; *W. Weber*, Grundgesetz und Verkehr, S. 11; *Loeser*, Mischverwaltung (Fn. 320), S. 265 f. mit weit. Nachw. Auch eine (begrenzte) Erweiterung des Kreises übertragbarer Aufgaben, wie sie im Entwurf der BbG-Novelle von 1981 (Bundestagsdrucksache 9/830) vorgesehen war, wäre verfassungsrechtlich zulässig gewesen; vgl. dazu *Fromm*, Die Novelle zum Bundesbahngesetz, Der Betrieb 1981, S. 1915 (1916).

2. Der öffentlich-rechtliche Vertrag als Kooperationsform

Kooperationsvorgänge können zum einen in die Form öffentlich-rechtlicher Verträge gekleidet werden. Zum Abschluß solcher Verträge sind Verwaltungsträger untereinander auch ohne spezielle gesetzliche Ermächtigung befugt. Inhaltlich können Verträge dieser Art zum einen darauf gerichtet sein, Kooperationsvorgänge *unterhalb* der kompetenzrechtlichen Relevanzschwelle[345] zu ordnen, zu stabilisieren oder vorzubereiten. Rechtlich sind Vereinbarungen dieses Inhalts unproblematisch. Das gilt z. B. für Pauschalierungs- und Verrechnungsabreden zwischen mehreren Verkehrsträgern und für die Festlegung unklar verlaufender Kompetenzgrenzen. Auch einzelne Entscheidungen, die innerhalb eines größeren Bedienungszusammenhangs nur einen Teil ausmachen, vor allem technische Entscheidungen (Haltestellen, Zeittakt der Bedienung u. ä.), lassen sich noch diesem unbedenklichen Bereich zuordnen. Zulässig ist es schließlich auch, in solchen Verträgen allgemeine Zielvorgaben einer gemeinsamen Verkehrspolitik festzulegen.

Schwieriger zu beurteilen ist es, ob ausnahmsweise auch feste Grenzen der Sach- oder Finanzierungsverantwortung vertraglich verändert werden dürfen. Daß das Verfassungsrecht auch insoweit nicht vollständig starr ist und sachlich begründbare, insbesondere in der Natur des Verwaltungsbereichs angelegte Ausnahmen gestattet, ist dargelegt worden[346]. Die Normierung solcher Ausnahmen ist jedoch vorrangig eine Aufgabe des *Gesetzgebers*. Wo dieser Abweichungen vorgesehen hat (z. B. § 51 BbG, § 11 II GVFG, § 5 a BFStrG), können Verträge sie ins Werk setzen und ausformen. Daß Kompetenzverschiebungen zwischen Bund und Ländern von einem in diesen Tatbeständen indizierten Gewicht daneben auch *ohne gesetzliche Grundlage* zulässig sein könnten, erscheint dagegen nicht vorstellbar. Die Verwaltungspraxis verfährt hier zwar teilweise „großzügiger" und wird, wenn sich kein Kläger findet, gerichtlich nicht korrigiert. In einem konfliktsträchtigen Bereich wie dem ÖPNV kann vor solcherlei Experimenten jedoch nur gewarnt werden.

3. Kooperation durch Bildung
neuer Verwaltungsträger des öffentlichen Rechts

In Betracht gezogen werden kann eine Bund-Länder-Kooperation im ÖPNV auch durch Bildung neuer gemeinsamer juristischer Personen des öffentlichen Rechts. Vor allem Körperschaften (Zweckverbände) und rechtsfähige Anstalten wären immerhin denkbare Organisationsformen.

---
[345] Vgl. oben sub I 4 a.
[346] Vgl. oben sub I 4 b.

a) Allgemeine Lehren

Hierbei sind jedoch wichtige verfassungs-, auch verwaltungsrechtliche Grundsätze zu beachten, die sich teils auf die Form der Bildung (aa), teils auf die spezielle föderale Problematik (bb) beziehen.

aa) *Institutioneller Gesetzesvorbehalt: Organisationsgewalt*

Juristische Personen des öffentlichen Rechts dürfen grundsätzlich nur durch oder auf Grund eines Gesetzes gebildet werden. Dieser institutionelle Gesetzesvorbehalt gilt für Organisationsakte des Bundes wie der Bundesländer. Er erfaßt daher auch die Vorgänge einer gemeinsamen Bildung[347]. Entsprechendes muß für Ausgliederungen und Verselbständigungen von Verwaltungsbereichen von Gewicht dann gelten, wenn sie nicht mit der Vollrechtsfähigkeit einer juristischen Person ausgestattet werden sollen, z. B. für Sondervermögen und teilrechtsfähige Anstalten. So bedürfte die Bildung eines körperschaftsähnlichen öffentlich-rechtlichen Verkehrsverbandes für einen bestimmten Verdichtungsraum einer gesetzlichen Basis auch dann, wenn er nicht zur juristischen Person erhoben werden sollte. Die Vergemeinschaftung einzelner (technischer) Dienste, z. B. durch Bildung von Verwaltungsstellen für das Verrechnungs- oder Wartungswesen, ist dagegen durch einfachen Organisationsakt der beteiligten Verwaltungsträger zulässig.

bb) *Föderale Probleme*

Zusätzliche föderale Probleme ergeben sich insofern, als ein von Bund und Land paritätisch gebildeter und beherrschter neuer Verwaltungsträger in die durch Art. 83 ff. GG vorgezeichneten Verwaltungstypen nicht einzuordnen ist. Und selbst dann, wenn die neue Organisationseinheit im Gründungsakt einer der beteiligten Verwaltungsebenen eindeutig zugewiesen würde, bliebe die mit ihm vollzogene Vergemeinschaftung der Aufgaben und der Willensbildung prekär.

Überwiegend werden gemeinsame Bund-Länder-Einrichtungen in öffentlich-rechtlicher Rechtsform daher für unzulässig gehalten[348]. Frei-

---

[347] Vgl. zur Organisationsgewalt allgemein *Wolff/Bachof*, Verwaltungsrecht Bd. 2 (Fn. 338), § 78 II b 1; *Rudolf*, in: Erichsen/Martens, Allgemeines Verwaltungsrecht, § 56 I und II 2 b; *Schmidt-Aßmann*, Verwaltungsorganisation zwischen parlamentarischer Steuerung und exekutivischer Organisationsgewalt, in: Festschrift für Ipsen, 1977, S. 333 ff. (auch zu Abweichungen von diesem Dogma, S. 348).

[348] Vgl. *Grawert*, Verwaltungsabkommen (Fn. 329), S. 258 ff.; *Loeser* (Fn. 320), S. 256 f.: „reinste Form verfassungswidriger Mischverwaltung". Die gemeinsamen Bund-Länder-Institutionen im Bereich der Großforschung und

lich anerkennen auch die Vertreter dieser wohl herrschenden Anschauung eine Reihe (immanenter) Ausnahmen von diesem Grundsatz[349]. Diesen Gedanken aufnehmend, sieht *Lerche* auf dem Boden der oben referierten Ausnahmejudikatur (vgl. unter I 4 b) von einem allgemeinen Verdikt gemeinsamer Einrichtungen ab und differenziert genau nach Struktur, Aufgaben und Wirkungsweise der jeweiligen gemeinschaftlichen Einrichtung. Kraft besonderer Legitimation erscheinen danach auch solche Einrichtungen noch als zulässig, die „kontinuierlich kollaborierende und institutionell verquickende Verwaltung" wahrnehmen[350].

Für die Legitimation gemeinsamer öffentlich-rechtlicher Verkehrsträger im ÖPNV ließe sich immerhin der in der Struktur der Aufgabe angelegte hohe Kooperationsbedarf anführen. Trotzdem wäre eine allein von Bund und Land gebildete öffentlich-rechtliche Gemeinschaftseinrichtung, die den ÖPNV sozusagen integral in Planung, Durchführung und Finanzierung anstelle der beiden beteiligten Verwaltungsträger übernähme, verfassungsrechtlich nicht zulässig. Trotz seiner vielfältigen Verbundbezüge rechtfertigt es der ÖPNV nicht, in einem neuen Organisationstypus eine vollständige Vermischung von Bundes- und Landesverwaltung zu vollziehen. Modellen, die unterhalb dieser Integrationsschwelle bleiben, dürfte dagegen — je nach ihrer Einzelausgestaltung — die Anerkennung nicht grundsätzlich zu versagen sein. Vieles hängt hier davon ab, inwieweit sich Bund und Land durch „Reservatrechte" entscheidenden Einfluß auf den von ihnen zu vertretenden Aufgabenteil sichern.

b) Kommunale Zweckverbände

Da bundesgesetzliche Grundlagen für die Bildung gemeinsamer Verwaltungsträger für den ÖPNV zur Zeit nicht existieren[351], konzentriert sich das Gestaltungsinteresse in diesem Punkte heute auf das Landes-

---

Forschungsförderung, auf die zuweilen als Beispiel einer immerhin praktizierten organisatorisch verfestigten Mischverwaltung hingewiesen wird, besagen in diesem Zusammenhang nichts, weil Art. 91 b GG ihnen eine eigenständige Grundlage im positiven Verfassungsrecht gibt.
[349] So z. B. *Kisker*, Kooperation im Bundesstaat, 1971, S. 202 ff., der letztlich auf die Art und das Gewicht der vergemeinschafteten Aufgabe abstellt.
[350] *Lerche*, in: Maunz/Dürig, Art. 83 Rdnr. 118.
[351] Planungsverbände nach § 4 BBauG könnten allenfalls einen schmalen Ausschnitt, nämlich bestimmte raumplanerische Bezüge des ÖPNV, in ihre Trägerschaft übernehmen. Zur Mitwirkung der DB in einem Planungsverband und zum Verhältnis von Verbandsraumplanung und Fachplanung der DB nach § 38 BBauG i. V. § 36 BbG vgl. *Zinkahn*, in: Ernst/Zinkahn/Bielenberg, BBauG § 4 Rdnr. 6 und 16. Allgemein zum Verhältnis von Bebauungsplänen zur Planfeststellung nach BbG jüngst *Brohm*, Subsidiäre Bauleitplanung?, NVwZ 1985, S. 1 ff.

recht der kommunalen Zweckverbände[352]. Die nachfolgenden Aussagen nehmen die Thematik nicht in ihrer ganzen Breite auf; sie beschäftigen sich vor allem nicht mit der *kommunalrechtlichen* Seite des Problems[353]. Für eine Einbindung des Bundes und *speziell der DB* in eine kooperative Bedienung des ÖPNV bietet das kommunale Zweckverbandsrecht jedenfalls nur eingeschränkte Möglichkeiten. Die Zweckverbandsgesetze der Länder gestatten zwar durchgängig die Mitgliedschaft auch anderer öffentlicher Aufgabenträger im Zweckverband. Diese *landesgesetzliche* Aussage genügt jedoch im Blick auf Kompetenzeinbußen von Verwaltungsträgern des *Bundes* nicht den Anforderungen des institutionellen Gesetzesvorbehalts. Es fehlt an dem notwendigen *Bundesgesetz*. Die erforderliche Ermächtigung kann auch nicht dem § 8 Abs. 1 S. 2 PBefG entnommen werden, weil dieser nichts über die zulässigen Formen der Zusammenarbeit aussagt.

Läge eine entsprechende Ermächtigung durch Bundesgesetz vor, so wäre eine den Anforderungen zu a bb) entsprechende Beteiligung der DB an kommunalen Zweckverbänden nicht grundsätzlich unzulässig. Daß diese Verbände der *Aufsicht des Landes* unterstehen, und Landesbehörden solchermaßen mittelbar Aufsicht auch über die Wahrnehmung von Bundesaufgaben ausübten, spräche angesichts ohnehin begrenzter Übertragungsmöglichkeiten nicht notwendig dagegen. Entscheidend bleibt, daß das Landesrecht nicht ohne bundesgesetzliche Ermächtigung auf die Wahrnehmung von Bundesaufgaben Einfluß nehmen darf[354].

Die Einbindung des Bundes muß sich jedenfalls deutlich unterhalb dessen halten, was auf der Grundlage eines Bundesgesetzes im föderalen Kooperationsbereich immerhin noch gestaltbar wäre[355]. Im Grunde verbleiben derzeit nur technische Hilfsfunktionen, gemeinsame Beratungen, die Klärung von Kompetenzfragen und Entscheidungen ohne Verbindlichkeitsgehalt, mit denen sich die DB in landesrechtliche Zweckverbände einbeziehen lassen darf. Das sind eben jene Materien, die ohne besondere Ermächtigung auch durch öffentlich-rechtlichen Vertrag gemeinsam geregelt werden dürfen. Vor weitergehenden Ent-

---

[352] Dazu ausführlich *Fromm*, Zweckverbände für den öffentlichen Personennahverkehr, DVBl. 1977, S. 271 ff.; referierend ferner *Heinze/Herbst/Schühle*, Verkehr (Fn. 73), S. 362 ff.

[353] Zu den Grenzen, die die gemeindliche Organisationshoheit im Zweckverbandsrecht zu beachten hat, vgl. nur *Rengeling*, Formen interkommunaler Zusammenarbeit, in: Püttner (Hrsg.), HKWP Bd. 2, 1982, S. 385 ff.; *Oebbecke*, Gemeindeverbandsrecht, 1984, S. 100 ff.; Nachweise zum Zweckverbandsrecht ferner bei *Schink*, Formen und Grenzen interkommunaler Zusammenarbeit durch öffentlich-rechtliche Vereinbarungen, DVBl. 1982, S. 769 ff.

[354] Vgl. zu letzterem Punkte jüngst *Erichsen/Knoke*, Organisation bundesunmittelbarer Körperschaften durch die Länder?, DÖV 1985, S. 53 ff. (58 f.).

[355] Vgl. oben sub a bb.

scheidungsbefugnissen der Verbandsversammlung, wie sie gegenüber den kommunalen Verbandsmitgliedern angezeigt sein mögen, müßte sich der Bund mindestens durch Vorbehalte (Vetorechte) sichern. Daher spricht vieles dafür, die Verwaltungsträger des Bundes förmlich außerhalb des kommunalen Verbandes zu lassen und ihre Zusammenarbeit mit diesem durch Kooperationsvereinbarung zu regeln[356].

4. Kooperation in Privatrechtsformen

a) Gleichstand der Bindungen

Die Praxis heutiger Kooperation im ÖPNV wird durch privatrechtliche Formen geprägt. Neben der schlichten privatvertraglichen Kooperation finden sich, wie das Beispiel der Verkehrsverbünde zeigt, auch die verfestigten Formen eigenständiger Organisationseinheiten[357]. Daß das Privatrecht den Hoheitsträgern auch bei der Erfüllung öffentlicher Aufgaben zugänglich ist, wurde bereits dargelegt[358]. Die Benutzung privatrechtlicher Formen darf jedoch nicht dazu führen, daß die spezifisch verfassungsrechtlichen Bindungen der öffentlichen Verwaltung abgestreift werden. Dieser im Institut des Verwaltungsprivatrechts wirksame Rechtsgedanke gilt auch für die Grundregeln der föderalen Kompetenzverteilung[359]. Folglich muß *grundsätzlich* von einem *Gleichstand* der kooperationseingrenzenden Regeln bei Verwendung öffentlicher wie privatrechtlicher Formen ausgegangen werden.

b) Ausnahmen

Dieses Prinzip erfährt allerdings Ausnahmen in beiden Richtungen.

aa) Keine Übertragung von Hoheitsaufgaben

Enger sind die privatrechtlichen Gestaltungsmittel insofern, als sie Kompetenzen, die durch öffentlichen Rechtsakt ausdrücklich zugewiesen sind, nicht verlagern dürfen. Privatrechtliche Organisationseinheiten können, selbst wenn sie sich vollständig in der Hand von Verwaltungsträgern befänden — vom Fall der Beleihung abgesehen —,

---

[356] Für zeitlich begrenzte *Modellversuche* werden die aufgezeigten Restriktionen nicht so streng zu handhaben sein. Zu den Verfassungsmäßigkeitsanforderungen gegenüber Modellgesetzen vgl. *Kloepfer*, Gesetzgebung im Rechtsstaat, VVDStRL Bd. 40 (1982), S. 63 ff. (91—96).

[357] Dazu die Nachweise oben im 1. Abschnitt unter B II 4.

[358] Vgl. unter A III.

[359] Vgl. BVerfGE 12, 205 ff. (244) zu Art. 30 GG: „Jedenfalls fällt unter diese Kompetenznorm diejenige Betätigung des Staates, die der Erfüllung öffentlicher Aufgaben dient, und zwar ohne Rücksicht darauf, ob Mittel des öffentlichen oder des privaten Rechts verwendet werden"; *Loeser*, Mischverwaltung (Fn. 320), S. 103 ff. mit Nachw.

schon um ihrer Form willen keine Befugnisse der klassischen Hoheitsverwaltung übernehmen.

bb) *Kein Gesetzesvorbehalt*

Weiter sind die privatrechtlichen Gestaltungsmöglichkeiten insofern, als die Bildung juristischer Personen des Privatrechts keinem institutionellen Gesetzesvorbehalt unterliegt. Die Gründung einer GmbH oder einer AG liegt — anders als die Errichtung einer rechtsfähigen Anstalt öffentlichen Rechts — also innerhalb der Organisationsgewalt der als Gründungsgesellschafter auftretenden Verwaltungsträger. Inwieweit dieser Satz wiederum eine Ausnahme erfährt, weil auf dem Boden einer an der „Wesentlichkeitslehre" ausgerichteten Gesetzesvorbehaltsdoktrin „wesentliche" Organisationsakte schlechthin des Gesetzes bedürfen, braucht hier nicht entschieden zu werden; denn die Beteiligung an einzelnen Nahverkehrsverbünden stellt im Rahmen der Gesamtorganisation der DB noch keinen „wesentlichen" Organisationsakt dar.

cc) *Zulässigkeit weiterer Lockerungen*

Sehr zweifelhaft ist es, inwieweit das Privatrecht *darüber hinaus* flexibler auf Kooperationsanforderungen reagieren darf als das öffentliche Recht. Keinesfalls dürfte das Privatrecht solchermaßen für die Verwaltung zu einem Organisationsrecht leichter Hand werden. Insofern hat es seinen guten Sinn, den prinzipiellen Gleichstand der Bindungen deutlich herauszustellen. Auf der anderen Seite ist das Organisationsrecht beherrscht vom Gedanken funktionsgerechter Organisation. Trennschranken sollen ein zusammenwirkendes Verwalten dort nicht unmöglich machen, wo es von den Sachstrukturen verlangt wird. Ausnahmen bedürfen allerdings einer besonders stichhaltigen Begründung.

Für den ÖPNV ließe sich, um eine freiere privatrechtlich-organisierte Kooperation zu legitimieren, darauf abheben, daß der öffentliche Nahverkehr eine Aufgabe nicht nur der Verwaltung, sondern auch privater Unternehmer ist. Es geht hier folglich um eine *doppelte Koordination:* In dieser Notwendigkeit, auch die Privatwirtschaft in entsprechende Kooperationsvorgänge einzubinden, weicht der ÖPNV von den meisten jener Materien ab, die die übliche föderale Problematik der Verwaltungskooperation ausmachen. Nun kann zwar die Einbeziehung Privater als solche die Kompetenzgrenzen der Hoheitsträger nicht ändern[360], die Notwendigkeit, private Verkehrsträger mit einzubinden, indiziert jedoch eine Sachstruktur, die von der klassischen Hoheitsver-

---

[360] So zutreffend *Lerche*, in: Maunz/Dürig, Art. 83 Rdnr. 96.

B. Bund-Länder-Kooperation im Nahverkehr

waltung und auch von jenen Sektoren der Leistungsverwaltung abweicht, in denen der Staat faktisch ein Monopol besitzt. Die Bedienung des öffentlichen Nahverkehrs ist nicht ausschließlich öffentliche Verwaltung. Wenn der Staat in einem solchen Gebiet für die Koordination seiner eigenen Verwaltungsträger untereinander und dieser mit privaten Wirtschaftssubjekten vorrangig auf Formen des Privatrechts zurückgreift, so ist das der Sache nicht unangemessen; vielmehr erscheint es gut begründbar, daß mit der Wahl des Privatrechts ausnahmsweise Freistellungen von den engeren Kooperationsschranken des öffentlichen Rechts verbunden werden dürfen. Denkbar wäre das etwa für Regelungen der Lastenverteilung. Die organisationsrechtlichen Anforderungen insgesamt müssen Rücksicht nehmen auf die „Bewegungsgesetze" des privaten Verkehrsmarktes, der in die Kooperationsmodelle mit eingebunden werden soll. Umgekehrt bewirkt die Einbeziehung des privaten Elements eine gewisse „Neutralisierung" jener Positionen von Bund und Ländern, die, wenn sie sich allein und unvermittelt gegenüberstehen, des strengeren Schutzes der öffentlich-rechtlichen Kooperationsregeln bedürfen. Keinem Zweifel freilich unterliegen sollte es, daß Einschränkungen dieser Regeln, wie sie hier nicht für ausgeschlossen gehalten werden, die grundsätzliche Eigenverantwortlichkeit der beteiligten Hoheitsträger in der Aufgabenwahrnehmung und in der Finanzierung nicht umstoßen dürfen. Die *Reservatrechte*, die der DB innerhalb der Verkehrsverbünde vertraglich eingeräumt sind, stellen daher ein verfassungsgebotenes Element der privatrechtlichen Kooperationsgestaltung dar.

Ergebnisse der rechtsdogmatischen Untersuchungen in Thesen

1. Art. 87 Abs. 1 S. 1 GG gibt dem Bund nicht nur die *Zuständigkeit*, die Bundeseisenbahnen in bundeseigener Verwaltung mit eigenem Verwaltungsunterbau zu führen, sondern er weist dem Bund auch die *Aufgabe* zu, die Bundeseisenbahnen als Verkehrssystem vorzuhalten.

2. Der aufgabenrechtliche Gehalt der Vorschrift folgt aus der *historischen Entwicklung* des Eisenbahnverfassungsrechts und aus der Entstehungsgeschichte des Art. 87 GG.

3. Der *Umfang* der begründeten Verkehrsbedienungspflichten des Bundes richtet sich primär nach den Tatbestandsmerkmalen des Art. 87 Abs. 1 S. 1 GG.

4. Dabei kann jedoch nicht davon ausgegangen werden, daß alle jene Tätigkeiten, die zuständigkeitsrechtlich unter den Begriff der Bundeseisenbahnen gerechnet werden, auch aufgabenrechtlich zum *unverzichtbaren Kern* gehören.

5. Die Interpretation des Art. 87 Abs. 1 S. 1 GG als Aufgabennorm stellt folglich besondere Anforderungen. Nur solche Elemente, die in einer besonders festen Zuordnung zum Begriff der Bundeseisenbahnen stehen und für ihren Leistungsauftrag spezifizierend sind, machen den unverzichtbaren Kern der Institution aus.

6. In diesem Sinne sind Bundeseisenbahnen grundsätzlich nur die dem *überörtlichen Verkehr* dienenden Schienenbahnen. Auch das folgt aus der historischen Entwicklung („Eisenbahnen des allgemeinen Verkehrs").

7. Örtlicher und nachbarörtlicher Verkehr gehört grundsätzlich nicht zu den Aufgaben der Bundeseisenbahnen.

8. Eine Verfassungspflicht des Bundes, mit seinen Eisenbahnen im *gesamten Nahverkehr* überall dort präsent zu sein, wo andere Verkehrsträger nicht tätig werden, besteht nicht.

9. Besonderheiten gelten traditionell für den *S-Bahn-Verkehr* in einzelnen großstädtischen Verdichtungsgebieten. Einmal aufge-

baute S-Bahn-Netze kann der Bund nicht einfach aufgeben. Zur Einrichtung neuer S-Bahnen ist er dagegen nicht verpflichtet.

10. Der Begriff der Bundeseisenbahnen i. S. des Art. 87 Abs. 1 S. 1 GG zielt — unbeschadet der Befugnisse des Bundes, unter diesem Kompetenztitel auch nicht-schienengebundene Verkehrsleistungen erbringen zu *dürfen* — auf *Schienenbahnen*. Ganz vorrangig auf sie bezieht sich der *Aufgaben*gehalt der Vorschrift.

11. Eine bestimmte *Technik* spurgeführten Verkehrs ist nicht vorgegeben.

12. Der Bund darf, gestützt auf Art. 87 Abs. 1 S. 1 GG, auch *Linienverkehr mit Kraftfahrzeugen* betreiben.

13. Bestehender Schienenverkehr darf auf *Kraftverkehr* umgestellt werden. Eine vollständige oder weitreichende Verdrängung der Schiene ist allerdings nicht zulässig; anderenfalls läge keine Verwaltungstätigkeit der „Bundeseisenbahnen" mehr vor.

14. Zur Aufrechterhaltung einmal eingerichteter nicht-schienengebundener Verkehrsleistungen (Schiffs-, Speditions-, Kühldienste) verpflichtet Art. 87 Abs. 1 S. 1 GG nicht.

15. Besonderheiten gelten für den *Bahnbusverkehr:*
    — Historische Gründe sprechen gegen eine Einbeziehung dieser Verkehrsart in den Leistungsauftrag nach Art. 87 Abs. 1 S. 1 GG.
    — Die seit Inkrafttreten des Grundgesetzes erfolgte Ausweitung der Busdienste der DB (Verkehrsumstellungen, Überleitung des Postreisedienstes) haben jedoch eine so enge Verbindung zum Begriff der Bundeseisenbahnen entstehen lassen, daß auch diese Dienste — freilich nur jenseits des örtlichen und nachbarörtlichen Verkehrs (s. Nr. 6) — heute vom Leistungsauftrag des Art. 87 Abs. 1 S. 1 GG erfaßt werden. Ein Rückzug, mit dem dieser Leistungszweig ganz oder zu großen Teilen aufgegeben würde, ist dem Bunde verfassungsrechtlich folglich verwehrt.

16. Die Führung der Bundeseisenbahnen ist dem allgemeinen verfassungsrechtlichen *Wirtschaftlichkeitsgebot* verpflichtet. Eine besondere Ausprägung dieses Gebots ist die Orientierung am eisenbahnrechtlichen Begriff des Verkehrsbedürfnisses.

17. Wirtschaftlichkeitsgebot und Verkehrsbedürfnis schränken die durch Art. 87 Abs. 1 S. 1 GG tatbestandlich festgestellte Verkehrsbedienungspflicht des Bundes *immanent* ein.

18. Eine Pflicht, den Eisenbahnbetrieb auch dort aufrechtzuerhalten, wo ein Verkehrsbedürfnis nicht mehr existiert, besteht nicht.

19. Art. 87 Abs. 1 S. 1 GG ist folglich keine Garantie für den status quo eines einmal erreichten Verkehrsnetzausbaus, sondern verpflichtet zur *Anpassung*.

20. Bei der Beurteilung der Frage, ob für eine bestimmte Linie ein Verkehrsbedürfnis besteht, hat der Bund als verantwortlicher Aufgabenträger eine Entscheidungsprärogative.

21. Das Postulat der *„Einheitlichkeit der Lebensverhältnisse"* ist in seiner verfassungsrechtlichen Substanz so wenig ausgeformt, daß aus ihm eine *weiterreichende* Pflicht zur Vorhaltung eines Eisenbahnsystems, als sie nach Art. 87 Abs. 1 S. 1 GG ohnehin besteht, nicht abgeleitet werden kann.

22. Die wesentlichen verfassungsrechtlichen Aussagen zur Organisation der DB und ihrer Unternehmensbereiche ergeben sich aus Art. 87 Abs. 1 GG, der neben seiner zuständigkeits- und aufgabenrechtlichen Seite auch einen *organisationsrechtlichen Gehalt* („bundeseigene Verwaltung") besitzt.

23. Von den organisationsrechtlichen Vorgaben des Art. 87 Abs. 1 GG nicht erfaßt werden allein die bedarfsdeckend oder rein erwerbswirtschaftlich arbeitenden Unternehmensbereiche (Beschaffungswesen, Anlagenbau, Energieversorgung, Speditions- und Banktätigkeiten).

24. Art. 87 Abs. 1 GG gestattet es *nicht*, die DB *insgesamt* in Form einer *rechtsfähigen Anstalt* des öffentlichen Rechts zu führen.

25. Zulässig ist es dagegen, *einzelne* Unternehmensbereiche als selbständige juristische Personen öffentlichen Rechts zu führen.

26. Zulässig ist es ferner, die Bundeseisenbahnen insgesamt als nichtrechtsfähiges *Sondervermögen* mit eigener Verwaltungsverantwortung („Bundesbahnautonomie") zu führen, soweit die Verselbständigung unterhalb derjenigen der Standardformen juristischer Personen des öffentlichen Rechts bleibt.

27. Der derzeitige gesetzliche Stand einer Bundesbahnautonomie ist nicht die äußerste Grenze des verfassungsrechtlich Zulässigen. Bei einer *Fortentwicklung* muß darauf gesehen werden, daß die Hauptelemente der Autonomie (Eigenorganschaft, eigene Wirtschaftsführung, staatliche Steuerung) in einem funktionsadäqua-

ten, die Einflußnahme der politischen Führungsebene sichernden Verhältnis zueinander bleiben. Verfassungsrechtlich beurteilt werden kann das einzelne Modell nur im Wege einer „Gesamtsaldierung" aller Autonomieelemente.

28. Art. 87 Abs. 1 GG gestattet es *nicht*, die DB *insgesamt* in der Form einer juristischen Person des Privatrechts zu führen.

29. Die Ausgliederung *einzelner Unternehmensbereiche* in Privatrechtsform ist dagegen in größerem Maße zulässig als in den Standardformen juristischer Personen des öffentlichen Rechts. Ausnahmen bestehen für zentrale Leitungsbereiche.

30. Eine Organisation der Busdienste in *Regionalverkehrsgesellschaften mbH* ist verfassungsrechtlich nicht zu beanstanden.

31. Die Aufgliederung des gesamten Unternehmensbereichs der DB auf eine Anlagen- und eine Betriebsgesellschaft (Modell der Doppelgesellschaft) — jeweils in Form einer Aktiengesellschaft — erfordert eine Verfassungsänderung. Gleiches gälte, wenn nur die Strecken in bundeseigener behördlicher Organisation belassen, der Betrieb der DB aber einer privatrechtlichen Betriebsgesellschaft übertragen würde.

32. Der *Funktionsvorbehalt* des Art. 33 Abs. 4 GG setzt privatrechtlichen Organisationsformen im Bahnbereich keine engeren Grenzen als Art. 87 Abs. 1 S. 1 GG.

33. Ein allgemeines Verbot der Mischverwaltung kann Formen einer Bund-Länder-Kooperation im Nahverkehr nicht entgegengesetzt werden.

34. Die Grenzen zulässiger Kooperation ergeben sich aus den Elementen der in Art. 83 ff. GG normierten *Verwaltungstypenlehre* (Eigenverantwortlichkeit, Eigenorganschaft) und der Verteilung der *Finanzverantwortung* nach Art. 104 a GG.

35. Eine *Kostenbeteiligung* der Länder an Bundesaufgaben oder des Bundes an Landesaufgaben widerspricht dem Konnexitätsgrundsatz des Art. 104 a GG und ist deshalb unzulässig, soweit das Grundgesetz keine Ausnahmen vorsieht.

36. Uneingeschränkt zulässig sind Formen der Bund-Länder-Kooperation, die der gegenseitigen Information, *Beratung* oder vorbereitenden Planung dienen. Das gleiche gilt für *technische* Hilfs- und Durchführungsaufgaben. Zulässig sind weiterhin Absprachen

zur Festlegung unklarer Kompetenzgrenzen, Abrechnungsmodalitäten und *Pauschalierungen*.

37. Kooperationsformen kompetenzübergreifender Art sind *ausnahmsweise* zulässig, wenn die Gemeinsamkeiten in der Sachstruktur des betreffenden Verwaltungsbereichs sie verlangen.

38. Der Öffentliche Personennahverkehr (ÖPNV) ist eine *Verbundmaterie*, in der kompetenzübergreifende Kooperationsformen heute schon gesetzlich vorgesehen sind (z. B. § 11 Abs. 2 GVFG) und in weiterem Umfange legitimiert werden können.

39. Von Bund und Ländern gemeinsam getragene juristische Personen des *öffentlichen Rechts* können nur durch oder auf Grund eines Gesetzes gebildet werden *(institutioneller Gesetzesvorbehalt)*.

40. An Zweckverbänden des Landesrechts können sich Verwaltungen des Bundes mangels bundesgesetzlicher Ermächtigung nur soweit beteiligen, als kompetenzübergreifende Aufgaben weder überlassen noch übernommen werden. Das gleiche gilt für *Kooperationsvereinbarungen* in Form öffentlich-rechtlicher Verträge.

41. Für Kooperationsvorgänge *in Privatrechtsform* gelten grundsätzlich dieselben verfassungsrechtlichen Grenzen. Die Gründung juristischer Personen unterliegt jedoch keinem Gesetzesvorbehalt. Darüber hinaus können Lockerungen der allgemeinen Kooperationsgrenzen zulässig sein, wenn sie notwendig sind, um auch private Nahverkehrsunternehmen in den Leistungsverbund einzubeziehen.

Printed by Libri Plureos GmbH
in Hamburg, Germany